资治通鉴 帝王的镜子

雷家骥 编著

江苏凤凰文艺出版社

图书在版编目（CIP）数据

资治通鉴：帝王的镜子/雷家骥编著.— 南京：江苏凤凰文艺出版社，2024.6
ISBN 978-7-5594-8641-7

Ⅰ.①资… Ⅱ.①雷… Ⅲ.①《资治通鉴》- 研究 Ⅳ.①K204.3

中国国家版本馆CIP数据核字(2024)第090289号

著作权合同登记号：10-2023-166

版权所有 © 时报文化出版公司
本书版权经由时报文化出版公司授权北京时代华语国际传媒股份有限公司简体中文版，委托英商安德鲁纳伯格联合国际有限公司代理授权。非经书面同意，不得以任何形式任意重制、转载。

资治通鉴：帝王的镜子

雷家骥　编著

责任编辑	项雷达
图书策划	宁炳辉　刘　平
特约编辑	丁　旭
装帧设计	棱角视觉
出版发行	江苏凤凰文艺出版社
	南京市中央路165号，邮编：210009
网　　址	http://www.jswenyi.com
印　　刷	北京中科印刷有限公司
开　　本	880毫米×1230毫米　1/32
印　　张	9.25
字　　数	215千字
版　　次	2024年6月第1版
印　　次	2024年6月第1次印刷
书　　号	ISBN 978-7-5594-8641-7
定　　价	58.00元

江苏凤凰文艺版图书凡印刷、装订错误，可向出版社调换，联系电话025-83280257

总序
用经典滋养灵魂

龚鹏程

  每个民族都有它自己的经典。经，指其所载之内容足以作为后世的纲维；典，谓其可为典范。因此它常被视为一切知识、价值观、世界观的依据或来源。早期只典守在神巫和大僚手上，后来则成为该民族累世传习、讽诵不辍的基本典籍，或称核心典籍，甚至是"圣书"。

  中国文化总体上的经典是六经：《诗》《书》《礼》《乐》《易》《春秋》。依此而发展出来的各个学门或学派，另有其专业上的经典，如墨家有其《墨经》。老子后学也将其书视为经，战国时便开始有人替它作传、作解。兵家则有其《武经七书》。算家亦有《周髀算经》等所谓《算经十书》。流衍所及，竟至喝酒有《酒经》，饮茶有《茶经》，下棋有《弈经》，相鹤相马相牛亦皆有经。此类支流稗末，固然不能与六经相比肩，但它们代表了在各自那一个领域中的核心知识地位，是很显然的。

  我国历代教育和社会文化，就是以六经为基础来发展的。直到清末废科举、立学堂以后才产生剧变。但当时新设的学堂虽仿洋制，却仍保留了读经课程，以示根本未隳。辛亥革命后，蔡元培担任教育总长才开始废除读经。接着，他主持北京大学时出现的新文化运动更进一步发起对传统文化的攻击。趋势竟由废弃文言，提倡白话文学，一直走到深入的反传统中去。

台湾的教育发展和社会文化意识，其实也一直以延续五四精神自居，故其反传统气氛及其体现于教育结构中者，与大陆不过程度略异而已，仅是社会中还遗存着若干传统社会的礼俗及观念罢了。后来，台湾才惕然警醒，开始提倡"文化复兴运动"，在学校课程中增加了经典的内容。但不叫读经，乃是摘选"四书"为《中国文化基本教材》，以为补充。另成立"文化复兴委员会"，开始做经典的白话注释，向社会推广。

文化复兴运动之功过，诚乎难言，此处也不必细说，总之是虽调整了西化的方向及反传统的势能，但对社会民众的文化意识，还没能起到普遍警醒的作用；了解传统、阅读经典，也还没成为风气或行动。

20世纪70年代后期，高信疆、柯元馨夫妇接掌了当时台湾第一大报《中国时报》的副刊与出版社编务，针对这个现象，遂策划了《中国历代经典宝库》这一大套书。精选影响人们最为深远的典籍，包括了六经及诸子、文艺各领域的经典，遍邀名家为之疏解，并附录原文以供参照，一时社会震动，风气丕变。

其所以震动社会，原因一是典籍选得精切。不蔓不枝，能体现传统文化的基本匡廓。二是体例确实。经典篇幅广狭不一、深浅悬隔，如《资治通鉴》那么庞大，《尚书》那么深奥，它们跟小说戏曲是截然不同的。如何在一套书里，用类似的体例来处理，很可以看出编辑人的功力。三是作者群涵盖了几乎全台湾的学术精英，群策群力，全面动员。这也是过去所没有的。四是编审严格。大部丛书，作者庞杂，集稿统稿就十分重要，否则便会出现良莠不齐之现象。这套书虽广征名家撰作，但在审定正讹、统一文字风格方面，确乎花了极大气力。再加上撰稿人都把这套书当成是写给自己子弟看的传家宝，写得特别矜慎，成绩当然非其他的书所能比。五是当时高信疆夫妇利用报社传播之便，将出版与报纸媒体做了最好、最彻底的结合，使得这套书成了家喻户晓、众所翘盼的文化甘霖，人人都想一沾法雨。六是当时出版采用豪华的小牛皮烫金装帧，精美大方，辅以雕花木柜。虽所费不赀，却是经济刚刚腾飞时一个中产家庭最好的文化陈设，书香家庭的想象，由此开始落实。许多家庭乃因买进这套书，仿佛种下了诗礼传家的根。

高先生综理编务，辅佐实际的是周安托兄。两君都是诗人，且侠情肝胆照人。中华文化复起、国魂再振、民气方舒，则是他们的理想，因此编这套书，似乎就是一场织梦之旅，号称传承经典，实则意拟宏开未来。

我很幸运，也曾参与到这一场歌唱青春的行列中，去贡献微末。先是与林明峪共同参与黄庆萱老师改写《西游记》的工作，继而再协助安托统稿，推敲是非，斟酌文辞。对整套书说不上有什么助益，自己倒是收获良多。

书成之后，好评如潮，数十年来一再改版翻印，直到现在。经典常读常新，当时对经典的现代解读目前也仍未过时，依旧在散光发热，滋养民族新一代的灵魂。只不过光阴毕竟可畏，安托与信疆俱已逝去，来不及看到他们播下的种子继续发芽生长了。

当年参与这套书的人很多，我仅是其中一员小将。聊述战场，回思天宝，所见不过如此，其实说不清楚它的实况。但这个小侧写，或许有助于今日阅读这套书的读者理解该书的价值与出版经纬，是为序。

致读者书

雷家骥

亲爱的朋友:

针对"中国历代经典宝库"编撰和出版的各种问题,高上秦先生在一九八一年二月三日《中国时报》副刊发表了《掌握古典宝藏的主权》一文(即《一个中国古典知识大众化的构想》),就有了详细的阐述发扬。高先生在该文中提到用现代的语言烘托原书的精神,增进读者对它的亲和力的意义,指出这也意味着它是一种新的解释,是我们以现代的编撰形式和生活现实来再认的古典。接着,他特举拙稿作为例子,说:"在这种实质的,阅读的要求下,我们不得不对原书有所取舍,有所融会与变通。譬如,原典最大的《资治通鉴》,将近三百卷的皇皇巨著,本身就是一个雄伟的书中帝国,一般大众实难轻易地一窥堂奥。新版的《帝王的镜子》做了钩玄提要的梳理,形式也类同袁枢《通鉴纪事本末》的体裁,把它作了故事性的改写,虽然字数浓缩了,却在不失原典题旨的照顾下,提供了一份非专业认知。"

高先生的文章,可谓深得吾心,在此已无必要再赘述。不过，拙稿的结构和某些意义，则应略做补充陈述，让读者有进一步的了解才是。

首先必须奉告的是，拙稿划分为三大部分：

上篇介述《资治通鉴》主要编修者司马光、刘攽、刘恕和范祖禹的生平及其志业，简叙《资治通鉴》编修的缘起、意义、结构与实际工作的概况。

下篇则是选择《资治通鉴》所述的内容，依照原书周、秦、汉、魏诸纪的次序，做扼要的介述和讨论。每一专题即成一节，原则上就司马光的选择观点、叙述方式、评论意见等，加以介述。《资治通鉴》是编年体的巨著，把人事系于年月，体裁较为散漫，情实较为隐约，这是我改编成类似"纪事本末"体形式的原因，我所选择的每一题目，大体上都是中国历史上重大的课题，而且多为司马光"臣光曰"所评论过。我之所以这样做命题选择，是因为一来可以由此让读者了解古代历史演变的大趋，等于读了一本简扼的通史；二来则是让读者了解司马光对这些重大问题的识见及其评论角度、思想意识。当然，对此二者，笔者有时也会加入自己的看法，希望读者由此对这些大事和司马光的学识、为人有更清晰、深入的认识。

最后部分则是结语。笔者在此交代了一些在前面两部分不便介述的事情，也将前二部分的某些问题做一综合解释，协助读者对《资治通鉴》全书做综合了解。

由于原典庞大而期限逼迫，拙稿一部分的整理工作，由李中邦君和拙荆黄淑梅女士协助处理，因此我才得以如期缴卷。尚有一些助我誊抄文稿的朋友，在此不便一一提名致谢了。

凡是研治学问的人，只要他将所得加以发表，那么他的功力与学问,都不能轻易地隐藏起来。笔者编撰此稿,目的是介绍读者朋友认识《资治通鉴》此书,及其有关的一些问题,笔者无意于矜夸,也无意于菲薄,读者朋友若读完拙稿,总会对认识中国历史文化和通鉴有关的问题略有帮助。如果读者又从而引发了研读国史与通鉴原典的兴趣,那确实好极了,想必是读者善于读书、富有天分的缘故吧。

目录

上篇 《资治通鉴》及其修撰者

第一章 司马光小传
一、司马光的家世与青壮年 /003

二、新、旧党两巨擘——王安石与司马光 /010

三、白首执政与著作 /022

第二章 《资治通鉴》同修者略传
一、刘攽 /028

二、刘恕 /030

三、范祖禹 /035

第三章 《资治通鉴》编集的意义、结构与工作情况
一、编集的背景与缘起 /042

目录

二、编集精神与结构 /044

三、实际工作的概况 /048

下篇　《资治通鉴》系列纪

第一章　周纪

一、三家分晋——通鉴的开始 /055

二、三家分晋的由来与才德论 /060

三、秦的崛起与周的灭亡 /065

第二章　秦纪

一、秦朝统一的要素——客卿 /071

二、几乎改变历史的一击 /074

三、秦的灭亡 /081

第三章　汉纪

一、改变历史的餐会 /088

二、制礼与叔孙通 /093

三、外戚政治与王莽篡汉 /097

四、东汉初期的用人与士风 /106

五、东汉的宦官与外戚 /111

六、第一次党锢之祸 / 116

七、第二次党锢之祸 / 123

八、大冲突的结局 / 131

第四章 魏纪

一、曹丕篡汉与司马光的正统论 / 141

二、从几段重要谈话看三国发展的趋势 / 146

（一）曹、董会谈与挟天子都许 / 146

（二）刘、诸葛隆中三分天下 / 148

（三）遥想公瑾当年与东吴西进的政策 / 150

（四）先抗曹魏，再图相争 / 154

第五章 晋纪

一、三家归晋 / 159

二、魏晋风气 / 166

三、"五胡乱华"的背景 / 172

四、由群雄角逐至南北对峙之局 / 179

五、民族的融合 / 185

第六章 隋纪

一、最后一次的欺人孤儿寡妇及南北统一 / 195

二、开皇之治 / 201

目录

第七章　唐纪
一、唐初继承问题 /208
二、武则天的篡位 /218
三、从开元之治至藩镇之乱 /224

第八章　后周纪
一、冯道——五代十国的一个典型官僚 /230
二、陈桥兵变的空白——《资治通鉴》的结束 /235

结　语 /240

附录　原典精选

《资治通鉴》卷第一
　　《周纪》一 /249

《资治通鉴》卷第二百九十四
　　《后周纪》五 /262

上篇 《资治通鉴》及其修撰者

第一章　司马光小传

一、司马光的家世与青壮年

司马光（1019—1086），字君实，宋真宗天禧三年（1019）生，宋陕州夏县涑水乡（在今山西省夏县西）人，他的远祖司马孚，是发动兵变诛除曹爽的司马懿之弟。晋武帝（懿之孙）篡位称帝，封这位叔祖为安平王，对他最加尊礼，降至他的裔孙征东大将军司马阳，因葬于夏县涑水乡，其子孙遂定居于此。

司马光高祖以下，都因五代衰乱而不做官。降至祖父司马炫，始举进士，官至耀州富平县（今陕西省富平县东北十里）知县。父亲司马池，历任御史、知州等官，后至尚书吏部郎中充天章阁待制（相当于吏部的司长兼天章阁的皇帝侍从）。他家累世以气节见称于乡里，父亲更以清直仁厚及文学行谊见著，号称一时名臣。母亲姓聂氏。

司马光儿童时代即凛然如成人，性格早熟。七岁那年，闻讲《左氏春秋》，极爱此书，回家为家人讲述，即已了解其大义；自是手不释书，以至于不知饥渴寒暑。年仅十五岁，书籍无所不通，文辞醇深，有西汉文章的风格。小时候，他与一群小朋友游戏，其中一人攀上瓮顶，失足跌落盛有水的瓮缸之中。众儿惊惶逃去，司马光镇静地捡起石头，击破瓮缸，于是瓮内之水迸发而出，救了那人性命。这件事迹，后来被汴京与西京（洛阳）之间的画家们，画以为图。其后，司马池由于做官，依法得荫任（因先世勋绩而铨叙任官的方式）一子为官，司马光依次应该得到此机会，但他推让再三，让给了堂兄，然后自己受补为极低的斋郎（祭祀时执事之吏，为入仕之资）。

宋仁宗宝元元年（1038），由于范仲淹、欧阳修等越职言事，朝廷以朋党警诫百官。这年司马光才二十岁，举进士甲科而升迁为奉礼郎（文教系统的低级散官）。司马池时任杭州知州，所以司马光推辞升官，要求出为签书苏州判官事（助理判官），以便就近伺奉父亲。获朝廷批准后，未上任而母亲逝世；母亲丧服未除，父亲也相继逝世。及至为双亲服丧期满，才出仕做官，不久累升至国子直讲，后又除史馆检讨、集贤校理等职，开始接触修撰历史的工作。

其父的好友庞籍，向以知人称著，见司马光而奇之。及至庞籍升为枢密使，遂一直提拔司马光；当庞籍外调时，也辟用他为通判（高级行政助理官）。司马光感激庞籍的知遇之恩，尽力为他工作，甚至他死后，司马光升堂拜其妻如母，抚其子如兄弟。当时的人，都称赞他们两人。

仁宗末，累升为起居舍人、同知谏院（皇帝侍从兼谏官）。早在至和三年（即嘉祐元年，1056），仁宗皇帝生病，皇帝无子，所以天下寒心而不敢为言，只有谏官范镇（司马光修《资治通鉴》重要助手范祖禹的叔祖）首先发议，司马光（时为并州通判）闻而继之，上疏请求仁宗选择贤良的宗室子弟为皇太子，如果将来仁宗生了儿子，皇太子再换人不迟。司马光为此呈递了三份奏章，又写了一封信鼓励范镇，大意说，这种大事不言则已，言既一出，岂可再收回，希望范镇以死争之。于是范镇鼓吹益力，终被罢职。司马光在五年以后（嘉祐六年，1061），自己已经成为谏官，遂再度上疏提出问题："臣从前为并州通判时所上三份奏章，愿陛下能果断而力行！"

仁宗一向寡言沉默，闻言沉思，良久而说："是不是要选宗室为皇太子的事呀？这是忠臣之言，只是人不敢提罢了！"

"臣建议此事，自谓必死，想不到陛下开诚接纳。"司马光道。

"这有何害，古今都有这种事情啊！"仁宗说。并因而命令司马光把建议通知中书（宰相办公机关）。

"不可，"司马光解释说，"陛下应该自己把此意晓谕给宰相才是啊！"

过了一个月（嘉祐六年九月，1061），司马光又上疏面奏："臣那天进说，陛下欣然无难，私意以为马上实行了。如今寂无所闻，这一定是有小人说陛下春秋鼎盛，子孙会有千亿之多，何必立即做此不祥之事。小人没有远见，他们只是为了等陛下千秋之后，仓促之间，援立他们平常所亲善的人罢了。唐朝自文宗以后，立嗣都出于左右之意，拥立者至有自称'定策国老'，呼天子为'门生天子'的人，此祸岂可胜言呢？"

仁宗大感悟而说："送到中书去！"

司马光到中书，看到宰相韩琦等，说："诸位相公若不马上议论决定下来，改天夜半，禁中送出纸条说以某人为皇太子，则天下谁也不敢违抗了。"

韩琦等连连称是，说："敢不尽力！"月余之后，就选定赵宗实，明年立之为皇太子，赐名曙，即是后来的英宗皇帝。这是司马光做官后，首次参与重大而敏感的政治问题。此事之后，仁宗对他颇为器重，不久任命他判检院（主持人民向君主投诉的机关）、权判国子监，除知制诰（圣旨撰稿人）。司马光坚辞八九次，不肯受任视事，仁宗拗不过他，改任为天章阁待制兼侍讲，赐予三品服饰，仍然主理谏院。自此司马光遂兼为天子侍臣兼讲臣，可以与皇帝经常直接接触与建议。

嘉祐八年（1063），皇帝派他主持该年的考试。同年，仁宗崩逝，太子曙继立，先帝遗赐价值百余万的珠宝黄金给他。他率领同僚三上奏章，力言国有大忧，财政窘乏，不可如此赏赐。如果因为是遗赐而不得推辞，请准许让侍从官以上，将之捐献出来，当作协助营建皇帝墓陵的费用。英宗否决所请。于是他把珠宝捐给谏院作为基金，把黄金送给舅家，义不藏于自家。

英宗即位后照例升迁有关官员。宦官任守忠也在升迁名单之内。司马光甚表反对，上言争论。他尤其反对升迁任守忠，他说："守忠是大奸人。陛下为皇太子，并非出于守忠之意。这人沮坏大策，离间百端，幸好先帝不加听信。及至陛下即位后，他又依违摇摆，交构两宫，真是国之大贼，人之巨蠹，乞请将他斩于都市，以谢天下！"英宗于是将守忠外放，天下称快。

稍后，英宗升迁王广渊。司马光亦极言广渊奸邪，不可接近，说："广渊在仁宗之世，私自结交于陛下，岂是忠臣的行为呢？希望贬黜，以厉天下的风气。"

英宗治平元年（1064）诏令将陕西二十万民兵，刺字改编为

"义勇"军（宋朝当兵须刺字），故民情惊惶。司马光上疏极论其害，分析说："仁宗中期征集陕西人民为乡弓手，稍后将他们刺字为'保捷指挥'（保捷是番号，指挥是军队建制单位），变成正规军。但人民蒙受损害，军队也终不能用，遇敌首先败北，常常造成全军崩溃。县官知道他们坐食无用，将之淘汰遣散，以复员为农。然而他们游惰惯了，不能返回农田，强者遂成为强盗，弱者辗转死去，父老们至今涕流伤心。现在的'义勇'，与此有什么不同？"奏章六上，均不采纳，要求罢官，也不获准。

其间，司马光曾以此道理质询宰相韩琦。韩琦说："兵贵先声夺人，西夏正桀骜不服，突闻增兵二十万，岂不震慑收敛？"

"所谓'兵贵先声'，其实没有实质，只能欺敌于一日罢了。如今我虽增兵，实不可用，不过十日，西夏将会知道详情，到时他们还有什么可怕的呢？"司马光追质道。

"君只是害怕'保捷'军的历史重演罢了，"韩琦解释，"如今已经降下敕旨，与民约定，永远不将他们充军戍边啦！"

"朝廷曾经失信于民，人民实未敢相信此事，即使是我也不能不加怀疑！"司马光坚持说。

"有我在此，"韩琦有信心地说，"君何必担忧！"

司马光不同意："相公长在此地当然无问题，异日他人当位，因相公所建立的现成之兵而用之，命令他们运粮、戍边，不过是反掌之间的事罢了。"

韩琦闻言沉默，但也不改变主意。后来不十年，效果几乎与司马光的预测一样。司马光的国防构想，一向是主张不征兵、不生事、维持现状的，所以连韩琦仅打算假装增兵来吓阻西夏的战略构想，他也力表反对。当然，这也与他一向不欺人、守信用的性格有关。

宋朝知识分子重名分、好议论之风，蔚成时尚，朝廷常常下诏戒群臣朋党。司马光中进士那年仅是其中的一次，原因是范仲淹、余靖、尹洙、欧阳修等名臣越职言事，故为宰相吕夷简所贬。司马光参与敏感的政治辩论，四十五岁以前最显著的一次，就是建议仁宗选择宗室为太子之事，由于范镇因此而罢官，所以宰相大臣谁也不敢率先为言。司马光当面建议仁宗，仁宗大概感于他的诚意，所以不加贬黜。司马光敢言，宰相韩琦等就是透过他，选定英宗为皇位继承人的。英宗即位后，司马光也以继承问题为理由，斥责宦官任守忠为"大奸""大贼""巨蠹"，使守忠不但不能升官，而且改为外放。是则在时代风气影响下，加上他的性格使然，司马光也会很容易卷入党争的旋涡之中。

司马光精通历史，了解汉、唐以来，皇位继承是严重的政治问题，轻则造成横议党争，重则导致兵变国亡。所以在英宗即位初期，他就上言疏导皇帝，援引汉代君主不追尊本生父亲之例，希望英宗引以为戒。因为他预料英宗追尊生父之事，日后可能会发生，会引起重大纠纷。

果然，英宗即位后第二年（治平二年，1065），震动北宋政坛的"濮议"终于发生。司马光时年四十七岁。此年，执政建言濮安懿王（英宗本生父）德盛位隆，应该特加尊礼。天子下诏召集太常礼院及两制官（在宫内及在中书撰写圣旨的机要官）讨论其事。执政欧阳修等主张不应该抹杀英宗与生父的父子关系，司马光见无人敢反对，独奋笔立议说："过继给人做儿子（英宗过继给仁宗），不应再顾其私亲。今日要崇奉濮安懿王，理应一准先朝封赠期亲尊属的惯例，赠以高官大爵，极其尊荣就够了。"议案写成，将手稿留作存档，另誊一份上进。

当时，中外议论汹汹，御史吕诲、范纯仁等六人意见同于司马光，皆上言力争，而相继降黜。司马光上疏挽救遭否决，遂要求与他们一同贬降。此案争论一年多，朝廷最后决定，尊称濮王为亲，表示与天子有父子关系。

治平四年正月，英宗崩逝，神宗继位，首将司马光由龙图阁直学士、右谏议大夫，擢升为翰林学士；稍后，王安石也升迁为翰林学士。翰林学士必须极富文学，随时代皇帝写公文，故司马光力加推辞，神宗不许。

神宗面召司马光而开导他，说："古之君子，或学而不文，或文而不学，只有董仲舒、杨雄兼而有之。卿有文学，为何推辞？"

司马光答："臣不能写四六文（骈文）。"

"模仿两汉制诏的方式（散文方式）也可以呀！"天子说。

"本朝的惯例不可以这样做。"司马光道。

神宗又问："卿能主持进士考试，选取成绩优秀的人，而却说不能写四六，究竟是何原因？"

司马光不答而趋出。天子派遣内臣至阁门（龙图阁乃收藏宋太宗遗物的诸阁之一，设有学士、直学士等编制），强迫他接受任命状。司马光拜而不受，内臣催他入内谢皇恩，说："圣上正坐着等你哩！"

司马光入至廷中，内臣将任命状塞进他怀中，不得已乃接受。

早在英宗崩逝前一年（治平三年，1066），司马光四十八岁那年，英宗想研读古代历史，以帮助施政策划之用，遂命令他在崇文院设立史局修撰历史，准许他自选助手及运用各馆阁图书。神宗每开经筵，也常令他进讲历史。治平四年（1067）十月九日，司马光第一次进读所撰的历史,神宗遂面赐御序,命名为"资治通鉴",并令继续修史的事业,寻任他为翰林侍读学士。

某日,司马光上疏论修心之要旨有三,此即仁、明、武三字。又说:"治国之要也有三,即官人(慎选官吏)、信赏(有赏必行)与必罚(有罪必罚)。"而且说:"臣从前为谏官,即以此六言献给仁宗,后来又献给英宗,现在献给陛下。平生力学所得,尽在于此了。"所以神宗一度任他权知审官院。

稍后,百官依照惯例给皇帝上尊号,刚好轮到司马光撰写答辞。他先上疏禀告神宗说:"先帝曾亲行祭天之礼,不接受群臣的尊号,天下莫不称颂他。从前汉文帝时,单于(匈奴元首的官称)自称天地所生、日月所置,没有听说文帝也取大名以和他比高下。希望陛下追念先帝的本意,不要接受尊号。"

神宗大悦,手诏回答:"不是卿,则朕不能听到这种言论。卿可善为答词,使中外晓然知道朕的至诚,不是欺众邀名的人。"于是终身不再接受尊号。

二、新、旧党两巨擘——王安石与司马光

熙宁元年(1068)秋七月,因河朔(黄河以北)大地震后,灾情颇重,国用不足,建议今年祭天大典后,不要依例赏赐两府(中书与枢密,一主文,一主武,均是执政机关,合称两府),遂将此议送至学士院取旨(拟撰圣旨)。

司马光认为赏赐两府,不过花费两万而已,这些小数目节省

下来，不足以救灾；应该改为两省（中书、门下两省）的文臣，宗室、刺史以上的武臣，均将赏赐减为半额就可以了。

当时司马光和学士王珪、王安石，共同入宫面圣取旨。司马光说："救灾节用，应从贵近之臣开始推行，至于两府官员，不妨由他们随意推辞，不必下诏取消。"

王安石却道："唐朝宰相常衮，曾经推辞赐馔。当时议论以为常衮既然自知不能，就该当辞位而不当辞禄。而且国用不足，不是当今的急务。"

"常衮推辞赏赐，比那些既要禄赐又要权位的人贤多了。国用不足，真是当今的急务。"司马光反驳。

"非也，非也！"王安石再驳，"国用不足的原因，是因为未得善于理财的人。"

"善理财的人，不过是会刮敛民财的人罢了，"司马光针锋相对地说，"民穷而为盗，绝非国家之福！"

"不对，"王安石说，"善理财的人，赋税不增加，而上用充足。"

"天下哪有此理！"司马光似已气愤，"天地所生的资源有限，不在于民则在于官，譬如下雨，夏天多下雨而成灾，则秋天必然干旱。不增赋税而上用充足，不过是设法夺取人民的利益而已，害处更甚于加税；这是桑弘羊（汉朝理财专家）欺骗汉武帝的话，太史公（司马迁）写了下来，用以表示武帝的不明罢了！到了武帝末年，盗贼蜂拥而起，几乎酿出大乱，如果武帝不悔悟，昭帝（武帝子）不变法，则汉朝几乎灭亡。"

两人各引经据典，在御前争执不休。王珪这时进言说："救灾节用，应自贵近之臣开始，司马光的说话对呀。但是赏赐所费无几，不赐则恐伤国体，王安石的说法也对呀，只好请明主来裁定了。"

神宗闻言，也只好指示说："朕意与司马光相同，但是不妨以不批准（取消两府赏赐）为辞而答复他们。"

那天刚好轮到王安石撰写圣旨，他就引用常衮做例子来责备两府。两府接旨，也就不敢再推辞了。

司马光与王安石的财政构想不同，前者是资源有限论者，后者则认为财政困窘是理财不善的结果，需要加以改革。财政困乏是北宋极严重的问题，以前的君臣大都躲避正面解决此烫手问题。马、王二人之争，可以说就是大多数的保守派与少数的改革派之政策争执。后来，司马光成为前一派的领袖，王安石则已经是后一派的领袖。北宋著名的新、旧党争，即以此二人为巨擘。

司马光与王安石是一对好朋友，又同在翰林院做事，私交甚笃。这时，朝廷准备为英宗修史，任命司马光兼史馆修撰。

神宗青年有为，了解立国以来，因循苟安的风气，已经使国家的财经、政治、国防产生了极大危机，当思大加改革。王安石的思想政见，极为神宗所欣赏，于是在熙宁二年（1069）二月，正式提拔王安石为执政，准备大事革新；并在同月创置"制置三司条例"，开始推动著名的变法。

宋朝宰执原本不过问财经，政府最高财经机关是"三司使"。王安石特创条例司此机关，是先把财经权力收回来，由宰执透过此机关控制全国财经状况。至是，王安石全力推行青苗、助役、水利、均输等政策措施，设立四十余员提举官，分行全国以推动新法。司马光所推荐的谏官吕诲，上疏批评王安石十大过失，在同年六月首先因反对新法而外放，稍后司马光的朋友范纯仁等，也因此外放。

司马光也曾上疏给神宗，力陈新法的利害关系，但天子决心甚坚。某日，他在迩英阁进读《资治通鉴》，读至汉朝萧何、曹参之事。司马光解释说："曹参不改变萧何制定之法，得守成之道，所以汉惠帝与吕太后时代，天下晏然，经济繁荣发展。"

"汉朝守着萧何之法而不变，可以吗？"帝问。

"何独汉朝，"司马光答，"假使三代（夏、商、周）之君，常守禹、汤、文、武之法，至今仍然可以存用啊！周武王克商时，仍然恢复商朝之政，率由旧章，是则虽周朝也用商政啊。书经说'无作聪明乱旧章'。汉武帝用张汤的建议，纷更汉高祖之法，于是盗贼半天下。元帝改革宣帝之政，而汉朝就开始衰落。由此言之，祖宗之法，不可改变啊！"

数日后，轮到吕惠卿（王安石的重要干部）进讲，也讲到先王之法有变有不变的问题，神宗将司马光的看法转告，吕惠卿认为司马光用意在讥讽朝廷与他。过了数日，神宗又将惠卿之意转告司马光。司马光力辟惠卿之论，要求在旁的公卿侍从评论是非，惠卿遂与他冲突起来。神宗劝解说："大家互相讨论是非罢了，何必这样呢！"

熙宁三年（1070）一月，元老宰相韩琦上疏批评青苗法之害，神宗动摇，想废除此法，于是王安石称疾求去。司马光代神宗写答诏给王安石，内有"士大夫沸腾，黎民骚动"之语。安石大怒，马上抗章自辩。神宗竟为之亲撰谢辞，命令吕惠卿前去，把天子心意向他晓谕明白。支持王安石的好友韩绛，力劝神宗慰留王安石。于是王安石入宫面谢，极力分析反对派的言论，指责他们朋比的情状，申述"天变不足畏，祖宗不足法，人言不足恤"，以反驳反对

· 013

派的批评，坚定皇帝的信心。神宗以为是，王安石这才重新视事。

王安石就是这种人，他才学横溢，极善辩论，而又意志坚强，人家称他为"拗相公"。唐宋时代宰相才能称相公，而他在这年年底就晋升为正宰相（同中书、门下平章事）。

司马光与王安石私谊极厚，当王安石称疾求去时，他以朋友责善之义的态度，写了一封信去批评安石。这封信大略如此：

> 二月二十七日，翰林学士兼侍读学士、右谏议大夫司马光，惶恐再拜介甫（安石字）参政谏议（安石以左谏议大夫本官参知政事）阁下：光居常无事，不敢涉两府之门，以是久不得通名于将命者。春暖，伏惟机政余裕，台候万福！
>
> 孔子曰："益者三友，损者三友。"光不才，不足以辱介甫为友。然自接侍以来，十有余年，屡尝同僚，亦不可谓之无一日之雅也。虽愧多闻，至于直谅，不敢不勉。若乃便佞，则固不敢为也。孔子曰："君子和而不同，小人同而不和。"君子之道，出处语默，安可同也！然此志则皆欲立身立道，辅世养民，此其所以和也。
>
> 向不与介甫议论朝廷事，数相违戾，未知介甫之察不察？然于光，向慕之心未始变移也。窃见介甫独负天下大名三十余年，才高而学富，难进而易退。远近之士，识与不识，咸谓介甫不起则已，起则太平可立致，生民咸被其泽矣！天子用此起介甫于不可起之中，引参大政，岂非欲望众人之所望于介甫邪？
>
> 今介甫从政始期年，而士大夫在朝廷及自四方来

者，莫不非议介甫如出一口，下至闾阎细民，小吏走卒，亦窃窃怨叹，人人归咎于介甫。不知介甫亦尝闻其言，而知其故乎？光窃意门下之士，方日誉盛德而赞功业，未始有一人能以此闻达于左右者也。非门下之士皆曰："彼方得君而专政，无为触之以取祸，不若坐而待之，不过二三年间，彼将自败。"

若是者，不惟不忠于介甫，亦不忠于朝廷。若介甫果信此志，推而行之及二三年，则朝廷之患已深矣，安可救乎？如光则不然，忝备交游之末，不敢苟避谴怒，不为介甫一一陈之：

今天下之人恶介甫之甚者，其诋毁无所不至。光独知其不然。介甫固大贤，其失在于用心太过，自信太厚而已。

何以言之？自古圣贤所以治国者，不过使百官各称其职……轻租税、薄赋敛……介甫以为此皆庸儒之常谈……于是财利不以委三司而自治之，更立制置三司条例司，聚文章之士及晓财利之人，使之讲利……此其所以为害已甚矣。又置提举、勾当、常平、广惠仓使者四十余人，使行新法于四方……其中亦有轻佻狂躁之人，陵轹州县，骚扰百姓……故谤议沸腾，怨嗟盈路。迹其本原，咸以此也……孔子曰："君子求诸己。"介甫亦当自思所以致其然者，不可专罪天下之人也！

夫侵官，乱政也，介甫更以为治术而先施之。贷息钱，鄙事也，介甫更以为王政而力行之。徭役，自古皆从民出，介甫更欲敛民钱、雇市佣而使之。此三者，常人皆知其不可，而介甫独以为可……此光所谓用心太过者也。

……介甫素刚直，每议事于人主前，如与朋友争辩于私室，不少降辞气，视斧钺鼎镬无如也。及宾客僚属谒见论事，则惟希意迎合；曲从如流者，亲而礼之；或所见小异，微言新令之不便者，介甫辄艴然加怒，或诟骂以辱之，或言于上而逐之，不待其辞之毕也。明主宽容如此，而介甫拒谏乃尔，无乃不足于恕乎？……此光所谓自信太厚者也。

光昔从介甫游，于诸书无不观，而特好孟子与老子之言……孟子曰："仁义而已，何必曰利。"……今介甫为政，首制置条例，大讲财利之事……（老子）又曰："我无为而民自化，我好静而民自正，我无事而民自富，我无欲而民自朴。"……今介甫为政，尽变更祖宗旧法……此岂老氏之志乎？何介甫总角（古代未成年男女都收发结之，称为总角）读书，白头秉政，乃尽弃其所学而从今世浅丈夫之谋乎？……自古立功立事，未有专欲违众而能有济者也……今介甫独信数人之言，而弃先圣之道，违天下人之心，将以致治，不亦难乎？

近者藩镇大臣（指使相韩琦）有言散青苗钱不便者，天子出其议以示执政，而介甫遽悻悻然不乐，引疾卧家。光被旨为批答……直叙其事，以义责介甫，意欲介甫早出视事，更新令之不便于民者，以福天下……窃闻介甫不相识察，颇督过之，上书自辩，至使天子自为手诏以逊谢，又使吕学士（指惠卿）再三谕意，然后乃出视事。出视事，诚是也；然当速改前令之非者，以慰安士民，报天子之盛德。今则不然，更加愤怒，行之愈急……观介甫之意，必欲力战天下之人，与之一决胜负，不复顾义理之是非，生民之忧乐，国家之安危。光窃为介甫不取也。

近蒙圣恩过听，欲使之副贰枢府（指枢密副使）。光窃惟居高位者，不可以无功；受大恩者，不可以不报。故辄敢申明去岁之论，进当今之急务，乞罢制置三司条例司，及追还诸路提举、常平、广惠仓使者。主上以介甫为心，未肯俯从。光窃念主上亲重介甫……惟介甫之一言，介甫何忍必遂己意而不恤乎？夫人谁无过……介甫诚能进一言于主上，请罢条例司、追还常平使者，则国家太平之业均复其旧，而介甫改过从善之美，愈光大于前日矣！于介甫何所亏丧而固不言哉？

光今所言正逆介甫之意，明知其不合也。然光与介甫趣向虽殊，大归则同。介甫方欲得位以行其道，泽天下之民。光方欲辞位以行其志，救天下之民，此所谓和而不同者也，故敢一陈其志，以自达于介甫，以终益友之义。其舍之、取之，则在介甫矣。

介甫其受而听之与罪而绝之，或诟詈而辱之与言于上而逐之，无不可者，光俟命而已。不宣。光惶恐再拜。

司马光写这封长函，苦口婆心，叮咛周至，用各角度去规劝王安石废除新政。写信前若干日，神宗任命司马光为枢密副使，此亦执政之职。司马光以政见与王安石不同，坚持先废除新法，否则不与安石同在两府执政，于是六次递上"辞枢密副使劄子"。神宗派人开导他："枢密院主管国防军事，官各有职守，不应以他事作为辞让的理由。"

司马光辩道："臣未接受任命，则仍然是天子侍从，于事无不可言。"

稍后王安石复出视事，韩琦的建议被否决，于是司马光终于不接受任命，反而要求外调。神宗无奈，只好收回敕告（任命状）。延至九月，司马光终于外调成功，以端明学士职，带着史局出知永兴军（治今西安）。

此期间，王安石读了他的长函，遂写了一封极精彩的短函回复，此即《答司马光谏议书》，扼要地反驳司马光的批评，否认他所指责的侵官、生事、征利、拒谏各事。表示两人"游处相好之日久，而议事每不合"的原因，是因为两人"所操之术多异故也"。他不愿强迫司马光接受他的政治观点，但指出改革必定招怨，他早已知道，认为商朝贤君盘庚迁都改革，不但招至朝廷士大夫的怨愤，连人民也加怨愤。他说"人习于苟且非一日，士大夫多以不恤国事、同俗自媚于众为善"，他只是鼎力帮助主上改革罢了。因此，王安石否认自己有过失，至说："如君实责我以在位久，未能助上大有为，以膏泽斯民，则某（安石自称）知罪矣！如曰当一切不事事，守前所为而已，则非某之所敢知。"

王安石这封短函并不批评司马光本人，但就事论事，暗示司马光的保守、因循、苟且、偷安的观念不对。

司马光得阅复函，又写了一短函奉复，重申观感，表明社会确已因新政造成动乱不安。不过，司马光第一封信结尾，原意王安石或者会辱骂他，与他绝交，或者排斥迫害他，所以在这二函称谢说:"意谓纵未弃绝,其取诟辱必矣!不谓介甫更赐之晦笔,存慰温厚;虽有肯信用其言,亦不辱而绝之,足见君子宽大之德,过人远甚也!"

事实上,司马光政见、学养与王安石均不同,一是安于现状的实践派,一是改革维新的理想派;一是史学大家,一是经学高才。北宋中期的政局,实由此二人肩负下来。王安石个性虽然执拗,却仍是谦谦君子,对反对他的司马光、韩琦、欧阳修、范纯仁等,顶多道不同不相为谋,把他们外放做官而已,绝不至于加以政治迫害。后来司马光当政,对王安石以下人物也抱持如此态度。马、王之政争,确是国史上极少见的君子之争。

司马光外放做官,于是专心修撰《资治通鉴》,非极必要,不再上疏评论新政之事。但他与王安石的私交仍然甚笃,也常与王安石诗文酬唱。不过即使是诗文酬唱,两人的观点与人生见解,仍是相左不同。例如王安石曾写了两首《明妃曲》,表达他对王昭君和番一事的见解及人生观,司马光读后,就和了他一曲,与他大唱反调。

王安石第一首《明妃曲》是这样写的:

明妃初出汉宫时,泪湿春风鬓脚垂;
低徊顾影无颜色,尚得君王不自持。
归来却怪丹青手,入眼平生几曾有?
意态由来画不成,当时枉杀毛延寿。

毛延寿(汉宫画师,为宫女画像呈君主阅览,传王昭君因不肯送红包,故为延寿丑画其貌,汉帝因而不识昭君)。

> 一去心知更不归,可怜着尽汉宫衣;
> 寄声欲问塞南事,只有年年鸿雁飞!
> 家人万里传消息,好在毡城莫相忆;
> 君不见,咫尺长门闭阿娇,人生失意无南北!

第二首是:

> 明妃初嫁与胡儿,毡车百辆皆胡姬;
> 含情欲说独无处,传与琵琶心自知。
> 黄金杆拨春风手,弹看飞鸿劝胡酒;
> 汉宫侍女暗垂泪,沙上行人却回首。
> 汉恩自浅胡自深,人生乐在相知心;
> 可怜青冢已芜没,尚有哀弦留至今!

司马光读后,或者认为王安石的论调太超脱,或者认为他不大近情理,于是写了一首《和介甫明妃曲》以见志,他说:

> 胡雏上马唱胡歌,锦车已驾白橐驼;
> 明妃挥泪辞汉主,汉主伤心知奈何!
> 宫门铜环双兽面,回首何时复来见?
> 自嗟不若住巫山,布袖蒿簪嫁乡县。
> 万里寒沙草木稀,居延塞外使人归;
> 旧来相识更无物,只有云边秋雁飞。
> 愁坐泠泠调四弦,曲终掩面向胡天;
> 侍儿不解汉家语,指下哀声犹可传。

> 传遍胡人到中土，万一佗年流乐府；
> 妄身生死知不归，妄意终期寤人主。
> 目前美丑良易知，咫尺掖庭犹可欺；
> 君不见，白头萧太傅，被谗仰药更无疑！

由此可见，王安石有洒脱的人生观，有独来独往、不畏不恤的追求自我的精神，而司马光则是敦厚殷忧，忠君爱国，强调生灵文化的君子。宜乎前者力行改革而义无反顾，而后者则力尊旧章以安民生。任何人若要评论此二先贤及其政见，均须自此入手体会才成。

司马光外放后，辗转由知永兴军，至改任知许州（治今河南省许昌市）、判西京御史台（在洛阳），至此，居于洛阳修史凡十五年，官职虽改而不调离洛阳。元丰五年（1082），他已高龄六十四岁，忽得语涩病。司马光自疑已经中风，于是预先写好遗表（献上皇帝的遗书），大略详述八年前（熙宁七年，1074）所上的六项问题，批评青苗、免役、市易、边事、保甲、水利六项军国措施，请求加以撤销。他写这道遗表时，感慨万分，亲笔撰述，并缄封好置于卧内，等弥留时交与所善的范纯仁、范祖禹，请他们代为呈上。结果，此病并无大害，事情也就不了了之。

三、白首执政与著作

神宗元丰七年（1084），王安石早已去位外调，朝中由王珪与蔡确领导，新政仍在推行，而司马光已高龄六十六岁。这年，《资治通鉴》全部完成，于是在十一月，由司马光领衔，重要助手刘攽、刘恕、范祖禹及司马光之子司马康副署，联名进上该书，并拜表说：

> 臣光曰：先奉敕编集历代君臣事迹，又奉圣旨赐名资治通鉴，今已了毕者。
>
> 伏念臣性识愚鲁，学术荒疏……独于前史，粗尝尽心……臣常不自揆，欲删削冗长，举撮机要，专取关国家盛衰，系生民休戚，善可为法，恶可为戒者，为编年一书。……
>
> 伏遇英宗皇帝……思历览古事，用恢张大猷，爰召下臣，俾之编集。臣夙昔所愿，一朝获伸，踊跃奉承，惟惧不称……不幸书未进御，先帝违弃群臣。
>
> 陛下绍膺大统，钦承先志，宠以冠序，锡之嘉名，每开经筵，常令进读……会差知永兴军，以衰疾不任治剧，乞就冗官。
>
> 陛下俯从所欲……前后六任，仍听以书局自随……臣既无他事，得以研精极虑，穷竭所有；日力不足，继之以夜……上起战国，下终五代，凡一千三百六十二年，修成二百九十四卷；又略举事目……以备检寻，为

目录三十卷；又参考群书，评其同异……为考异三十卷；合三百五十四卷。

……重念臣违离阙庭，十有五年……今骸骨癯瘁，目视昏近，齿牙无几，神识衰耗，目前所为，旋踵遗忘，臣之精力，尽于此书。伏望陛下……时赐省览；览前世之兴衰，考当今之得失，嘉善矜恶，取是舍非，足以懋稽古之盛德，跻无前之至治，俾四海群生，咸蒙其福，则臣虽委骨九泉，志愿永毕矣！

谨奉表陈进以闻。臣光诚惶诚惧，顿首、顿首，谨言。

元丰七年十一月进呈。

司马光的大志向在救济生民、兴隆国家，这道奏章亦一再表明。他撰述《资治通鉴》这部大书，十九年下来，已经使青春磨蚀，健康日差，这是他又过了两年，即以衰病逝世的原因。神宗大为感动，任他为资政殿学士，此号学士，通常是执政所带的职衔，表示神宗有意重用他。同时，神宗颁下奖谕诏书：

敕司马光：修《资治通鉴》成事。

史学之废久矣……卿博学多闻，贯穿今古……成一家之书，褒贬去取，有所依据。省阅以还，良深嘉叹！……故兹奖谕，想宜知悉。

冬寒，卿比（近来之意）平安好。遣书（即留书，致送一封信之意），指（旨趣、心意之意）不多及。十五日。

第二年，衰老的司马光尚安好，反而三十八岁壮年的神宗皇帝，却在三月崩逝了。九岁大的哲宗皇帝继位，由太皇太后高氏（英宗妻，神宗母，哲宗祖母）临朝听政。哲宗是神宗第六子，前一个月神宗才立他为皇太子，准备召还外放的吕公著和司马光做他的师傅，因此，太皇太后乃下诏征两人回京辅政，两人都是保守派的领袖。

军人看见司马光回京入宫，皆以手加额称庆："这是司马相公啊！"数千百姓遮道欢呼："相公不要再回洛阳，留在中央做天子的宰相，救活我们百姓！"原来司马光当初批评新政，所预测的效果后来多能应验，于是天下传诵，以为是真宰相，虽田父野老皆私下称他为"司马相公"，连妇人孺子也知道"司马相公"就是司马君实。苏轼当时由登州（今山东省烟台市蓬莱区）奉召回京，据他所说，缘道有人相聚号呼："请转告司马相公不要离开朝廷，请他擅自珍重以活我们！"

事实上，当时不少保守人士引领盼望改革（废新政），有些人则狐疑观望。若干官员为了缓和起见，进言说："做人儿子，三年无改于父之道是应该的。"于是稍稍取消了一些过分的措施，略举数事以塞人言。

司马光慨然争之："先帝之法，其善者，虽百世不可变更。像王安石、吕惠卿等所策划，是天下的祸害，而不是先帝的本意之政施，当如救焚拯溺一样，立即改革犹恐不及。何况这是太皇太后以母亲的身份去改革儿子之非，又不是儿子去改变父亲之道哩！"议论乃决定下来。五月，太皇太后晋拜司马光为执政（门下侍郎）；七月，吕公著也拜执政（尚书左丞），开始废除新政的措施。

司马光执政，首重起用人才。他认为治乱之机在于用人，邪正一分，则消长之势自定，所以每论事必以人物为先，起用了不少反对新政的人，也贬降了拥护新政的官员。然后，才逐步取消新政，保甲、保马、市易等，依次取缔或改革；又将财经系统大加整顿，权归户部（财政部）。

翌年，（哲宗元祐元年，1086）春正月，司马光病发，日益严重，朝廷待他优礼有加，他更为感激，为之长叹说："四患未除，我死不瞑目呀！"于是力疾上疏，亟论免役法之害，要求取消，诏令即日依言实行。他又论列对西夏的大战略，主张和平共处；废除置将法及提举司；开十科考选人才。虽然有些官员反对，但他持论极坚，朝廷亦一一采用。

闰二月，司马光又晋拜为左仆射兼门下侍郎首相之官，这时病况稍有起色，想赴朝办公。诏令要他免去朝觐，允许他乘肩舆（以肩抬起而行的轿子），每隔三天一入都堂（宰相办公厅）或门下省、尚书省。司马光不敢当，说："不见君主，怎么可以视事?！"诏旨只好命他肩舆入觐，特许不拜。司马光却惶恐入觐，再拜始止，并又要求把青苗法废除了。

王安石以司空官（一品的三公官）寓居江宁府（今南京），知道他与吕公著这两位好友，同心合力，一一要尽革新法，不由为之感叹，遂在四月薨逝，享寿六十八岁。

司马光感激朝廷知遇，遂决志以身殉国，昼夜不舍地亲理庶务。宾客见他羸弱，举诸葛亮食少事繁以致操累而死的事，作为警告。司马光答道："死生是命啊！"于是更加努力。数月之后，大病又发，病重到没有知觉，呓语谆谆然犹讲国家大事，延至九月初一薨逝；比王安石晚了五个月，同样享寿六十八岁。两人同年生死,真似出于上天的故意安排。

太皇太后与哲宗二圣亲临其丧,哭之甚哀,为之罢朝会,追赠太师、温国公,谥号"文正",诏令内臣护灵归葬于夏县,哲宗赐以"忠精粹德"之碑额。京师居民闻丧,亦罢市往吊,如哭自己的亲戚;岭南也有父老相率俱祭。京都画家画其遗像,刻印贩卖,都中与四方的人家,大多家置一幅,饮食前必先祭祀,据说有些画家即因此致富。

司马光孝友忠信,恭俭正直,居处有法,动作有礼,淡然于物质享受。他的学问无所不通,但最不喜佛学及道家。他曾有豪语说:"我没有过人之处,但平生所为,未尝有不可对人言的事罢了!"家在洛阳有田三顷,丧妻时已变卖,当作葬费,从此恶衣菲食以终其身。

其妻张氏,是礼部尚书张存之女,比他先死,追封为温国夫人。儿子三人,司马唐与司马童都早死,司马康及其二子植与桓,在他死时皆已任官;司马光修撰《资治通鉴》时,司马康担任校阅文字之职。

翰林学士苏轼(东坡),与司马光交游二十年,故熟知司马光的平生,于是为他撰写"行状"(死者的生平行谊);后来元朝修宋史,其中《司马光传》的文字,十之八九抄自此行状。根据行状所载,司马光的著作计有:

1.《文集》八十卷

2.《资治通鉴》三百二十四卷(应包括通鉴目录三十卷在内)

3.《资治通鉴》考异三十卷

4.《历年图》七卷

5.《通历》八十卷

6.《稽古录》二十卷

7.《本（宋）朝百官公卿表》六卷

8.《翰林词草》三卷

9.《注古文孝经》一卷

10.《易说》三卷

11.《注系辞》二卷

12.《注老子道德论》二卷

13.《集注太元经》八卷

14.《大学中庸义》一卷

15.《集注杨子》十三卷

16.《文中子传》一卷

17.《河外谘目》三卷

18.《书仪》八卷

19.《家范》四卷

20.《读诗话》一卷

21.《游山行记》十二记

22.《医问》七篇

由此二十二种著作目录，可见司马光学问很广博，经史、子集均有心得，连他所最不喜欢的老子学说，也曾用功研读过。与那种厌恶其言，则不读其书的人，实在不能相比。司马光于史学用功最大，浸淫最久，成绩最显著，所以被后世之人公认为史学家。

第二章 《资治通鉴》同修者略传

一、刘攽

刘攽，字贡父，临江新喻（今江西省新余市）人。他与其兄刘敞（字原父），敞子刘奉世三人，以文名擅于北宋中期，世称"三刘"。仁宗庆历（1041—1048）年间，刘敞、刘攽两兄弟同登进士科；刘敞更是廷试第一名，只因编排官王尧臣是其内兄，为了避嫌疑，遂改为第二名。

刘敞无书不观，而长于春秋史学，与欧阳修甚有交情，在中央做官也颇顺利。只是因为议论常与众人不同，加上在神宗熙宁元年（1068）才五十岁就死了，所以没有做到宰执的机会。

刘攽情况则与兄颇不同，他在中进士后，历任地方官凡二十年，然后才因欧阳修等人的推荐，调京试任馆职（在史馆等馆阁任职），但他与御史中丞（监察机关副长官）王陶素有夙憾，于是遭受排挤，长期以高阶担任馆阁校勘之职。

神宗熙宁中，刘攽迁为判尚书考功、同知太常礼院。这时王安石推行新政，改革学校贡举法，推行学校教育从严考试，并在毕业生中提拔人才的政策。刘攽却反对说："本朝选士之制，已经实行了百年，历代将相名卿皆由此而生，若说旧制没有得到人才，岂不是诬赖吗？希望因循旧贯，不要轻易讨论更改法令。如果士子能在家自修而足以成德，又何待学官设计课程以督导他们呢？"

宋朝经筵讲读，为了提高君主的尊严，已经废除了前代教授讲座的方式，讲师必须站立讲读，而皇帝则坐着来听课。王安石在经筵，要求神宗让讲师坐着讲，以表示尊师重道。刘攽又反对说："侍臣在御前讲谕不可以有讲座，避席立语，乃是古今的常礼。君主赐座，是表示人主的遵德乐道；若君主不赐座则自请，意义可就不同了。"礼官们也同意刘攽的意见，于是以后人君听课，讲臣就没有讲座，一直站立到下课为止。如果讲臣年老体弱，这真是一件苦差事。

刘攽曾与同僚争詈，又颇反对新政及新党人物，更曾直接写信给王安石，争论新法的不便。安石大怒，追论其前后过失，将他外放为泰州（今江苏省泰州市）通判，辗转升迁为曹州（今山东省曹县西北）知州（州长）。

曹州是盗贼出没的地区，严刑重法也不能遏止。刘攽说："民不畏死，奈何以死惧之？"于是采取宽平的措施治理，盗贼竟也渐渐减少了。

其后又多次调职，曾充京东转运使（财政方面的官员），调职后由吴居厚接替遗缺，居厚能奉行新党的法令，使京东财政收入增加。于是刘攽被追诉在任内废弛事务，降为衡州（今湖南省衡阳市）盐仓的监仓官员。

哲宗初期，刘攽复升为襄州（今湖北省襄阳市襄阳区）知州，不久调入为秘书少监，但他称疾求去，朝廷遂命他为知蔡州（今河南省汝南县）。然而，苏轼等四人上言，力称刘攽博学强记，善于文章，治理政事可比美于古代的良吏，具有多方面的才干，能固执于正道，应该优加赏赐，让他留在京师。因此，刘攽到达蔡州数日之后，就被召拜中书舍人（中书省机要官）。回京不久，竟一病不起，享寿六十七岁。

刘攽为人疏浚，不注重仪容，性喜谐谑而富幽默感，因此屡次招怨。他曾著书一百卷，尤长于史学，所撰《东汉刊误》一书，更是为人所推崇。因此，司马光修撰《资治通鉴》时，特请他专门主撰汉代部分。他的侄子刘奉世也是一位汉史专家。

二、刘恕

司马光修撰《资治通鉴》，最得力的助手就是刘恕。

刘恕字道原，筠州（今江西省高安市）人，生于宋仁宗明道元年（1032），卒于神宗元丰元年（1078）九月，享年四十七岁；死后六年又三个月，《资治通鉴》才全部完成。由于他对《资治通鉴》出力最大，所以司马光等同僚不但在进上该书时，奏章之末仍然署上"同修·秘书丞刘恕"之名衔，并且请求皇帝特赐其长子义仲为官。

刘恕博极群书，聪明强记，为人刚直耿介，重义气，急言诺，颇有侠义之风，此与家庭环境有关。

其父刘涣，与欧阳修同年中进士，是好朋友，出仕为县官。由于处理政事常与上级意见不同，又不甘奉承屈膝，于是辞官而去，在庐山筑室隐居，种蔬而食，淡泊明志，游心物外，享有甚大的名气。欧阳修推崇他的风节，作《庐山高》一首诗，充满仰慕倾倒之意。

刘涣嗜好读书，藏书极丰，刘恕死后两年，才以八十余岁去世。由于刘涣身教而藏书丰富，自小就颖悟聪明、过目不忘的刘恕就有大好读书机会，俨然像一个神童。八岁时，家中宴客。客中有人说："孔子没有兄弟。"刘恕应声而言："《论语》提及孔子'以其兄之子妻之'一句，怎能说孔子无兄弟？"举座遂惊异。

十三岁时，想参加制举考试，谒见宰相名学者晏殊，与晏殊反复辩论政事，晏殊竟被难倒，不能对答。稍后晏殊又请刘恕至府，请他讲《春秋》，自己亲率官属来听讲。自是之后，声名鹊起，但他恃才傲物，议论批评，不避权贵，所以诸公虽然称赞他，内心却不是真的喜欢他。

仁宗皇祐元年（1049），刘恕当时十八岁，参加进士科考试。当年知贡举（典试长）是侍讲赵槩，司马光则任贡院点检试卷官。仁宗下诏在士子中征选能讲解经义的人，由典试官员特别奏上。应征的人仅有数十人，赵槩遂问以《春秋》《礼记》大义，二十条题目之中，有一人答案最精详，也有创见，主试官大为惊异，擢为第一名。乃至发榜，揭去糊名，其人就是刘恕。司马光非常欣慕及器重他，两人遂开始结识。同时，刘恕的进士科目考试，成绩也列为高等，但廷试时不中，于是发下国子监试讲经义，成绩仍是第一，仁宗遂赐他及第。

中进士后，朝廷调派他做巨鹿县（今河北省平乡县）主簿（主理公文的佐官），任满迁为晋州和川县（今山西省安泽县东北）县令，他都能以大魄力绳豪猾、抚鳏寡，使地方肃然。那些自认是能吏的官员，对他甚为佩服，自叹不及。

英宗治平三年（1066），司马光奉诏编修《资治通鉴》，并得随意选择馆阁英才来相助。光报告说："馆阁文学之士诚然很多，至于专精史学，臣所得而知的人，只有和川令刘恕一人而已！"英宗答道："好！"于是司马光退而奏召刘恕来相助。

由于刘恕博学强记，正史之外，连小说杂记也无所不览，数千年之事了如指掌，所以司马光凡遇错综复杂的史事，皆交给刘恕研究整理。他研学之时，家人呼叫开饭也不理，至饭羹冷了也不顾；夜间则卧思古今，有时通宵不眠，因此司马光对他最有信心。司马光和欧阳修两人，当时号通史学，贯穿古今，但是对于刘恕，两人也常自叹不如，多方向他请教。事实上，光、修二人年龄都比刘恕大，他也对司马光敬执门生之礼，最了解司马光的志趣，竭力助光修史。所以司马光曾说："我之得到道原，就像盲人互相依赖一样。"

刘恕与王安石是邻县同乡（王安石为今抚州市临川区人），两人也有旧交情，对经学均有造诣，也都是过目不忘的人。但是王安石与他每次相见，必与他开玩笑，笑他耽于史而不穷于经。刘恕对安石的经学则持反对态度，后来王安石当宰相，所著《三经新义》被列为考试必读之书，天下士子莫不啃读。刘恕则力诋安石之学，士子凡有谈到《三经新义》，刘恕必怒形于色，连说："此人口说妖言，面带妖气！"确实，刘恕个性刚毅，一丝一毫也不让人，连司马光这种正人也惮他三分。

神宗熙宁元年（1068），王安石参政，策划改革变法，邀请他参与为"制置三司条例司"立法，当时吕诲、范纯仁、司马光等，纷纷反对新政，刘恕也站在反对的立场，不但以不善于财政为理由，推辞不参与策划，而且当着众面严厉批评王安石。王安石当时权震天下，人不敢忤，而且也是一个恃才傲物、极善辩论之人，于是愈听愈不高兴。刘恕则愈讲愈快乐，愤愤然欲与王安石一较高下。王安石脸色如铁，道原则意气自若。在座众人或侧目而视，或掩耳起避，爱之者都为他寒心，而刘恕抗言直斥，曾不以为意。不过事后，刘恕自己也感到内心不安。刚好第二年，司马光要求外放获准，带着史局知永兴军，他也趁机以父老告辞，请求调任为南康军（今江西省庐山市）酒税监官，因为其父隐居的庐山之阳，是属于南康军的管辖区。

由于《资治通鉴》才工作四年多，所以刘恕虽在南康军任职，但仍遥隶史局，以通信方式保持联络。

熙宁四年（1071），司马光分司西京（洛阳）御史台，刘恕请准往见，在史局逗留数月而归。刘恕家贫，没有锦衣美食，然而一毫也不妄取于人。当他南归时已是初冬十月，没有寒衣。司马光赠送旧貂褥及一二衣袜给他。他坚决不要，强迫他收下，行至颍州（今安徽省阜阳市），他还是派人全部送还给司马光。不过他对师友也抱这种态度，似乎是过分狷介了。

熙宁九年（1076），刘恕因母亲去世，悲哀愤郁，遂中风疾，右半身不能运动。这时他为史局工作也满十年，《资治通鉴》也打好了基础。但他与司马光对《资治通鉴》的断限问题有不同看法，他认为司马光执意从三家分晋作为开始，写到宋太祖陈桥兵变前为止，事实上不能算是完全的通史。所以，他有两个计划要做，准备补救《资治通鉴》的不足：一是要写从西周共和元年（前841）开始，至周威烈王二十二年止，共四百三十八年的历史，以下接《资治通鉴》威烈王二十三年（前403）的开始；另一

资治通鉴：帝王的镜子

是要写从宋太祖开国至宋英宗五朝的历史，以上接《资治通鉴》的结束。刘恕称前一计划为《资治通鉴》前纪，后一计划为后纪，认为如此才能使《资治通鉴》成为一部贯穿古今的通史。

在中风瘫痪以后，他仍然努力苦学，精神好一些时则修书，病亟则停止，而且常常口述，命令长子刘义仲笔录下来。由于看不到藏在京城的国史实录，所以遂放弃第二个计划，专心完成第一个计划，为数十卷的前纪就是在这种情况下完成。为了避嫌司马光的《资治通鉴》，他将前纪改名为《资治通鉴》外纪，留言希望司马光将来能删削此书，与通鉴全书为一体。

《资治通鉴》外纪在刘恕卧病六百天之内完成，书成后不久，即撒手西归。卧病期间，他同时进行另一部著作——四十二卷的《十国纪年》，专述唐亡后五代十国之事。病重之时，为了赶快完成此书，故仍汲汲借取他人之书来研究；弥留之际，乃口授义仲写信给司马光，拜托司马光代为写埋铭（埋在棺圹内的碑铭）及《十国纪年》之序。司马光依言为序，其书尚未杀青，由刘义仲继续加以完成。至于将外纪与《资治通鉴》合成为一之事，由于书进上后不久，司马光即奉诏入朝辅政，并迅即病死，所以他也无法成全朋友的愿望了。

刘恕精深史学，《资治通鉴》全书的构想司马光多加采用，尤其三国至隋朝与五代十国两大段，皆由刘恕完成初稿。他平生狷介，尤好抨击人家，不过也曾检讨自己，自认有二十失与十八弊，倒也不失为性情中人。

三、范祖禹

范祖禹出身四川著姓望族,是成都华阳(今四川省广元市北)人,仁宗康定二年(1041)出生。诞生前,其母梦见一金甲伟丈夫进入寝室,对她说:"我就是汉朝将军邓禹!"所以就命名此儿为"祖禹",后字"梦得",亦字淳甫。淳甫一字,是因司马光写给他的帖而命名,可见两人关系之深。

祖禹之父名百之,叔祖就是首先上言请仁宗选择宗室子为皇太子的名谏官范镇。镇与百之同中仁宗宝元元年(1038)进士,名为叔侄,实如兄弟。百之官至太常博士,在祖禹十三岁时,夫妇相继去世,诸子皆由范镇抚养。范镇家教严正,视祖禹如己子。祖禹读书用功,他们范家确是书香世代的家庭,祖禹尤其因为早孤,自感身世,故每逢佳节宴会,都悄然躲开,闭门读书。

范镇非常器重祖禹,曾对人称赞他说:"这孩子是天下之士呀!"又对子弟说:"三郎是你们的榜样,你们应该向他学习。"祖禹是百之的第三子,故称为三郎。范镇与祖禹感情极佳,范家子弟虽都友爱,但很少像这两祖孙那么投契。祖禹一生治学、处世、为人,固然深受范镇影响,但范镇对此侄孙也无话不谈,引为知己,甚至哲宗即位,太皇太后高氏想升迁范镇为执政,范镇亦写信征求祖禹的意见。祖禹认为不应接受,他就决定不再出山了。范镇与司马光的感情,比亲兄弟还好,这是范祖禹追随司马光的原因。祖禹比范镇年轻三十二岁,比司马光年轻二十三岁,司马光在祖禹未中进士之前已认识他。

嘉祐八年(1063),仁宗崩逝,英宗继位,范祖禹则以二十三岁年龄，在此年考中进士甲科，授任为校书郎，出为资州龙水县（即今四川省资中县西南八十里的龙水乡）知县。中举后，他曾写了一篇《进论》，求教于司马光。光极赏识祖禹，但对此文不表态度。祖禹疑惑，屡次询问，司马光才说："你的文章不是不好，但念世人绝少能考中甲科，你既考中，而又写此文章急于求进，我总觉得你有点贪心。我不高兴，不是为了你写《进论》，而是不喜欢你有贪心罢了！"于是祖禹焚掉《进论》，决定不参加贤良科的考试。

祖禹一生，受司马光影响启发最大，因此一言，遂看破功名利禄，甘心追随他在洛阳修撰《资治通鉴》，不求闻达，十五年如一日。这十五年日夕共同生活，司马光的人格与治学，对他启发更大；而司马光一方面视他为事业上的助手，一方面也视他为子弟门生，公、私两事，多与祖禹商量而后行。司马光的书信公文，皆出于祖禹之手，连"进《资治通鉴》表"也由祖禹代撰。

洛阳是旧党云集的地区，朝中反对新政的名流学者，或主动或被动，都聚居于此，故道德文章极盛。元老如富弼，名臣如司马光、吕公著，学者大师如邵雍及二程子（程颢、程颐），皆济济一处。范祖禹与他们往还，受到极大影响。尤其司马光如其师父，吕公著是其岳父，二程子与他游学，影响最大。

祖禹为司马光所推荐，以同修名义参与修撰《资治通鉴》。史局人员原来多有本职，他们外调时势必不能再入局编修。例如刘攽在局仅五年（治平三年至熙宁四年，1066—1071），刘恕在局也不过四年多，遥隶史局的时间较长，而且也早死。范祖禹从熙宁三年六月入局，至修完全书为止，共有十五年之久；更因在洛阳追随司马光，几乎无日不参与修史。那时他已三十多岁，学识日深，除了负责唐朝的初稿外，可以说是全书实际参与的第一号助手。书成进上时，他已经是四十四岁的中年人。司马光为了他的贡献，推荐他升迁为秘书省校字。其间，王安石之弟王安国，因为与他友善，告诉他说安石很爱重他，要他往谒其兄。祖禹深受洛阳风气的影响，拒绝与安石往来。反而在富弼死后，不顾众人的反对，将此退休于洛阳的保守派元老之密疏，呈上给神宗皇帝。富弼拜托他呈奏的密疏内容，是亟论王安石误国及新法之害、言辞愤切的遗书。可以说，范祖禹的政治态度，也是极端反对新政的。

四十五岁那年，宋哲宗即位，太皇太后高氏临朝掌政，起用大批保守派官员，司马光与吕公著更由洛阳召回执政。他们的政策，是要废除新政，恢复仁宗以前的旧法，宋史上称为"元祐更化"，与王安石的"祖宗不足法"的变法维新完全相反。需知道，王安石以前，韩琦、范仲淹、欧阳修等元老，曾认识到国家已到非变法不可的地步，皆先后提倡过变法。王安石的变法，照说他们除了反对过度改革，不应该加以全部反对。安石以五十一岁中年而蒙重托，可能是导致这些"老成人"不悦的原因，事实上，保守派经常上言，要求罢黜倡行新政的年轻新进，复用"老成人"掌政。这些元老在朝力量甚大，也有道德文章，不少新进能干之人受其影响，而拒绝与王安石同流，范祖禹与刘恕就是典型之例，如此一来，王安石势须提拔较激进的新人，此举也就更受保守派的攻击。可以说，这是政治的恶性循环，后来终于爆发党祸，导致亡国。

范祖禹政见偏于保守派，但立朝大体还算中立。太皇太后升他为右正言当谏官，他以岳父吕公著执政，避嫌力辞，于是改调为著作佐郎、修神宗实录检讨，稍后又升为著作郎，兼哲宗皇帝侍讲，在史馆与经筵中工作。当时，宰相蔡确以罪贬窜，祖禹就曾警告保守派说："自仁宗皇帝即位（1022）以来，不窜逐大臣的惯例已有六十多年的历史，现在一旦行之，四方视听会大为震动。蔡确已经罢相，朝廷多非其党，偶然有人提出偏见异议，如果就将他们视为新党，一定要把他们排挤贬出，我恐怕刑罚失去中正，使人情产生不安啊！"从他的说话，就可了解新党日后大举报复的原因所在，范祖禹不愧是精通历史的学者。

范祖禹在史馆及经筵工作，有显著的成就。

首先，他当初撰写《资治通鉴》唐朝部分时，意见颇与司马光不同，所以他摭取有唐一代历史，考得失，辨善恶，撰成十二卷书，取名为《唐鉴》，献上朝廷，希望有助于致治。这部书优劣并存，但名气甚大，所以人皆称其为"唐鉴公"，其子为"唐鉴儿"。宋高宗后来对讲臣说："读《资治通鉴》知司马光有宰相度量，读《唐鉴》知范祖禹有台谏手段。"

范祖禹是一位极称职的讲官，每进讲前一晚，必定端正衣冠，就像在御前一样；然后命令子弟侍坐，将内容先演讲一遍。讲时态度温和，引经据典，摘引时事，语调琅琅然，使听者兴起。所以苏轼曾说："范淳甫讲说，是当今经筵讲官第一。言简而当，无一冗字，无一长语，义理明白而成文灿然，真得讲师三昧！"

当讲官时，祖禹上自三皇五帝，下至宋神宗，编集了不少帝王学问及宋代历帝讲读的故事，作为讲授之用。元祐六年（1091），将此书整理完成，取名帝学，献上给哲宗阅读。《唐鉴》与《帝学》二书，都是讲课用书，重点在解释政治盛衰，并把"复祖宗（指宋太祖、太宗以下各帝）之法"的精神，辨别人物奸邪、正直的意义，发挥出来。也可以说，他想把哲宗教育成保守派理想中的君主。他撰写的另一本书——《仁皇训典》，专述仁宗政治，要求哲宗学习，目的与前二书相同。稍后，范祖禹升迁为翰林学士，这是文人最羡慕的职位，而范氏更因三世居此职，益为士林所荣慕。但这也是范祖禹政治生涯的巅峰。

保守派因太皇太后支持，推行政策的态度颇与王安石相似，均是自以天下为己任，丝毫不顾忌反对者的反应。他排斥新党的激烈，也不比王安石逊色，指斥新党分子为奸人则似更为过之。新党人物自是怀恨在心。保守派群臣协助太皇太后治国，不把年已长成的哲宗放在心上。又经常教训他东，教训他西。年已十七八，皇后也娶了的哲宗，心里充满挫折感，对祖母宰执的一番盛意，转变成为怨恨，造成新党回朝的契机。

保守派共同的目标在推翻新党，恢复旧政。他们之间也派系分别，互相攻击，对新政及恢复的看法亦甚分歧。范祖禹的两位好友程颐与苏轼，一为洛党领袖，一为蜀党巨子，就是互相猛烈攻击的人。祖禹也曾因为有大臣希望调和新、旧两政，故坚决表示意见说：“祖禹以为朝廷既察王安石之法为非，就该当恢复祖宗的旧法。如果在两法之间撷长补短，两用而兼存，则纪纲必然坏了！”他与司马光一样，都是主张坚决尽废新法之人。

元祐八年（1093）九月，太皇太后崩逝，哲宗亲政，政局遂转变。第二年——绍圣元年，新党重要人物章惇、曾布、蔡京等人纷纷回朝当政，哲宗改元为"绍圣"，就是决意要继承父亲神宗的遗志。章惇等也决意要复行王安石的新政。于是旧党重要人物吕大防、范纯仁、苏轼等，先后遭到罢免及贬黜。

同年七月，更大的噩运又告来临，御史黄履、周秩等，上言批评已死、未死的旧党领袖司马光等人，哲宗下诏如言加以议处，绍圣四年（1097）二月，三省（尚书、门下、中书）联言要求再追论，于是司马光、吕公著以下一再贬黜。徽宗（哲宗弟）以后更建立"元祐党籍"，令全国官厅树立司马光以下姓名，称为"元祐奸党碑"。对党籍中人及其子孙，加以迫害禁锢。

当太皇太后崩逝后不久，政情不稳，范祖禹即上奏请哲宗辨是非、拒邪说，奉承先后的遗志以斥逐新政；寻又当面批评新党为害，指责王安石、吕惠卿等人误国。稍后哲宗欲拜章惇为相，他又力言章惇不可用。是则范祖禹之遭到新党迫害，也绝非纯粹因为修撰《神宗实录》而起，其政治立场的鲜明与激烈，实为主因。

祖禹见建议不被采纳，遂请求外调，以龙阁学士身份知陕州（今河南省三门峡市陕州区）。这时，蔡卞等人批评《神宗实录》不客观，要求重修。实录的主要撰述者范祖禹、赵彦若、黄庭坚三人，因此坐罪。

《神宗实录》是记载神宗一朝的历史，在元祐元年（1086）二月六日开始修撰，最初的主持人是宰相蔡确。月余，蔡确被旧党贬窜，遂改由宰相司马光主持。光首荐范祖禹为检讨官，至六年三月完成，几乎都赖祖禹实际推动。实录完成后，范祖禹与赵彦若又奉诏继续编修神宗皇帝正史，至八年（1093）三月完成。修撰期间，因政见不同而产生争执的情况已经出现。至此，蔡卞等人批评实录"用意增损，多失事实"，要求重修。于是新党群臣交章议论，多谓《神宗实录》用心不良，是旧党用以掩覆先帝（神宗）功业，诋诬王安石新政之书。因而追论其罪，在绍圣元年（1094）十二月，降授为武安军节度使，移送永州（今湖南省永州市零陵区）安置。两年之后，又追论祖禹诽谤之罪，责授昭州别驾（州佐），移送贺州市（今广西壮族自治区贺州市）安置。翌年闰二月，再移送宾州（广西壮族自治区宾阳县）安置。

元符元年（1098）七月，三省再追论祖禹等人"诬罔圣德，阴蓄邪谋"，诏旨将祖禹移送化州（广东省化州市）安置，勒令永不录用他们的儿子为官。祖禹这年五十八岁，于同年十月二十日死于贬所，结束了四年的流放生涯。

哲宗亲政初期，范祖禹公开表示态度，儿子范冲及其一些好友，先后劝他不可过分言论激切。祖禹曾慨然回答："我离开四川时人称为范秀才，如今大不了再回复为布衣，有何为不可！"后来的贬谪，实与此有关。不过，死于贬所，这倒是他所始料不及的。

第三章 《资治通鉴》编集的意义、结构与工作情况

一、编集的背景与缘起

从孔子作《春秋》以来，史学撰作多为私人所撰，而且富有批评精神。司马迁开创了人物系统的纪传体通史，提出了"通古今之变"的意义。批评与通变，遂成为史学的两大精神。但是，不是每一个历史学家都有能力去通变，或者有高识去批评的，这是史学著作逐渐以断代史为正，以堆砌史料为常，使史学没落的原因。唐朝以后，由官方集体修史，史学就每况愈下了。

宋朝是史学复兴的时代，欧阳修的《新唐书》与《新五代史》，就代表了批评精神、通变能力、私家撰述风气的复兴。司马光的《资治通鉴》，就是承接此风而成的。不仅如此，《资治通鉴》还代表了中国史学最古老体裁——编年体的复兴，也代表了"帝王学"的进步。

原来宋朝国策重文轻武，宋初一边整编书籍，一边发扬文教，特别重视教育帝王治国平天下的参考书籍，于是宋太祖时

代，修编了《太平御览》《太平广记》《文苑英华》等大部头书，以培养帝王的识见与文才。宋真宗时代所修编的《册府元龟》，帮助帝王鉴戒古今、裨益治道的意义更大；这是一部集史实大成、分门别类的大参考书，是真宗诏令编修君臣事迹，用以垂为法典的大著。

根据司马光所呈《上资治通鉴表》，说明《资治通鉴》的编集缘起，就是英宗想发扬文明之治，历览古事以助统治，于是才诏令编集此书。神宗认为此书论次序历代君臣事迹，有益于作为统治的借鉴，于是赐名为《资治通鉴》。也就是说，英宗与神宗，一方面视此书为历史，一方面也视此书为统治备忘录，是做帝王必具的学问。

新、旧五代史都是通史，把梁、唐、晋、汉、周五代贯穿来撰述，与一般的断代正史，专记一代兴衰不同。在此以前，只有司马迁的《史记》与梁武帝的《通志》两书，才有魄力做此尝试；也唯有通史体，才更能发挥"通古今之变"的功用。司马光对此认识清楚，他初期的构想，就是要修如此一部通史，命名为《通志》，与梁武帝之书同名。后因神宗赐名，才定名为《资治通鉴》。不论称为《通志》也好，称为《资治通鉴》也好，目的都在突出"通古今之变"的"通"字，这是宋朝复兴通史体的大构想与大成绩。

《太平御览》与《册府元龟》等帝王学书，体裁都仿自类书而来，把事情割裂分散。《资治通鉴》却不同，它是把历代史迹，依照年、月、日编集而成，是一部庞大的编年体巨著。编年体沉寂已久，除了官方像日记一样的记注、实录仍在采用，正式的史著已很少运用。而且，从前的编年史著，像《春秋》《左传》《汉纪》等书，均以一朝一国为主，不是通史体的编年。《资治通鉴》则不同，它编集周、秦、汉、魏、晋、宋、齐、梁、陈、隋、唐、后梁、后唐、后晋、后汉、后周共十六代，一千三百六十二年之间的变化，实为中国第一本通史方式的编年体大著。单就史学史角度来看，就曾激起甚大回响，并由此衍生出另一种体裁——纪事本末体。

由此而观，司马光编修《资治通鉴》，不论从史学发展、史学精神与意义等各方面看，都有非常伟大的成就，有承先启后及中兴史学之功。宋神宗在"奖谕司马光修《资治通鉴》成诏书"中，就慨叹"史学之废久矣"，并对此书的成就表示"良深嘉叹"。

二、编集精神与结构

早在仁宗皇祐年间（1049—1053），刘恕进士中举，与司马光认识后，就常与司马光论学往还。嘉祐（1056—1063）中，司马光曾对刘恕说："春秋之后，至今千余年，从《史记》到《五代史》，凡一千五百卷，学者历年不能读完其篇第，终生也无暇了解其大略。我想从周威烈王命韩、赵、魏为诸侯开始，下至五代，遵循左丘明编年之体，模仿荀悦［东汉颍川郡（今河南省禹州市）人，十二岁能说《春秋》，个性沉静，好著述，为汉献帝的侍从官。所撰《汉纪》三十卷，甚获好评，是依左传体而完成的名著。］汉纪简要的笔法，网罗众说，以成一家之言。你看怎样？"

刘恕回答："司马迁以良史之才，叙述黄帝至秦汉的兴亡治乱。班固以下，世各名家。李延寿总合八朝而撰成南、北史，但言辞卑弱，义例繁杂，加上缺乏表、志，历史沿革不完整。梁武帝《通志》等书，近世已散失，没有可足称述的地方。公（指司马光）想以文章议论，撰成历代大典，真足以流传万世；元凶巨奸，贬黜甚于诛殛。上可继孔子的《春秋》经及左丘明的《左传》，司马迁怎么可以和你相比，荀悦又何足道哉！"

根据二人对话，显示司马光想要修一部自周威烈王至五代的史书，念头在正式奉英宗诏令前几年，早已存有。他的仿效对象，主要是左丘明及荀悦两人，宗旨最初不在强调春秋的褒贬精神，而是特重史实的整理陈述，网罗众说以成一家之言。至于刘恕的意见，则刚好相反，鼓励他效法《春秋》《左传》，不要学司马迁与荀悦。

英宗治平三年（1066），司马光奉诏编集历代君臣事迹后，首先延揽刘恕入史局襄助，大体上《资治通鉴》的结构，就是两人磋商的结果。

刘恕第一个意见是《春秋》精神的提出，不被司马光所认可。第二个意见则是断限（开始与结束）问题的不同。刘恕曾询问司马光："公之书不从上古或尧、舜开始，究竟为了什么原因呢？"

司马光答："周平王以来，事情都包容于《春秋》一书中。孔子之经，不可以增删呀！"

"那么，为什么不从《春秋》结束的那一年开始写？"

"圣人的经不可以续啊！"司马光又答。

司马光尊孔子，不敢重复或接续《春秋》经典，这是不敢僭圣的表现，也是他立意舍弃上古，而从周威烈王开始撰述的原因。刘恕对此，迄死不满，所以自己撰写了《资治通鉴》外纪十卷，准备补救《资治通鉴》缺头之失。

同时，刘恕也不满意司马光写到五代即止的构想，认为那足以使《资治通鉴》有缺尾之憾。司马光当然了解此缺尾之憾，但事关"现代史"，他不敢轻易落笔。刘恕因此也曾想到撰写宋太祖以至英宗五朝的历史，以续《资治通鉴》之貌。后因体衰身丧，赍志以殁。

由此可见，《资治通鉴》实非一部从上古至当代（英宗或神宗）首尾完成的通史，多少是有所缺憾的。

不过，刘恕的鼓励，事实上对司马光颇发生影响。治平三年正月，司马光奏上自周威烈王二十三年至秦二世三年的《通志》时，尚申明效法左丘明与荀悦的体裁和文笔。及至英宗阅毕大喜，命令他继续修撰下去。他再奏时，语气即已改变，他说："窃不自揆，常欲上自战国，下至五代，正史之外，旁采他书，凡关国家之盛衰，系生民之休戚，善可为法，恶可为戒，帝王所宜知者，略依《左氏春秋传》体，为编年一书，名曰《通志》。其余浮沉之文，悉删去不载，庶几听览不劳，而闻见甚博。"

换句话说，他自认《通志》一书，是因循《左传》的编年体，模仿荀悦《汉纪》简洁之文章，注重国计民生大事，不但要做到博而不烦，而且也要效法《春秋》褒贬之精神。并即将编年通体、简而不赘、博而能约、褒贬批评四种重点，纳入其日后撰写《资治通鉴》的结构之内。至于内容不叙浮沉，而特重国计民生，亦成为要旨之一。

断限那么长，书籍那么多，司马光纵然夜以继日，也将无法完成。所以他将工作分付给刘恕、刘攽两名最重要助手：三家分晋至秦二世之年，《通志》早已述及。于是汉代托付给刘攽，三国至五代托付给刘恕。及至范祖禹加入工作，则唐代专委祖禹，以分担刘恕之劳。刘恕似在完成三国至隋一段后而死，五代则似未完成，于是又委托祖禹下兼五代的初稿工作。三子初稿完成，则由司马光自己总其成。

《资治通鉴》是编年体，史事距离宋代愈远则愈简洁，愈近则愈详细，这是一个原则。既属编年，则又不得不重视统绪，那是时间所系的凭借。统一的时代，统绪不成问题；分裂之时，遂不得不选择正统。战国时代，史事以周朝天子在位年次系之，称为"周纪"。以下《秦纪》《汉纪》等各依此例。不过，王莽所建立的"新朝"、与武则天所建立的"周朝"，皆不另立"新纪"或"周纪"，径行将之列入《汉纪》与《唐纪》。

另外，汉末三分，开始有正统之争，他因汉、魏、晋政权相承接，故以魏为正统（详细理由请见下篇）。以后隋—唐—后梁—后唐—后晋—后汉—后周—宋之统绪，亦依此例。编年体采用这种序列，原无可厚非。晋以后，则以南朝宋、齐、梁、陈系年。但是，隋的政权来自北周，北周来自西魏，西魏来自北魏，北魏来自"五胡"①兴灭频仍的短命王朝，这些王朝来自晋。是则正统问题至此，应是魏—晋—北魏—西魏—北周—隋—唐才对。再怎样说，隋朝篡自北周，陈朝被隋统一之前，隋早已出现。且隋、陈是对峙之局，前者实不能承接于后者。否则，此说若成立，宋应承接北汉才对，亦取梁—唐—晋—汉—宋，北周不应在正统之内。这是通鉴结构上的缺点之一。

---

① 五胡，指匈奴、鲜卑、羌、羯、氐等五个少数民族。

既有年号所系的正统,则其余分裂诸国必然成为偏霸,他们的国君可以称为"国主",也不必系其年号。但是,司马光为了表示对正、闰两统没有偏颇,极力强调诸国一视同仁,于是就使结构产生了矛盾。例如,因为系年于魏,所以称曹丕为魏文帝。如真的视(蜀)汉、吴与魏平等,虽不系其年号,亦应称刘备为汉帝,称孙权为吴帝;司马光称刘备为汉主,称孙权为吴主,笔法上显然已将两人地位贬了,即使再解释,也无法掩饰此结构上的矛盾。

编年的结构,是将事迹按照其发生的年、月、日先后排列叙述。司马光对此做得甚为成功,而且每季出现的第一个月,前面必书季节之名。例如某年正月有事记述,则写成"春正月";正月无事,二月才有,则写明"春二月",这是仿照春秋之例。事情知道在某月发生而不知某日,则在此月之末,以"是月"开始补述;知道在某年发生而不知月日,则在此年十二月叙述完毕后,以"是岁"开始补述。于是,一部包含十六代、一千三百六十二年的编年通史,即依此结构逐步完成。

三、实际工作的概况

英宗至平三年(1066),阅读了司马光所上的《通志》一书,遂命令他继续修撰下去。英宗特准司马光自选官属人才,在崇文院组织史局以推动工作。同时,又允许史局借用龙图阁、天章阁、弘文馆、集贤院、史馆、秘阁等处所藏书籍,赐以御府笔墨、缯帛及御前钱,以供作应用与水果点心费用,调拨内臣充当服务人员,际遇之隆，近臣莫及。神宗每次经筵，也常令进读修好部分。显示两帝均关心此大事业，使史局工作者感到责任重大，不能掉以轻心。于是司马光与三名助手密切合作，先修丛目，再修长编，然后删约成书。

刘攽、刘恕在局时间不过五六年，范祖禹则长达十五年，执行最实际而繁重的工作。当然，他们下面，还有不少书吏在实际工作。

范祖禹主要负责唐朝部分。他参考了一百多种书籍，依照时间先后排列，做成丛目（目录索引）。丛目做好，司马光不满意，责备他疏忽，指示他须在每一条史料后面做好附注，然后才能进行长编（初稿）的工作。附注必须注明此事情发生的年、月、日，解释这条为什么移在前，那条为什么放在后；考不出月、日的，则放在年底，称为"是岁"；考不出日的，则放在月底，称为"是月"。每条史料都必须要如此清楚。

唐长编从唐高祖起兵至哀帝禅位止，每写一事，中间必须空一行许，以备补充剪黏之用。写到一事，亦须重新翻出原书校阅一遍。其中若有事同文异的记载，则必须选择一明白详备者录用；彼此互有详略的不同数据，必须左右采择选录，自用《左传》叙事的方式润饰之。若彼此年、月事迹有矛盾的，则必须选一证据，分析何者近于情实以修入正文，其余史料仍须注于其下，解释取舍的原因。这种解释，必须说明不用何书的说法，它的说法是什么，如今采用何书做证明；没有明证则须说明根据哪种推理来推论，现今根据何书做成定论。若矛盾的记载无法考证其是非，则必须说明两者都加以保留存用。指示实录、正史不一定可靠，杂史、小说未必不真实，所以记载矛盾时，必须高明地鉴别分析。

根据丛目的指示，上述的方法与原则，然后修成长编。长编依年、月、日编次为草卷，每四丈截为一卷，光唐朝的长编就有八百多卷。于是司马光就依照长编，开始删润的工作，不必再翻阅其他书籍了。

司马光严格规定自己的工作进度，每三天删一卷，有事故停止，则日后必须追补完成；预计光是唐朝长编八九百卷，亦须三四年才能完成粗编。此后又须细删，把它删成数十卷而已。

就以唐代为例，范祖禹参考了一百多种、三四千卷书籍，才修成八百多卷的唐长编。司马光据此粗删、细删后，最后删为八十一卷。工程之繁浩与耐心，煞是惊人，故司马光写信给宋敏求说："我到洛阳以来，专心修撰《资治通鉴》已八年，仅完成了晋、宋、齐、梁、陈、隋六代罢了……"

《资治通鉴》全书，总共参考了二三百种书籍，最后完成仅删为二百九十四卷。唐长编是以八百多卷删成八十一卷，以此比例算，全书的长编应有三千卷之多。假如每四丈截一卷，则全部长编即有一万二千丈长。据说，光是草稿就放满两幢房屋，而且草稿上未有一字潦草，可见他们的认真与严谨。

十六代、一千三百六十二年之事，一共花费了十九年工夫来完成，几千卷长编删约成二百九十四卷之少。其中《周纪》五卷，《秦纪》三卷，《汉纪》六十卷，《魏纪》十卷，《晋纪》四十卷，《宋纪》十六卷，《齐纪》十卷，《梁纪》二十二卷，《陈纪》十卷，《隋纪》八卷，《唐纪》八十一卷，《后梁纪》六卷，《后唐纪》八卷，《后晋纪》六卷，《后汉纪》四卷，《后周纪》五卷。本书下编就是在此二百九十四卷中，选取重要、趣味，而又能代表司马光识见的事情来介绍。

《资治通鉴》除本书二百九十四卷，另有重要附编两种：一是说明取材方针的《资治通鉴》考异三十卷，另一是当作纲领的通鉴目录三十卷。除书籍本身，另附纲领与目录的方式，在中国史学上实为创新之例。至于因为《资治通鉴》而产生了其他书籍，这里就不便一一介述了。

司马光自述"臣之精力，尽于此书"，书成后不久即病倒，两年以后即病逝。后人想到此书，即想到司马光，他可真是"志愿永毕矣"。死后第二个月，圣旨命令交由杭州镂板付印，正式面世。

下篇 《资治通鉴》系列纪

第一章 周 纪

一、三家分晋——通鉴的开始

"威烈王二十三年,初命晋大夫魏斯、赵籍、韩虔为诸侯。"

这是《资治通鉴》所记的第一个时间与第一件事,他为什么选择这个时间与这件事情作为《资治通鉴》的开始呢?这是一件非常有趣的问题。

周威烈王,是周朝第二十八世、第三十二任君主,如果以东周做计算,周平王为第一任君主,则周威烈王已是东周第十七世、二十一任君主。《资治通鉴》选周威烈王这一年做记载的开始,但是,又不以他即位那一年作为开始,显然用意很深。

司马光紧接着这第一句话,就以"臣光曰"提出了他第一份长篇的评论。这个评论,也可以说是提出了司马光对历史某些问题的看法。他的评论是这样的:

"臣闻天子之职莫大于礼,礼莫大于分,分莫大于名。何谓礼?纪纲是也。何谓分?君臣是也。何谓名?公、侯、卿、大夫是也。"

这是司马光评论的总纲，他随着解释了这段话的意思。他首先解释"天子之职莫大于礼"这一句话。他说像四海这么广，一兆老百姓那么多，被一个人所统治控制，虽然有很多勇力绝伦之士、智慧高卓的英雄，但是他们莫不奔走为这一个人来服役，这岂不是以礼为纲纪而造成的吗？所以司马光认为，天子统领三公（三公普通指太尉、司徒、司空），三公统领诸侯，诸侯统领卿、大夫，卿、大夫治理庶民，这是以贵来统治贱，以贱来承侍于贵，上下之间关系非常密切，好像心腹运用手足一样，好像树木的根本与它的枝叶一样这种关系能够维系，然后才能够使上下相保，而国家治安。因此，司马光认为天子之职莫大于礼，缘故就在于此。

那么，"礼莫大于分"又怎样解释呢？司马光认为是这样的：他说文王作《易经》的序，以乾、坤（相传庖牺氏观察天地而作八卦。八卦之首为乾，末为坤。乾代表天、君、父，坤代表地、臣、母）为首。孔子作《系辞》（文王所做卦辞谓之系辞，孔子释之，称为系辞传，亦称为系辞。这里指孔子的系辞传），也认为天尊地卑，乾坤定矣。卑高以陈，贵贱位矣。也就是说，君臣的地位，就好像天地一样不可变动。孔子作《春秋》，《春秋》这一本书，抑制诸侯尊礼王室，所以王室衰微，但是仍然序于诸侯之上。根据这样，就可以看到圣人对于君臣之际未尝不是执着的。司马光的看法，如果没有桀、纣这种暴君，同时又没有出现汤、武这种仁君，老百姓归之天命命之，君臣的名分应当守节伏死而已。他又提出这样的假设，如果商末不是立纣为君，而是立纣的庶长兄微子启为君，那么商朝就不会灭亡；如果吴国不是立诸樊，而是立他之弟季札为君，而季札又不推让，那么吴国就不会大乱乃至灭亡。微子启与季札这两人，宁愿亡国而不做君主，他们的用意就是因为礼的大节不可以乱啊。所以，礼莫大于分。

那什么是"分莫大于名"呢？司马光的说法是这样的：礼，是为了辨别贵贱亲疏和分别万物的，没有名则万物人伦不能彰明，没有器，万物人伦的形也不会表现出来。所以，名与器是为了辨别人伦万物的，需要上下粲然有伦，这样才会整齐，如果名器亡掉了，则礼也不能单独存在了。司马光举了一个例子：仲叔于奚有功于卫国，卫君赏赐封邑给他。仲叔于奚推辞封邑，要求赏予可辨别身份的马的装饰品，这种装饰品就叫繁缨。孔子听说了这回事，他提出了他的看法，孔子认为，与其将可以代表名器的繁缨赏给仲叔于奚，不如多封一点封邑给他。卫君也曾经希望孔子执政，孔子曾首先提出正名这个政策，以为名不正则民无所措手足。这也就是说，正名虽然是细务，繁缨虽然是小物，但是，名器一乱，则上下无以相保。所以，圣人对此非常谨慎。因此，司马光认为分莫大于名。

司马光所表示的这种精神，就是所谓的《春秋》精神。司马光接着提出了他对三家分晋的看法。司马光说，周幽王、周厉王失德，周的政治日益衰败，纲纪散乱，上下陵替，诸侯专政，大夫擅政，礼的大体十丧七八。但是，周文王、周武王知道，后世的王室子孙倘能守其名分，则周室历数百年仍会是天下的宗主；即使邦小民贫，然虽以晋、楚、齐、秦之强，也不敢随便侵犯它。这是为什么呢？司马光认为，这就是因为名分尚存。他又说，鲁国的权臣季氏，齐国的权臣田常，楚国的权臣白公，晋国的权臣智伯，他们的力量跟权势，都足以驱逐他们的国君而自为，然而他们终究不敢这么做，并不是力量不足或者是于心不忍，而是害怕奸名犯分（指前述的"礼莫大于分")而招来天下共诛之。那么由此推论,三家分晋这件事,是晋大夫暴蔑其君,剖分晋国,周天子既然不能讨伐,又进而宠信他们,正式任命他们为诸侯,那是使名分不能复守并且是放弃了。这是先王之礼到此尽了。

有些人认为,当三家分晋的时候,周室微弱,三晋强盛,周天子虽然不想给它们名分,怎样可以呢?司马光对于这种说法,大不以为然。他认为,像三晋虽然那么强,如果他们不顾天下之诛而犯义侵礼,不请于天子而自立,他们绝对有这种力量。但是,不请于天子而自立,就是叛逆之臣,天下如果有齐桓公,或者是晋文公等君主的话,一定会奉中央名义,以礼义的名义前往征讨他们。现在,三晋请于天子,而天子允许他们为诸侯,那么韩、赵、魏三晋是承受天子之命而为诸侯,谁敢讨伐他们呢?因此,司马光的看法,三晋之列于诸侯,并不是三晋的诸侯坏礼了,而是天子自己把礼搞坏了。

周天子自坏其礼,与司马光选择三家分晋作为《资治通鉴》的开始,有什么关系呢?司马光在这一段评论中最后的一节说,君臣之礼既然崩坏,从此以后,天下以智力相雄长,遂使圣贤之后为诸侯者,社稷莫不泯灭,生民之类莫不糜灭,岂不哀哉!

也就是说,司马光认为因天子自坏其礼,引起战国时代战争,那么,三家分晋,实是一个时代转变的转机。司马光选取这段史实作为《资治通鉴》的开始,就是表示他这种史识。

这种史识所表示的精神,就是孔子作《春秋》的精神。所以后来胡三省为《资治通鉴》作注,就开宗明义地说:"此温公书法所由此也。"又说:"通鉴始于此,其所以谨名分欤!"

司马光解释三家分晋这一句话,就用了这么长的篇幅,作为对这件事情的评论，可见他撰写《资治通鉴》，口中虽说不敢僭圣，内心实有效法孔子作《春秋》的意义的。别人说他效法《春秋》，在这一方面来讲，是不会有很大错误的。但是，《春秋》所写的最后一年是周敬王三十九年（前481），距离周威烈王二十三年（前403），相差了七十八年。周敬王是周威烈王的高祖父，春秋最后一年所载，与《资治通鉴》开始的一年所载，既然相差了半世纪，就编年史的体例来说，司马光并没有接续《春秋》，甚至也没有接续《左传》。即以《战国策》来说，《战国策》开始于周贞定王十六年（前453），韩、赵、魏三家攻灭智氏，而三分智氏的封地。三家分智氏，是在周威烈王二十三年以前的半个世纪前发生的。由此看来，司马光的选材，与《战国策》的开始也不一致。因此，司马光撰《资治通鉴》，实有他自己的一番识见。周天子任命三家为诸侯后的第十七年，田和篡齐，周天子也正式任命田和为齐王，这就是历史上的田齐。于是在周天子任命三晋以后的十余年到二十余年之间，天下强国秦、楚、燕、齐、赵、魏、韩七国，相争雄长的局面，已经成为定局，也就是说，历史进入战国七强的时代。司马光选取周威烈王二十三年作为纪事的开始，通常，学历史的人也把这一年视为战国的开始。

  大时代的败坏，司马光认为从周威烈王任命三晋开始，这是非常正确的看法。周威烈王以后，从安王、烈王、显王、慎靓王、赧王，仅四世五君，东周就告灭亡了。显见周威烈王任命三晋为诸侯，这件事情加速了周朝的灭亡。

二、三家分晋的由来与才德论

司马光在第一句话就说明周天子任命三晋为诸侯。这件事是怎样来的呢？司马光必须予以介述，那么这件事可以追溯至五十年前甚至更远。五十年前就是《战国策》开始的一年，这时候是周威烈王的祖父贞定王在位时期，也就是春秋末期转到战国时代的交替时间。

春秋晚期，中原诸国大夫执政极为普遍，晋的六卿尤为著名的例子。晋的六卿就是韩、赵、魏、范、智、中行六氏。智氏是六卿之中最强的一卿，范氏与中行氏后为其他四氏所灭，就变成韩、赵、魏、智四卿相持的局面，到了贞定王十六年（前453），就发生了韩、赵、魏联合消灭智氏，瓜分智氏领土的事情。

司马光追述这件事情，他说，当初（司马光追述前事喜欢用当初这两字为开始），智宣子选择后裔继承人，准备以智瑶作为继承人，曾经与他的亲信谈过，其中智果这个人，他是智氏的亲戚，反对说："立智瑶不如立智宵。智瑶有五个优点、一个缺点，他的姿仪美丽，善于射御，技艺出众，口才良好，个性刚毅，这五点优点，但是比不上不仁这个缺点。如果有五样优点而以不仁行之，谁愿意接受呢？因此，若立智瑶，那么智氏的宗室一定要灭亡。"智果的这个建议，智宣子并没有采纳。

到了智宣子死后，智瑶为政，智瑶就是智襄子。他与韩康子、魏桓子宴于南台，智伯（就是智襄子）戏弄康子并侮辱康子的宰相段规。智果听到了这件事，向智伯进谏说："主上这样做是一种危机,这样做了而又不防备危机的发生,那么这种危机必定会爆发的!"

智伯回答:"危难由我来做成,我不发难,谁敢发难!"

智果又言:"话不是这样讲,夏书说过:'一人三失,怨岂在明,不见是图。'也就是说,君子能勤于见到小事情,所以无大患,现在主上一次宴会,而侮辱了他国的君相,侮辱以后,又不为之防备,反而说人家不敢发难,这怎样可以呢?蚂蚁、蜂、虿都能害人,何况是做人君与做宰相的人呢!"智伯不听。

不久,智伯向韩康子要求割让土地,韩康子不愿给,段规劝他说:"智伯这个人,好利而刚愎,不给他,他将会来攻打我们,不如给他,他必定因此而骄傲,也向他人要地,他人假如不给,智伯必用兵攻之,然后我们就可以免于祸患,而等待情势的变化。"

韩康子说:"就这么办。"遂派遣使者,送一个万家的封邑给智伯。智伯高兴,又向魏桓子求地,魏桓子不想给他,任章劝谏桓子说:"为什么不给呢?"

桓子说:"无缘无故向我要地,所以不给他。"

任章说:"智伯无故求地,其他大夫必定恐惧。我们把地给他,他必定骄傲。他骄傲而轻敌,我们这边恐惧而相亲,以相亲之兵,对待轻敌之人,智氏之命必不长矣。周书说:'将欲败之,必姑辅之。将欲取之,必姑与之。'主上不如把地给他,用以使智伯骄傲,然后可以选择友好的国家,进而共同对付智氏,为什么单独以我们作为智氏用兵的对象呢?"魏桓子也采纳了任章的意见,送给智伯一个万家的封邑。

智伯吃到甜头以后,又向赵襄子求地,赵襄子不肯给,智伯大怒，率领韩、魏的精兵攻打赵氏。赵襄子撤退，死守晋阳城（今山西省太原市），三家之兵共同围攻晋阳。

围城部队久攻不下，遂放水灌城，但民无叛意。智伯巡视形势，这时魏桓子为智伯驾御，韩康子也在座相陪，三人同车。智伯说："我今天才知道，水可以灭亡人的国家。"魏桓子用肘撞了韩康子一下，韩康子会意他用脚踩了魏桓子脚趾一下，他们两人都知道，自己的都城也可以被水淹没的。

事后，智伯的臣子絺疵，告诉智伯说："韩、魏一定反啊。"

智伯问："先生怎么知道呢？"

絺疵说："我根据人事而知之。主上联合韩、魏之兵以进攻赵氏，赵氏灭亡，大难必轮到韩、魏了。现在我们约定，赵氏灭亡之后，就三分其地，可是晋阳城现在水淹六尺，人马相食，城降已经随时可及，而二子没有高兴的意思，反而有忧虑的颜色，不是想反，是为什么呢？"第二天智伯把絺疵之言转告给二子，二子马上分辩说："这是谗人想为赵氏游说，使你怀疑我们二家，而松懈对赵氏的进攻。要不然，我们二家不是利于朝夕瓜分赵氏之田，谁想做危难而不可成的事呢！"

二子驰出，絺疵进入，质问智伯说："主上为什么把臣子说的话转告给二子呢？"

智伯回答说："先生是怎么知道的呢？"

"臣看到二子出来，他们看到臣就马上跑掉了，所以臣知道这个情形和原因。"智伯听了以后，并没有改正他的看法。

赵襄子被围急了，秘密派遣张孟谈潜出去见二子，向二子说："臣闻唇亡则齿寒。如今智伯统率韩、魏之兵，以进攻我赵氏，赵氏灭亡了，就轮到韩、魏了。"

二子回答说："我们内心也知道这种情况，但是恐怕事情没有成功就把秘密泄露出去了，这样大祸就要马上来临！"

张孟谈说："计谋出自二主之口，入于臣的耳朵，没有关系的！"

于是二子乃秘密与张孟谈协议，约好日期而潜送他回去。

赵襄子晚上派人突袭守堤的军队，成功以后，把河堤敲破，用河水淹灌智伯的军队。智伯军队救水而大乱，韩、魏之军从侧翼进攻，赵襄子率军冲击其正面，大败智伯的军队，把智伯杀死了，尽灭智氏之族。

这件事情发生在周威烈王任命三晋前的五十年，司马光追述此事，是有非常的用意的，他在这句话后面，发挥了一段精彩的评论。

司马光在"臣光曰"中说"智伯是亡于才胜德也"。司马光的看法，才与德是世俗不能分辨的，世俗的人通常把有才或有德的人，都称为贤人。所以世俗的人往往都失于知人。

什么是才呢？司马光的看法，德是才的本体，才是德的资用。譬如，云梦（湖北省安陆市南）的竹子，是天下最强劲的，但是不经过加工，就不能射穿坚硬东西；又譬如棠溪（在河南省西平县西北）之金，是天下最锐利的，如果没经过加工，就无法用以攻击最强硬的东西。其大意就是说，德就是竹和金的本体，才就是竹子可射穿坚硬的东西的用途，同样也就是金可以拿来攻击最强硬的东西的用处。这便是才和德的分别。因此，司马光认为，才德俱全的人，才能够称为圣人，才德两亡的人，只能称为愚人。他又认为，德如果胜于才就称为君子，才如果优于德，则称为小人。因此，凡是取人的办法，若是不能得到圣人、君子而用他们，那么与其用小人不如用愚人。这是什么道理呢？司马光以为，君子用他的才做善事，小人用他的才做恶事。把才用于善事的，善无不至矣，把才用于恶事的，恶亦无不至矣。愚人想做恶事，但是他们的智慧不能达到，而他们的力量也不能胜任。犹若乳狗咬人，人人得而制之。小人的智慧足以完成他们的奸谋，勇力足以做出暴戾的行为，就等于是老虎添了翅膀，他们做的恶事岂不是更多吗？司马光又认为，有德的人通常被他人敬畏，有才的人往往被他人所爱慕，被爱慕的人通常易于亲近，被敬畏的人通常只是保持一段距离。所以很多人过分重视才而忽视了德。从古以来，国之乱臣，家之败子，都是才有余而德不足，以至于国家颠覆灭亡的例子太多太多了，岂仅智伯一例呢！所以为国为家的人如果能分辨才与德，而知所先后，又怎么会有失人之患呢？

司马光这段评论，明显地指出了，智伯之亡是亡于智宣子用智襄子做国君的继承人。智襄子虽然有五种优点，但是他有一种不仁的缺点。也就是说，智襄子是才胜于德，而不是才德兼备的好人选。相反的，司马光在同一段里，他记载了赵简子选用他的幺子做继承人，这就是赵襄子。赵襄子是比智襄子来得好，这么一来，智宣子与赵简子眼光高下优劣，就马上辨别出来了。所以说为国为家者，如果能够慎于才德之分而知所先后，国家怎么会灭亡呢？这句话的意思就是指此而言。

当然，一个历史学家不可能超出他的时代背景。司马光这段评论，与他处在宋朝党争的当时是有某些特别的意义的，也就是说，他对宋神宗用王安石等来变法，是非常反对的，尤其对新法本身反对更激烈。在研究司马光与王安石之间，我们有一个认识，司马光尽管与王安石是好朋友，但是他对王安石的才干佩服而不满意,对于王安石的德,他似乎有保留的态度,因此司马光写这段评论,似乎就是暗示神宗与王安石君臣及其新政而来。弦外之意,大概就是暗示宋神宗失于明辨才德,而王安石正是才优胜于德。事实上,司马光的"臣光曰",往往有借题发挥的意味。

三、秦的崛起与周的灭亡

通常历史学家认为,战国初期,齐国与魏国的国力最强。以后秦国崛起,才取代了魏的地位,变成齐、秦一东一西主宰天下。

战国初期,诸国兼并相争,经常发生灭国之事;吞并结果,使强国只剩下七个,而介于长江、黄河间还有十几个小国存在。所谓七强,并不是指当时只有七个国家,而是说当时只有七个最强大的国家,而其他小国,在战国舞台上无足轻重。秦国地处西僻,纵然列属强国之一,可是诸侯均不把它当作中原国家看待,甚至连楚国这个被中原诸国视为"蛮夷"者,也并不把秦当作中原国家,这种情况即使在周显王五年(前364),秦献公大败三晋于石门,中原诸侯仍是以夷狄来对待秦国。这就是秦孝公所以要发愤改革,使秦国强大的一个强烈动机和主要原因。

周显王七年(前362),秦献公逝世,他的儿子孝公继位,已经二十一岁了。孝公在翌年,下令全国说:"从前我穆公,修德行武,东平晋乱,西霸戎狄,天子甚至任命为方伯,开创了后世光辉灿烂的基业。但是以后继任的几位国君,都使国家内忧不宁。在这种情形下，三晋侵夺了我国的河西地方，这真是莫大的耻辱啊！我先君献公即位以后，励精图治，想修复穆公之政，光复穆公的领土。寡人思念先君之意，常常深痛于心，宾客群臣有能出奇计使我秦国强大起来的，我将会酬以尊贵之官，和他分土而王。"

这个命令颁布下来，引起了秦国乃至各国的注意。卫国的公孙鞅，就是商鞅，听到了这消息，于是整装向西进入秦国。

公孙鞅是卫国的王孙，擅长法家的学问，他曾在魏相公叔痤的手下做事，公叔痤知道他的才干，来不及推荐他就病倒了。魏惠王，就是《孟子》一书中开章明义所说的梁惠王，知道宰相病倒了，前往探病，并询问他说："相国的病如果有什么不测的话，我们的国家将要怎么办呢？"

"臣的宾客卫鞅，年虽小，但有奇才，希望国君举国而听之！"

公叔痤又说："国君即使不用卫鞅，也必须将他杀了，不要让他离开国境。"魏惠王听了，许诺而去。

魏君离去以后，公叔痤把卫鞅召来，向他谢罪说："我做事情先君后臣，所以先为君策划，然后才把这事告诉你。你必须快点离开魏国了！"

商鞅说："国君不能用先生的建议而任用我，又怎么能用先生的建议来杀我呢？"

结果不出商鞅所料，魏王离开了以后，告诉左右侍臣说："相国病得太严重了，真可叹啊！他想命令寡人将国家交给卫鞅，却又劝寡人杀他，岂不是矛盾吗？"

后来商鞅知道秦孝公求贤，西入秦求见孝公，用富国强兵之术游说孝公，孝公大为高兴，于是和他讨论国家大事。

周显王十年（前359），商鞅准备变法革新，秦国人民并不高兴。商鞅了解情况，告诉秦孝公说："人民不可与他们考虑开创之始，但可以和他们乐成。论至德的人不和于俗，成大功的人不谋于众。所以圣人如果可以强国的话，他们都不墨守成规，死守过时的法令。"

"不然，"秦国另一臣子甘龙说，"根据法令而治理的人，官吏必然熟习，老百姓必然安分。"

商鞅再度辩说："常人安于故俗，学者溺于所闻，这两种人让他们安安分分做官守法是可以的，如果和他们讨论常法以外的意义和举动，这是不可以的。智者创制法律，愚者遵守法律；贤者改革礼仪，不肖者受此礼仪的拘束。"

"好。"孝公同意商鞅的说法。于是商鞅改革就成定局。

商鞅策划了多种政策与措施，在法令还未公布之前，恐怕人民不信，于是在国都市场的南门竖立一个三丈的木条，出告示布告说，人民有能将此木条拿到北门的，奖赏十金。百姓觉得这件事情来得奇怪，都不敢有所举动。商鞅看了又下令说："能够拿木条至北门的人，奖赏五十金。"结果有一个人胆子大，把木条拿到北门，商鞅马上奖赏五十金给他。然后老百姓才知道政府言出必行。事后，商鞅乃下令颁布各种政策措施，全力推行改革。

司马光写到商鞅变法这件事，又给予一段评论，大意说，信是人君的大宝，国保于民，民保于信；非信无以守国。所以古代的王者不欺骗四海，霸者不欺骗四邻，善于治理国家的人不欺骗他们的老百姓，善于治理家庭的人不欺骗他的亲戚。不善者刚刚相反，他们欺骗邻国，欺骗百姓，甚至欺骗兄弟，欺骗父子。上不信下，下不信上，上下离心，以至于败。这些人所获得的利益，不能补偿他们的损失，岂不哀哉！

司马光在这段评论中，对齐桓公、晋文公、魏文侯和秦孝公四君都有微词，认为他们都不是纯粹的君子，但是也推崇他们有过守信的行为。司马光的看法，商鞅处于攻战之世，天下趋于以诈力相尚，但是在这种环境之下，商鞅犹且不敢忘信以治理其民，何况是四海治平之政呢！

当然，司马光这段评论的最后意思，是对新政，也就是对宋神宗与王安石推行的改革，颇有微词。主要是他认为新政朝令夕改，失信于民，而与民争利。可是无论怎么说，司马光对商鞅建立信用政治，树立政府威信，强化国家目标等政策，是非常注意的。他在这事情后面，给予这么一段评论，可以了解司马光对于周朝衰亡与秦朝崛起的契机，是极为注意的。司马光在《资治通鉴》中写道："行之十年，秦国道不拾遗，山无盗贼，人民勇于公战，怯于私斗，乡邑大治。"换句话说，司马光非常肯定商鞅的改革成效。

司马光还注意到商鞅改革期间和以后战国形势的发展。在改革期间，韩、赵、魏三晋和东方的齐国，正在互相战争，他们都忽视了秦国改革的意义。

周显王十六年（前353），齐、魏在桂陵发生大战，结果魏国战败，这是秦国东出的一个契机，在桂陵之战后一年，秦国就开始向魏进兵。周显王二十八年（前341），齐、魏再度发生大战，齐国孙膑大败魏国庞涓于马陵，魏国从此衰弱。

战后第二年，也就是周显王二十九年（前340），卫鞅看到改革成果已有效，而魏国衰败，形势转变得对秦愈来愈有利，于是给秦孝公策划了一个战略，这也是以后秦屡次进兵东出的既定战略，也可以说是秦国的一贯国策。卫鞅的建议是这样的，他说秦之与魏，是像人有腹心之疾一样，不是魏国吞并秦国，就是秦国吞并魏国。为什么呢？因为魏国的领土有一部分在黄河以西，跟秦国接壤，如果魏国强大，他们必定西进攻秦。魏国往年大败于齐，可以趁这个机会东出伐魏，魏国不能支持，必定向东迁徙。然后秦就可以据有河山之固，控制潼关，东向以威胁诸侯，这真是帝王的事业啊。秦孝公采纳了这种战略，于是正式任命卫鞅统兵攻魏。

魏军失败，魏惠王恐惧万分，派遣使者把河西之地献给秦国，要求缔和。因此，魏国也把首都从安邑（山西省夏县北）迁到大梁（河南省开封市）。魏惠王很感叹地说："我真痛恨当年不采用公叔相国的建议啊！"

这次大胜之后，秦国封卫鞅于商（陕西省商洛市商州区），卫鞅所以也被人称作商君或商鞅。

秦国国力的快速发展，跟国家目标的强烈明显，都使山东各国为之震惧不安。于是遂有合纵、连横的事情发生。

值得注意的是，从春秋以来，秦国一直就很强大，只是不为中原国家重视罢了。秦国国力之强，大概只有晋国才可以和它抗衡。晋既然分裂为三国，这三国又互相战争，力量不能统一，意志也不能融合为一，怎么能跟秦抗衡呢？三晋是秦国东出必经之道，当三晋不能与秦抗衡的时候，往往就可以给予秦国外交运用方面的机会。因为三晋的任何一个国家都害怕秦国单独攻打它们，但同时又想假手秦国去进攻其他的一个国家，以达到削弱这个国家的目的。合纵、连横之所以分分合合，就是基于这种心理和战国形势而产生的。

周显王晚期，齐、魏等国相继称王，也就是显示这些国家具有强烈的野心，而且已经把周中央政府不放在眼内了。周显王四十四年（前325），秦孝公的继承人也正式称王，这就是历史上的惠文王。也就是说，秦国在商鞅变法十年以后，已经强大到使各国震惧，更在三十四年以后，秦国进而称王，已有王天下的气概和野心了。

在此后五十多年的纷乱战争中，秦国的优势愈来愈明显。

周赧王五十九年（前256），秦国派兵攻打韩国，又进攻赵国，都获得大胜。居住于洛阳的赧王为之震恐莫名，暗中与诸侯相约攻秦。结果秦王先派兵进攻西周，赧王入秦顿首谢罪，尽把土地、人民献给秦国，于是周朝时代正式结束，凡八百六十七年。

第二章 秦 纪

一、秦朝统一的要素——客卿

从春秋时期开始，秦国就不断起用他国的才干之士，来协助治理国家改革政治。他国人进入秦朝做官，甚至做到卿相，就是所谓"客卿"。进入战国，秦孝公起用卫鞅，可以说是奠定了秦朝基础的关键。卫鞅是卫国的公子，也是秦朝历史上最著名的客卿。孝公以后历任秦国的君主，都喜用客卿来帮忙治理国家，与东向攻打诸侯。

庄襄王，是秦孝公以后第四任君主，由于得到阳翟大贾吕不韦的帮忙，才能够得到君权，所以继位之后，就重用吕不韦做相国，吕不韦也是历史上的重要客卿之一。庄襄王在位仅仅三年就死了，他的儿子政继任为国君，这时才十三岁，于是国家大事都由吕不韦掌握。这时吕不韦被封为文信侯，而秦王政就称他为"仲父"。

尽管秦君短命，新君年幼，但秦国的客卿和大臣并没有违背秦国的既定政策，没有放弃传统的国家目标。司马光对秦王政的即位与吕不韦的辅助,并没有着墨很多。

吕不韦与秦王政的母亲私通,他害怕秦王政长大以后知道这件事情,于是另外推荐人来作为太后的情夫。这种事情秦王政似乎不是不知道,他好像一直忍住不发而已。于是司马光就在秦王政即位第九年开始注意这件事情,在这一年的夏四月,他在己酉这一天记载说:"王冠,带剑。"这一天也就是秦王政达到成年,开始亲自处理政事的时候。就在这一年的秋九月,秦王政终于为太后的事情爆发了剧烈的行动。

秦王政把太后的情夫和她的两个私生子给杀了,牵连了很多人,太后几乎也遭到软禁。至于吕不韦,秦王政因为他曾经事奉先王的功劳很大,不忍诛杀,于是在第二年的十月,就把他的宰相免掉了,要他回到自己的封邑去。秦朝的历法跟现在不同,它是以十月当作一年开始的第一月,所以第二年的十月,就现在的历法来说,仍然就是秦王政九年的十月。

就在吕不韦被驱逐的时候,秦王政召开了宗室大臣会议。宗室大臣们建议说:"各国的人来到我国做官,都是为他们的国君做游说和间谍的工作罢了,请大王把他们全部驱逐出境。"于是秦王政下达逐客令。

客卿之中有一个楚国人李斯,也在被驱逐的名单之中。李斯离开秦国之前,上书给秦王政说:"从前穆公下达求士之令,得到很多的贤能之士来帮忙,于是吞并二十个国家,因此称霸于西戎。孝公用商鞅之法,使得列国亲服,直到现在仍然国家强大。惠王用张仪之计,破坏六国的合纵,使得他们奉事秦国。昭王得到范雎,强化了国君的权力,杜绝了私人的势力。这四位君主,都是因为客卿的功劳而成就大事业的。由此观之,客卿何负于秦国呢?大王取人，不问可否，不问曲直，只要不是秦国人就驱逐出去，只要是客卿就驱逐走，这是不智的行为。臣听说王者不拒绝众庶，故能明其德，如今大王舍弃人民以充实敌国，拒绝宾客而使敌国力量大增，这就是所谓送粮食给强盗啊。"于是秦王政召见李斯，恢复他的官爵，取消了逐客之令。

秦王最后终于采用李斯的计谋，秘密派遣辩士带着金钱去游说诸侯，诸侯名士可以用财富来厚结的，就以财富收买他们；不肯接受贿赂的，就用利剑行刺他们。这些外交人员离间敌国的君臣在前，然后派遣良将统兵攻战在后，于是数年之间，终于兼并天下。也就是说，秦国的强大与统一大业，他国客卿的贡献力量最大。至于李斯的收买和暗杀政策，只是加速了统一大业的进程而已。

秦王政十四年（前233），秦王政闻知韩国的公子韩非非常有学问，于是想见他一面。韩国逼于情势，派遣韩非为使节出使秦。韩非的言论，使得秦王政非常欢悦，但是也招来了李斯的嫉妒，于是韩非终于被杀。

对于韩非之死，司马光也有评论。他首先引用汉朝扬雄《法言》这本书的说法，说韩非游说秦王，不由其道，所以活该被杀。司马光跟着透过"臣光曰"提出了他的评论，他的大意是赞同扬雄的观点。司马光评论说："臣闻君子亲其亲以及人之亲，感其国以及人之国，所以功大名美，而享有百福。如今韩非为秦国策划，而首先就想亡他自己的国家，真是罪不容于死啊，何足怜悯？"

司马光这段评论，极有商榷的余地。当时所谓"天下"的观念，通常指中原华夏文化覆盖的地方而言。只要服膺华夏文化的国家，当时的人并不过分加以歧视或排斥。因此孔子有周游列国，孟子也有周游列国，以游说诸侯的行动。秦国之所以强大，就是在这种观念之下，使得很多才智之士，在他们国家不能获得重用，而能施展抱负于秦。由此观之，韩非之游说秦王，并不能够以后代的观念去加以评鉴。韩非与孔、孟不同的地方，是孔、孟游说诸侯，是游说他们以仁义而达到王天下的目的，而韩非只是游说秦国，以武力作为手段，达到王天下的目的而已。

姑且无论如何说，扬雄与司马光都不反对游说诸侯，这是秦国成功的原因。

中国成语有这么一句话"楚材晋用"。总的来说，假如有楚材晋用这回事，那么晋材就为秦所用。因为三晋的人才，常常是秦国最重要的客卿。秦国因为有客卿，所以能强大与统一中国，那么秦王政的逐客令，与李斯的抗议书，就成为中国统一史上一项重要的问题与文献。如果秦王政把国内的客卿全部驱逐了，秦的国势就不可预料，当然中国统一的命运，也就很难决定了。

二、几乎改变历史的一击

暗杀与刺客，是春秋以至汉代很流行的社会风气之一。春秋四公子的养士，这些士里面，就有不少这一类的刺客。司马迁在汉武帝时代撰写《史记》，他就注意到这个问题，专门给此问题立了一个列传，名叫《刺客列传》。司马迁在《刺客列传》之中，收录了荆轲等五位著名刺客。在写完这五个人的事迹以后，司马迁跟着加以评论，推崇他们有义气，可以"名垂后世"。为了这件事，班固撰写《汉书》时，写至《司马迁传》，就批评司马迁，班固认为，司马迁《史记》最大的缺点，在"是非颇谬于圣人，论大道则先黄老而后六经，序游侠则退处士而进奸雄，述货殖则崇市利而羞贫贱，岂其所必也"。换句话说，班固对司马迁重视游侠，甚不以为然。

司马光撰写《资治通鉴》，他的取材也像《汉书》一样，往往本于《史记》的记载。但是司马光对刺客这一类的问题，并没有班固的看法那么偏颇，虽然司马光也是一个纯正的儒者。

司马光在《资治通鉴》的开始，就根据《史记》而记载了一次刺客的事件，可见司马光对刺客这类问题也是很重视的。这一件刺客案，司马光是在三家消灭智氏以后，紧随着记述下来。这件事情的大概情况是这样的：

三家把智氏消灭了以后，瓜分了智氏的领土，赵襄子甚至把智伯的头给漆了，作为饮料所用的工具。智伯的臣子豫让，想为他的故主报仇，于是伪装成受刑人，挟着匕首进入赵襄子的宫中，在厕所中做涂漆的工作。赵襄子如厕，心情暗动，觉得好像有人要行刺他，于是下令搜捕，终于把豫让搜出来。襄子左右想杀掉豫让，但襄子说："智伯死后没有后代，而此人想为他报仇，真是义士啊！我就避开他好了。"于是释放豫让。

豫让一次行刺不行，遂把身体漆了，看起来好像满身生癞一样，又吞下炭，使得声音哑了。然后行乞于市，连他的妻子也不认识他。但是当他在市中行走，遇到朋友，朋友却认出来了，于是感动而泣着说："像先生这样子的才干，如果臣事于赵襄子，必然能成为襄子的近臣。到了那时候，先生就可以为所欲为，为什么不那样做呢？像你这样想报仇，不亦很困难吗？"

豫让回答说："我如果伪装成赵襄子之臣，而又想刺杀他，是事君有二心啊。我现在这样子做，真是为难啊！但是我之所以这样做，是要让天下后世之为人臣而怀有二心者感到惭愧。"

某天，赵襄子离宫出行，豫让埋伏在他必经的桥下。赵襄子来到桥边，他的坐骑有直觉的反应，惊动起来，于是襄子下令搜捕，又逮捕了豫让，遂把他杀了。

司马光写这一段刺客，可以说是根据司马迁《史记·刺客列传》而写的，他写的笔法，比不上司马迁的精彩。但是天下这么多重要的事情发生，司马光为什么有些大事不写，而注意到这小小的一件行刺案呢？如果读《资治通鉴》，会对这个问题不很了解。假如读《史记·刺客列传》，那么司马光的用意就会很明显了。原来豫让这个人，他曾经臣事于中行氏与范氏这两个晋国的卿，而这两个卿并不以国士之礼来待他，于是他乃改投奔智氏，智伯待他以国士之礼。所以智伯被杀以后，他认为智伯既待他以国士之礼，他当以国士的行为回报他，因此他就想暗杀赵襄子，作为报答智伯的一种方式。确实以他的才干，臣事于赵襄子，他必定能成为赵襄子的亲信，届时他可以随便很轻易地刺杀赵襄子。但他不这样做，是认为既然臣事于人，就不应刺杀他，这是义之所在。因而他乃损害身体，寻机报仇。有一件事司马光没有记载下来，就是豫让在桥下行刺不成，被赵襄子逮捕了以后，襄子问他，他表明了他的决心。豫让认为忠臣有死名之义，从前襄子已经宽恕了他，天下莫不称襄子之贤；今日他行刺失败，是应该受死的。于是他请求赵襄子，在他死之前，让他在赵襄子的衣服上面刺上几刀，以表示他报仇之意。赵襄子大为感动，于是将衣服给他，让他拔剑三跃而击之，然后豫让便伏剑自杀。豫让自杀的那天，赵国的志士听到了，都为他流涕哭泣。也就是说，豫让这种行为，虽然是暗杀的手段，可是也充满了道义的精神，司马光认为这件事情，是"善可为法，恶可为戒"的事例，所以，在《通鉴》的开始，就记述了这么一件事。

豫让之刺赵襄子，并没有关系局势的很大演变。有另外一件行刺案却是影响中国历史发展的行动。这件事司马光在始皇帝二十年（前227）记载下来，这就是荆轲刺秦皇的事。荆轲刺秦皇此事，可远溯于几年以前，燕国太子丹与秦王政结怨的一段往事。司马光记载这件事，大体上仍然本着《史记·刺客列传》所载荆轲事迹而删写的。如果只读《资治通鉴》的记载，对于此行刺案的来龙去脉，还有一些重要的关键问题，读者将不会十分清楚地了解，要配合《史记》的记载去读，很多重要的问题就能完全明白了。

荆轲的故事，早为国人所熟悉，所以笔者在这里也不准备详细述说。司马光对荆轲的各种细节问题，也没有像《史记》那样记载详细。司马光记述这个事件，开始于始皇帝十五年（前232），这一年燕国太子丹与秦王政交恶有过节，而秦王政也对他没有什么礼貌，于是太子丹大怒，从秦国逃回到燕国。一直想对秦王政施以报复，出一口怨气。司马光简单地提到这件事，也就是说，他亦承认这件事的远因实是埋伏于此。中间隔了三年，司马光没有继续介述燕太子丹的事。直到始皇帝十九年（前228），司马光又开始记载这件事。司马光写到，太子丹曾经想报复秦王政而请教于他的太傅鞠武。鞠武建议太子丹说："最好的办法是西面与三晋联盟，南面与齐、楚联盟，北面与匈奴联盟，结成大联盟以共同对抗秦国。"太子丹认为鞠武的计谋旷日持久，不能等待。这件事情过去以后,刚好逢上秦国的将军樊於期,从秦国得罪逃亡到燕国,太子丹收留了他。鞠武这时又劝告太子丹不要因为樊於期的到来,而引起秦国的愤怒,促使秦国进兵侵略燕国。太子丹认为樊将军穷困才投靠于他,他有保护樊将军的责任和道义,所以拒绝了鞠武的劝告。于是鞠武做一个寓言说:"行危以求安,造祸以为福,计浅而怨深,联结一人之后交,不顾国家之大祸,就是所谓资怨而助祸啊!"

后来太子丹又辗转地认识了荆轲,他卑辞厚礼地结交荆轲,并向荆轲说:"如今秦国已俘虏了韩王,又向南举兵攻打楚国,向北威逼赵国,假如赵国不能支持,则大祸必然会轮到燕国。燕国弱小,几次困于用兵,怎么能够抵抗秦国,诸侯向来害怕秦国,谁也不敢合纵结盟,以抗衡秦国。丹私下的看法,如果能得到天下的勇士,出使秦国,劫持秦王,威胁他把侵略诸国的土地交还出来,真是莫大之善。若是做不到,因而刺杀秦王,秦国的大将擅兵于外,而国中有乱,君臣之间必定互相猜疑,这种机会就可以使得诸侯合纵,破秦是可以预期的事。"因为太子丹的看法是这样,所以才有秦王二十年(前227)荆轲入秦行刺的事情发生。

荆轲行刺失败,秦王当然大怒,于是增派兵力,从魏国进攻燕国,并在易水之西大破燕国军队。司马光对这件事情还没有直接的评论。一直写到始皇二十五年(前222),秦军攻灭燕国最后的根据地——辽东,俘虏了燕王,于是才加以评论。

司马光劈头就说:"燕丹不胜一朝之愤以犯虎狼之秦,轻虑浅谋,挑怨速祸,使召公(燕国的开国者)之庙不祀忽诸,罪孰大焉!而论者或谓之贤,岂不过哉!"换句话说,司马光非常不满意这件事。认为太子丹是轻举妄动的家伙,使得国家灭亡,没有罪比这个更大了。

他的理由是什么呢？司马光说，统治国家的人，任官以才，立政以礼，怀民以仁，交邻以信，所以官职得到适当的人选，政治有节制，老百姓怀其恩德，邻国亲其道义。要这样子，国家安如磐石，还有什么可怕的呢！太子丹不这样做，愿意以万乘之国，决匹夫之怒，逞盗贼之谋，功隳身戮，社稷为墟，不亦悲哉！他以为，膝行、匍匐，不是恭敬；重言守诺，不是大信；抛金散玉，不是恩惠；刎首决腹，不是勇敢。总之，谋而不远，动而不义，只是血气方刚之勇。

司马光又进而批评荆轲，认为他个人因为受到太子丹的优待，不顾家族，想用匕首使燕国强大而削弱秦国，这不是愚蠢的事吗？所以司马光赞同扬雄的说法，扬雄认为，像荆轲这种人，都不可以算是义；他又认为，荆轲不过只是一个"君子盗"而已。

司马光的看法当然有其立场。他的看法，大概与太子丹的太傅鞠武的意见相同。但是就太子丹的立场来看，可能意义就不尽相同。太子丹想找有力量的人，向秦王政报复，这是他一向的心愿。对于樊无期来投奔，太子丹必须给予庇护，因为从春秋到战国，国君、公子之间争相养士的风气甚盛。太子丹如果不收留樊无期，将会被天下所责备。但是若收留樊无期，他与秦王政的仇怨就越结越大了，那么，秦国攻燕国是迟早会发生的事。

从另一个角度看，秦国也势将进攻燕国的。司马光漏写了太子丹一句很重要的话，而司马迁在《史记》则记载得很清楚，这句话是这样的，当太子丹第一次认识荆轲的时候，就告诉荆轲说："如今秦王有贪利之心，欲望不可以满足，非兼并天下的土地，臣服海内的王者，他的意志是不会满足的。"太子丹说完这番话，接着才指出韩国灭亡，秦军兵临赵国，赵国不支，则大祸必将轮到燕国的事实。这种情势的分析，是非常有眼光的，并不是一时的意气看法。所谓"诸侯服秦，莫敢合纵"是一个客观的事实，他们各自害怕秦国首先攻打自己，宁愿眼睁睁地看着韩国被消灭，而不敢结成军事同盟，共赴韩国之难。这正是秦国彻底实行张仪的连横政策和李斯的收买、暗杀政策成功的写照。

客观的战国情势是如此，太子丹与秦王政的主观关系又是如此，站在太子丹的立场上看，派遣刺客行刺秦王，以其人之道还治其人之身，是不是必要的行为？这种行为会有什么效果呢？太子丹在与荆轲讨论时，已经分析过了，他并不是纯粹为报他的私怨，他的目的还在劫持秦王，以归还六国被侵的领土，或者是把秦王暗杀了，造成秦国内乱，六国趁机可以攻破秦国。也就是说，荆轲此行，在太子丹来说，不论为公为私，都是必需的。

当荆轲拉住秦王政的袖子，举匕首奋身刺击的时候，这是历史性的一击，可惜一击不中，秦王逃脱，绕着铜柱而跑，荆轲奋起余力将匕首扔过去，这一扔，也可以说是历史上最重要的一扔。可惜这次也失败了，荆轲知道事情已经不能成功，曾经破口大骂秦王说："事情不能成功的原因，是我想生擒你，一定要拿到契约以报答太子丹罢了！"

司马光认为，荆轲想用行刺"张燕而弱秦"，是愚蠢之事。可是司马迁的看法却不一样，他对荆轲行刺秦王这件事，并没有恶感，反而推崇荆轲的义行。不过司马迁对荆轲的一刺一扔没成功，感到非常失望。他在《刺客列传》荆轲传中，最后记下了这么一段话：鲁勾践是曾经与荆轲有过节的人，听到荆轲失败的消息，私下向人说："可惜呀！可惜！荆轲不讲究刺剑之术，真是令人惋惜啊！"司马迁引用鲁勾践的评论，作为荆轲传的结束，可见他对此事，寓有深刻的看法在内。至于司马光的识见，在这一方面似乎比不上司马迁了。

秦始皇经过这事件以后，就再也不敢接近诸侯之人。九年后，始皇又在博浪沙，遭到张良所请来的力士一击，误中副车。这博浪沙一击，当然比不上荆轲历史性的一击。道理何在呢？因为张良的力士一击，纵然顺利地刺杀了秦始皇，但是那时六国已经统一，始皇之死只能使秦朝另外换一个君主而已。而且更重要的是，始皇的大儿子扶苏，此时还未死，这个人很有才干，他的即位不但无益于六国的复国，恐怕更会使得秦朝的基础稳固，国祚也会更加延长。司马光写到博浪沙之击，没有对此事加以评论，大概就是认为博浪沙之击，比不上荆轲一击的历史意义吧，荆轲刺秦王，成功则六国历史会为之改写，失败则会加促秦国武力统一天下的步调。司马光认为这"孤注一掷"是轻举妄动，不顾生命、不顾家族、不顾国家的妄动之举，他提出这段评论，大概就是认为这件事值得"恶可为戒者"吧。

三、秦的灭亡

秦始皇二十六年（前221），秦始皇正式统一了中国。在二十六年之中，值得注意的就是前半期，秦国是由吕不韦执政。秦始皇十年，他接纳李斯的建议，也采纳了李斯的暗杀与贿赂政策，于是在七年以后（秦始皇十七年，前230），秦国就首先灭了韩国。两年以后，又消灭了楚国。第二年，燕国完全被消灭，二十六年，消灭了齐国。从取消逐客令，重用李斯，至始皇帝二十六年统一中国，总共才经过十六年的时间。假如以荆轲刺秦王那一年开始算起，直到齐国灭亡，也不过经历了六年而已。显见李斯的去留，逐客令是否执行，或者是荆轲刺秦王是否成功，这些事情都关系到中国统一的命运。

秦始皇统一中国后，采用了中央集权的形式，推行了高压、管制的措施。他认为自己的成功，是"德兼三皇，功过五帝"，所以他的尊称由秦王改为皇帝，并且自称为始皇帝，希望世世代代，传之无穷。同时秦始皇又采用了阴阳家的学说，认为周朝属火德，秦取代周，属于水德，也就是说，他采用了五行相克的说法，这就是中国正闰学说理论的正式实现，对于后代王朝正统的观念影响很大。

始皇希望子孙二世、三世……传之无穷，到千千万万世。但是事实上，从正式统一，到秦朝的灭亡，只经历了十五年，传到二世皇帝而已，这是出乎意料的事情。

始皇帝在当时的声望很大，他推行各种高压、管制政策，各国的遗民虽然不服，却震于他的声威，也不敢贸然奋起反抗。奋起反抗的事要在始皇帝三十七年去世以后，才爆发出来。

司马光在始皇帝三十七年（前210）十月记载，始皇帝该年出游，只带了少子胡亥从行，其余二十多个儿子均不得从行。到了同年的秋七月丙寅这一天，始皇帝在沙丘平台逝世，胡亥与赵高两人威胁丞相李斯，发动政变阴谋，把长兄扶苏杀死，于是继承为二世皇帝。始皇帝之死无疑对六国不满分子，给予很大的鼓励，加上二世、赵高两人执行了一些新的政策，于是就造成了反叛的机会。

司马光关于二世皇帝元年（前209）夏四月，有这么一段记载。二世皇帝告诉赵高："人生在世界上，好像驾驶六马（天子车驾用六马拉）跑过裂隙那么短促。我现在既已君临天下，想极尽耳目之所好，追求心志的快乐，以终吾年寿，可以吗？"

赵高回答："这是贤主之所能行而昏乱之主所禁止的事情。虽然陛下不是昏乱之主，但也有所未可，臣试分析给陛下听：'沙丘之谋，每位公子和大臣都加以怀疑；各位公子全是陛下的兄长，大臣们又是先帝所任用的，现在陛下初立，这些人都不服，恐怕他们会有变乱。臣战战兢兢唯恐不能善终，陛下怎能这样寻乐呢？'"

"这该怎么办？"二世皇帝问。

赵高说："陛下采用严刑苛法，让有罪的人连坐，诛灭大臣和宗室，然后收举遗民，贫者富之，贱者贵之。尽把先帝所用的大臣除掉，更换为陛下所亲信的人，这么一来，阴德归于陛下，祸害除去而奸谋堵塞，群臣莫不被润泽，蒙厚德，陛下于是就可以高枕肆意于寻乐了！这是最好的办法。"二世皇帝同意赵高的看法，而且照着去做。

赵高所谓的严刑苛法，无异于逼有罪者造反而已，至于诛灭大臣和宗室，更是自坏长城的办法。因为秦始皇能统一天下，所用的人，都是有才干的人，把他们诛灭，另外更换自己的亲信，必然会造成混乱。事实上，赵高的政策，所谓收举遗民，贫穷的使他们富有，微贱的使他们高贵，等于是来一次社会变动，更会造成天下大乱罢了。因此在三个月以后，就发生了陈胜、吴广起义的事情。于是如火如荼，反秦的队伍愈来愈壮大，终于很快地普及全国。

到了二世皇帝二年（前208）九月，又发生了一件意外的事情。这个月赵高因为专肆，恐怕大臣入朝奏他，于是游说二世皇帝，要他不要上朝，以免群臣知道皇帝的缺点。结果二世皇帝用其计，藏在禁宫中，事情皆决于赵高。李斯这时与赵高冲突，但是最后为赵高所诬告，逮捕下狱，不久就被判罪腰斩。从此以后，二世皇帝以赵高为丞相，事无大小，都由他决定。尽管李斯不是一个心术端正的人，但他有治国的才干与经验，李斯之死，可以说，秦国最后抵抗的能力也消失了。

赵高想专政，恐怕群臣不听，于是在上朝的时候，命人牵一鹿献给皇帝说："这是良马。"

"丞相误了，怎么把鹿看成马呢?!"二世哈哈大笑。由于赵高坚持说是马，二世询问群臣，群臣中有敢说不是马的，事后被赵高迫害。从此后，群臣都害怕赵高，不敢批评他的过失。

二世皇帝三年（前207）八月，诸侯军队西攻关中，赵高怕皇帝知道天下大乱，于是发动兵变，把二世皇帝杀了。事后赵高召集大臣和公子，宣告二世皇帝的罪状，并且说："秦过去是王国，始皇帝君临天下，所以称为皇帝，如今六国已经又再自立，秦国领土日益窄小，如果仍然称皇帝这个空名，是不可以的，应该恢复从前的称呼，称为秦王。"于是乃拥立二世皇帝的侄子子婴为王。

秦王子婴害怕赵高加害，第二个月就发动兵变，将赵高他们杀了。但是秦的大势已去，在杀赵高的第二个月，就是汉高祖元年（前206）冬十月，刘邦统兵来到霸上，秦王子婴只好素车、白马迎降于道旁，于是中国第一个中央集权的统一政权，至此正式灭亡。

司马光写到子婴迎降。他就用了一段贾谊（西汉洛阳人，文帝时博士，精通诗、书，建议改革，采用礼乐，为功臣们所忌，外放为长沙王太傅，后抑郁而死）的评论。至于他自己的意见，就不另外提及。为什么呢？因为司马光认为贾谊的评论，可以说得上客观，一针见血，他自己的意见并不能超出贾谊的看法。

贾谊的评论，秦国以区区之地，而能够成为万乘之强权，使得各国诸侯害怕而入朝，又能经过百年有余，使六合统一成为一家，但及至一夫作难而七庙（古代天子宗庙有七）崩坠，身死人手而天下笑者，是什么原因呢？贾谊认为，是"仁义不施而攻守之势异也"。这段短评，字数虽少，含义却很深。所谓"仁义不施，攻守之势异"到底是怎样讲呢？

秦朝本来就推行严厉的法家政治，以法家思想作为立国的原则。这种思想所引导的政策，这些政策所施行出来的措施，秦国的老百姓早就习惯了，但是关东诸国的人民，对于这些事情并不习惯，对于这种思想和政策也不以为然。秦朝统一天下，而推行法家的思想与政策，并不实际了解各国的情况，因应改革，这是秦朝执政者失策的地方。秦朝的执政者当然知道六国不满意这种思想和政策，只好用强力来推行。他们愈用强力推行，不满和反抗就愈大，这是恶性循环，最后逼使朝廷与天下人民成为对抗矛盾的状态，这种情况，可以说就是仁义不施。也就是说，秦朝的执政者不以民本作为治国的理想和方针，而招致了对立和反抗的力量。二世皇帝即位，与赵高推行的一番措施，更使这矛盾尖锐化，加速了王朝的崩溃。

那什么是"攻守之势异"呢？这个事情就得加以分析。正如贾谊所说，秦朝是经过百余年的奋斗，慢慢强大，慢慢蚕食，而达到统一六合的。这慢慢的奋斗，是指蚕食的战略而言，也就是说秦国是一个国家、一个国家这样子吞并的，是各个击破，而威胁其他国家不得相救。从司马光的记载，可以看到六国先后灭亡，其他国家都是袖手旁观，动也不敢动，唯恐秦国发怒，首先攻击它们。这种恐惧的心理，当然是连横政策和李斯的贿赂、暗杀政策造成的。六国事实上也不缺乏才智之士，他们也有眼光看出，六国合纵是对他们有利，连横则对秦国有利这种战国态势。但是在秦国传统的政策之下，六国是自顾不暇，不敢触犯秦国的愤怒。这样一来，七强的情态无疑是这样的，秦国远交近攻，一口一口蚕食附近的国家，而其他国家则冷眼旁观，使得秦国的态势是攻势，六国的态势是守势，而且是各自防卫，连集体联防都不敢做。所谓攻守之势非常明显，六国合起来不一定能抗衡秦国，现在各自防御，更是无法抵挡秦国，势不能使得秦国不来进攻它们，这种情势最后的结果，当然只有一个一个被击破，一个一个地被蚕食了。

秦二世以后的情况又不同了。天下大乱，各国遗民纷纷响应陈胜、吴广起义。这些行动，不出现于一隅，而是全国性的。秦国这时候已经面对全面内乱，和从前的向外侵略情况不同。而且秦国的军队，如果集中攻击某一个起义集团，当然是有力量镇压这个集团的。但是当它攻击这个集团时，其他集团可以趁势加速发展，反过来说，如果秦国的兵力，分散开攻击各个集团，力量分而战力弱，不一定能抗衡得了各国起义之士。从前的战略态势，是秦国蚕食六国，现在的战略态势，是天下人民共图推翻秦国政权。这是一种攻守相异的态势，情况全不相同。加上未统一之前，秦国君臣上下，有一贯传统的政策，有团队的精神，来发动统一战争。可是二世的时候，政权中央已经混乱，甚至秦国原来的老百姓，也对统治者不满，在这种情形之下，秦政权是孤立的，不只是秦政权孤立,秦二世皇帝、赵高等一小撮人,更是孤立,于是在各种情况下,二世与赵高等,想退保关中,降称为王国,让关东诸国恢复以前的状态也不可能实现了。这个时候,天下的起义人民,对秦政权的斗争,不是你死就是我亡。否则等到秦国喘息过后,将仍是关东的祸害,贾谊所谓"攻守之势异",就是指此形势而言。

事实上,秦政权不但亡于攻守形势的差异,不但只是亡于天下的人民,他也是亡于自己的人,"亡秦者秦",这是比较恰当的说法。如果秦朝不是推行暴政,不会招来颠覆之祸,这亡秦者就是执政的秦朝君臣——二世、赵高等人;如果不是迫害大臣,秦朝能干的大臣也不会跟他们离心,则自毁长城的情况不会出现,这种情况也是亡秦者在秦二世与赵高。最后二世皇帝被杀,杀他的人就是赵高。如果说秦二世之死是秦政权灭亡的象征,那么正式结束秦朝统治权的,就是赵高和他的集团。从这种广义的角度看,亡秦的并不是六国遗民,而是秦国人民,不是秦国的奸臣,而是秦朝的本质和皇帝的本身。因为这缘故,秦国奋斗了百余年才能统一中国,但是仅仅几年之间,整个大王朝就崩溃瓦解,贾谊所说的"仁义不施而攻守之势异",确实是一针见血,司马光也不能超出他这种看法。

第三章　汉　纪

一、改变历史的餐会

刘邦西入关中，接受秦王子婴的投降，到了第二个月，项羽平定河北，也率领诸侯将领西入关中，于是发生了鸿门宴。这是高皇帝元年十一月的事。

项羽安排鸿门（在今陕西省西安市临潼区）宴，原本的目的在杀沛公刘邦。结果这次宴会的目的没有达到，刘邦假装如厕，趁机逃回军中。他在逃离宴会之时，命令张良入谢项羽说："沛公不胜杯酌，喝醉了，不能来辞行，派臣奉献白璧一双，再拜谢于将军足下；玉斗一双，再拜谢于亚父（指范增）足下。"

项羽接受了献礼。但亚父（指范增）却把玉斗抛弃在地上，拔剑撞而破之，怏怏恨道："唉，竖子不足与谋！夺将军天下的人，必然是沛公，我们今后定会成为他的俘虏啊！"

司马光简单记载了鸿门宴的经过，也写下了范增这一段话，就已经借用范增之口，点出了鸿门宴的失败，将会影响局势，并说出了将来可能的发展。

范增的话，只是预测了以后楚、汉相争，楚将败于汉的可能。也可以说，是项羽与刘邦两人之间的斗争，刘邦的胜算较大，还没有指出这件事情背后所蕴含的历史意义。

鸿门宴到底代表了什么历史意义呢？扼要地说，这个宴会代表了汉朝四百年国祚的奠定，而这次宴会的失败，是代表了项羽集团的失败。项羽这个集团可以说是代表了封建时代的贵族政治，与封建形态重建的可能。如再把意义缩小，最起码鸿门宴是决定项羽的个人英雄主义失败，刘邦的集体团队精神成功。

司马光对这个宴会没有评论，但他在《稽古录》里，曾经对项羽加以评论，指出项羽失败的原因说："世称项王不王秦而归于楚，所以失掉了天下。看他率领百万之众，西入函谷，谈天下之事，裂山河以封诸侯为王，自谓可以逞其私心而人莫敢违背，安行无礼，忍为不义，想用一夫之力，征服一朝之心。才高的人被他怀疑，功大的人被他排斥。推此道以行之，虽然得到一百个秦国之地，也将不能够免于败亡的命运。"

司马光的说法就明白指出了项羽的私心，而且是以一夫之力，想征服一朝之心的英雄主义色彩，是他最后失败的原因。至于普通人所说，项羽不拥有关中而称王，这不是他失败的因素，即使他拥有一百个秦国之地，他还是会灭亡的。

司马光在《稽古录》《西汉论》里，也提出高祖提三尺宝剑，经历了八年而成就了帝业。这么快速的成功，是什么原因呢？司马光认为，这是高祖知人善任的缘故。所以他引用高祖皇帝说过的一句话："镇国家、抚百姓不如萧何；运筹策、决成败不如子房（指张良）；战必胜、攻必取不如韩信。三者皆人杰，吾能用之，所以取天下。"从高祖这段自我评论中，就可以看出刘邦集团的团队奋斗,是优于个人英雄主义的奋斗。

鸿门宴这次宴会,在历史上说,是象征了封建时代贵族政治的没落,象征了个人英雄主义时代的没落。但是,这次宴会的历史意义,似乎还比不上另一次宴会意义之大。另一次宴会,司马光在《资治通鉴·汉纪》记载。

这时楚、汉相持于荥阳已经有八个月,汉王刘邦一方面派出使节至各诸侯王游说,劝他们背叛楚国而臣事于汉,另一方面又用持久战的战略,与楚国争持不下。楚时常侵夺汉的粮道,汉军乏食。于是汉王和他的谋主郦食其商量破坏楚国的方法。

食其说:"从前商汤伐夏桀,封他的后裔于杞,周武王伐纣,封他的后裔于宋。如今秦朝失德弃义,侵伐诸侯,灭其社稷,使无立锥之地。陛下如果能复立六国的后代,这样一来它们的君臣、百姓,必然都爱戴陛下的恩德,莫不向风慕义,愿为臣妾。德义已行,陛下南向称霸,楚必敛衽而朝了。"

"好主意!"汉王说,"快点刻好印章,先生带着去颁授给六国的后裔吧!"

食其还没有成行,张良正好从外面进来。汉王刚好在吃饭,看到张良由外面进来,于是用筷子招呼张良说:"子房(张良之字)过来,有人给我策划破坏楚国的优势。"接着将郦食其的看法转告了张良。又询问张良:"怎么样?"

张良听了马上问道:"谁为陛下策划这种计谋?陛下的大势去矣!"

"怎么一回事?"汉王急着问。

张良详细回答说:"臣请借大王的筷子,为大王筹划:从前汤、武封桀、纣的后裔,是自信能致其死命,如今陛下能致项羽的死命吗？这是第一个不可以这样做的原因；周武王进入殷国，马上表扬与释放殷朝的贤人与忠臣，如今陛下能够做到吗？这是第二个不可以这样做的原因；把殷朝的金钱、粮食，发放给贫穷的老百姓，如今陛下能做到吗？这是第三个不可以的原因；战事结束，偃革为轩，倒置兵戈，以示天下不复用兵，如今陛下能够做到吗？这是第四个不可以的原因；休马华山之阳，向天下示以无为，现在陛下能够做到吗？这是第五个不可以的原因；放牛桃林之阴，向天下表示不再输积，现在陛下能做到吗？这是第六个不可以的原因；天下的游士，离开他们的亲戚，离弃他们的祖坟，离去他们的朋友，追随陛下的原因，只是想盼望将来得到咫尺之地做封邑。如今陛下恢复六国之后，天下游士各归其主，从其亲戚，回到原来的故乡，陛下跟谁一块儿取天下呢？这是第七个不可以的原因；而且现在的情势是除非楚国不强大，如果它一强大，六国的君主就会屈服于他。这些君主虽然由陛下所立，可是到了那个时候，陛下怎能得而臣之呢？这是第八个不可以的原因。陛下假如一定用这个客人之谋，那么陛下就大势去矣！"

汉王听了，嚼着食物的嘴巴立刻停下来，把食物吐出来，破口大骂："竖儒几败老子的大事！"遂马上命令取消刻印的事情。

汉王刘邦招待张良吃饭，在吃饭之中的谈话分析，具有非常重大的历史意义，司马光自己没有加以评论，却引用《汉纪》的作者荀悦的评论说，他说立策决胜的办法，有三种要素，就是形、势、情。形就是指大体得失之数，势就是指临时进退的机宜，情就是指心理的反应趋向。所以策同、事等而功殊者，是因三因素不同。

荀悦认为，当初张耳、陈余游说陈胜以恢复六国，郦生也用此说来游说汉王。为什么说者相同而得失有差异呢？荀悦的看法是，陈胜之起来，天下人民都想灭亡秦国；然而楚、汉之分未有所定，这时天下也不一定要灭亡项羽。所以抚立六国之后，对陈胜来讲，无疑是增加自己的力量而增多秦国的敌人；而陈胜这时未能专天下之地，所谓取非其有而用以送给他人，行虚惠而获实福。树立六国之后，对于汉王来说，则是所谓割让自己的所有而用以增加敌人，设虚名而受实祸。这是同势而异形的一种例子。

司马光引用荀悦的评论，当然表示他同意荀悦的意见，但是这种就现实的战略形势，来做决定的事情，并不含有很深的历史意义。所谓历史意义，就是对未来的历史有非常重大的影响。这一点，荀悦与司马光都没有提及，反而身为主角的张良和郦食其，倒是注意到了。

郦食其的建议是游说汉王效法商汤、周武，恢复封建的制度，汉王顶多南向称王而已。但张良的看法不是这样，张良的意见是要建立汉王统一的政府，中央有权力控制全国。前者是主张封建分治，后者是主张中央统治。两种政策背后所代表的意义，是非常不同的，如果刘邦当初采用了郦食其的政策，中国在秦朝以后，会再度出现春秋时期的封建政治局面。中央集权的统一政府将会在历史上消灭。如果采用张良的建议，中国在秦亡之后，不是出现霸政，而是出现中央集权强有力的统一王朝。换句话说，张良和汉王这一顿饭，可以说是奠定了中国两千年帝制的一顿饭，是历史性的一次餐会。

有些历史学家把这一次餐会的历史意义忽略了，反而津津乐道鸿门宴，这是值得加以注意的地方。鸿门宴的历史意义前面已经提过，充其量这次宴会，只代表了楚、汉的成败，代表了汉朝四百年国祚是否建立而已。可是这一次餐会,含义就更大了,张良与郦食其的看法自各代表了不同的政治精神及制度。汉王采用张良的建议,后来终于建立了统一的王朝,直到辛亥革命,才把这种君主集权的统一王朝推翻。如果评论这件事情,不从整个历史发展来看,其历史意义是看不出来的。假如说这两次餐会都是历史性的餐会,而后面一次比前面一次更具有历史意义,谁说不是呢?

二、制礼与叔孙通

沛公刘邦集团,领导人大多是平民。高帝元年(前206)十一月,沛公已经接受秦王子婴的投降,于是悉召各县父老、豪杰,告诉他们说:"父老们苦于秦的苛法已经很久了,我曾经与诸侯约定,先入关者为王,所以我应在关中为王。现在我与父老们约好,除了杀人者死,伤人及盗抵罪,其余秦的苛法,全部取消。"于是秦地的人民都很拥护刘邦,而且欢迎这约法三章。刘邦集团既然是平民出身,他们对于礼、法治这一类的问题,并没有很深入地了解,君臣之间,交往都是很坦率的,法治也至为简易。

由于这种缘故,群臣往往饮酒争功,醉了以后,甚至狂妄高呼,拔剑击柱,高祖对这种情况,愈来愈厌恶。儒者叔孙通(原仕秦,降汉后拜博士,汉朝典礼,多由他所订定)于是跟高祖说:"儒者难与进取,但是可与守成。臣愿意前往山东,征召鲁国的儒生,让他们与臣的弟子,共同制定朝仪。"

"会不会很难做到?"高祖问道。

叔孙通回答："五帝（指五个上古的帝王，有多种异说。通常说法是指黄帝、颛顼、帝喾、尧、舜五圣君）不同乐，三王（指夏、商、周三代开国之君，即禹、汤及文王）不同礼；礼就是因时世、人情，而加以节制的仪文啊！臣愿意对古礼加以采取，与秦礼仪相互取用完成。"

"你不妨试试看，一定要容易知道，衡量我能行的才做吧！"高祖指示说。

于是叔孙通出使，征召鲁国儒生三十多人，只有两生不肯前来，他们的看法说："公（指叔孙通）差不多侍奉过十主，都是面谀以得亲贵的，现在天下初定，死者未葬，伤者未好，又想作礼乐。礼乐是怎样兴起的呢？是集德百年后才可兴起的呀，我不忍为公所为，公可以离开我们回去吧！不要玷污我们！"

叔孙通哈哈笑道："你真是鄙儒啊！一点都不知道时代转变了！"于是与三十多儒生回到长安。他们和高帝左右有学问的人，还有叔孙通百余个弟子，在野外结营，编演礼仪。

过了一个多月，叔孙通向高祖报告："陛下可以试试观仪。"高祖于是命令他们表演一番，看着他说："我也能够这样做。"乃命令群臣加以学习。

高祖七年（前200）冬十月，也就是这一年的第一个月，著名的长乐宫完成，诸侯群臣都来朝贺。天还未亮，谒者依照礼仪，带引群臣进入殿门，立班于东、西两厢。侍卫武官夹陛和罗立于廷中，全副武装，张立旗帜。于是皇帝起驾，呼唱传警而出。谒者又引诸侯王以下群臣，以次奉贺，群臣依礼进行，莫不震恐肃敬。

贺礼完成，大置法酒。侍臣们坐在殿上，都拜伏不敢仰视，依尊卑次序，起而上寿。觞过九行，谒者传呼"罢酒"，于是御史执法，纠举不遵守礼的人，马上把这些违反礼仪的人引去。这样一来，从酒宴到完毕，群臣谁也不敢欢哗失礼，高祖看了大为高兴说："我今天才知道做皇帝的尊贵啊！"于是拜叔孙通为太常，赐金五百斤。

司马光在这件事后追补一句话，他说当初秦国统一天下，把六国礼仪全部加以接收，采取选择其中尊君、抑臣的仪礼而保存之。到了叔孙通制礼，颇有所增损，大体上仍袭用秦国的礼仪，上自天子号称下至佐僚及宫室、官名，很少有所改变。也就是说，司马光认为叔孙通制礼，是采用秦国的礼仪为本，含有尊君、抑臣的精神意义存在。

写到这里司马光又用"臣光曰"来发挥他的看法。他的大意是说，礼的功能是很大的，用之于身则百行备焉，用之于家则九族睦焉，用之于乡则风俗美焉，用之于国则政治成焉，用之于天下则诸侯次序正焉，岂仅是用于几席之上、户庭之间而已呢！他认为像汉高祖这样明达的人，知道这个道理，目睹这种礼仪，但是所以不能比于三代之王者，是由于不学。他认为当时汉高祖如果得到大儒的辅助，用礼来维持天下，他的功业岂能止于如此而已！

同时，司马光又叹息叔孙通，批评叔孙通为器也小，徒然窃取礼乐的糠糙，以依世、谐俗、取宠而已，遂使先王之礼沦没，以至于今（指宋朝）。岂不是值得痛心的吗？所以司马光赞同扬雄的评论，扬雄认为鲁国那两个不来的儒生，是有学识的。因为大儒是不会委屈自己而讨好他人的。最后司马光说，身为大儒的人，怎么肯毁掉自己的规矩、准绳，以追求一时之功。意思是指叔孙通为了贪功，只把治国平天下的礼，限制于朝会之用而已。

汉高祖和他的功臣们，大部分都不是文质彬彬、有学识之人，所以我们称呼他们这种政府，是历史上第一个平民政府，他们对于礼的作用，当然不了解。而叔孙通这种儒生，不在这个时候引导刘邦君臣走上礼治的理想，只是枝枝节节地讲究朝会的礼仪，确是非常可惜的事。汉朝是中国统一王朝之中，第一个平民王朝，因为其国祚比较长，只要当初做错了，以后的君臣就很难加以改变，于是叔孙通之错误，就使汉朝四百年历史，遵从不替，将错就错。不但如此，以后的政府王朝，也都学习汉朝，于是礼治的精神就告泯灭。那么，叔孙通对中国历史影响之大，也是很少有的。司马光批评叔孙通才识浅小，只懂尊君抑臣的礼仪，在今天看来他确实是个见识浅小、不懂大礼、只知发扬尊君抑臣思想的小人。

司马光写到惠帝（高祖的继承人）四年（前191）三月，又记载了一段有关礼仪之事。这事是这样的：惠帝不时到长乐宫朝见吕太后，每次出行，街道戒严，使得民间烦恼。惠帝有鉴于此，于是下诏修筑复道，结果叔孙通却进谏说："这是高皇帝衣冠每月出游的道路，做人子孙的怎么可以占用这种道路呢？"惠帝马上下令取消这条道路。然而叔孙通又说："人主无过举，现在既然已经修筑了，百姓也已经知道了，臣愿陛下在渭北多建一所宗庙，让高皇帝的衣冠得以出游，益广宗庙，大孝之本。"于是惠帝按照他的意思去做了。

司马光对于这件事情，又加以严厉的批评。批评的大意是这样的：过是人所不能免的，只有圣贤能够做到知而改之。古代的圣王，患其有过而不自知，所以创立有效的谏诤措施，他们岂怕百姓知道他们的过失呢？由此观之，做人君者，不以无过为贤，而以改过为美。如因叔孙通谏孝惠帝，居然说道"人主无过举"，这是教人君以文其过，饰其非，岂不谬哉！

人主无过，这确实是荒谬的说法。叔孙通是读书人、知识分子，居然教导人君这样子做，这样子想，虽说用意仅是在树立君主权威，但这种思想对历史影响可就大了。此后汉代有一个特点，凡是有天荒地变等各种灾异，通常被认为是上天处罚的，这时皇帝都要接受责备，但是皇帝并不实际接受处罚，却把政治责任推给了宰辅大臣。所以两汉有天灾地变，往往会撤免三公，更换辅政大臣，而君主却安然无事。君主是实际统治国家的人，丞相只是协助他统治国家，既然有政治的谴责，应该是罪在朕躬才对。然而叔孙通既已解释人主没有过失，那么谁来承受这个罪罚呢？当然就落到丞相这些替罪羔羊的头上了。这样一来，君主政治就走上了邪途。为什么这样讲呢？因为君主为恶就把责任推到丞相头上，那么即使最好的丞相，也得因此而罢免甚至自杀，那么为恶的人仍然存在继续为恶，贤良的宰辅却不断更换。更换的是好人，也不会长久安于其位，如果是坏人，那么就君臣互相为恶，政治就不可收拾了。所以说，君主既然是世袭不绝的，那么如果他对行政过失不负责任，权力的根源就没办法澄清，政治只有越走越坏。后代的历史发展，正是朝向这个轨道行进。

三、外戚政治与王莽篡汉

外戚政治的问题，几乎与西、东两汉互相终始，没有彻底地改善过。严格来讲，汉朝得天下，外戚有帮忙，汉朝失天下，也是外戚所造成。

汉高祖刘邦在他病危时，曾让吕后过问大政。司马光在高祖十二年（前195）记载这么一件事，吕后在皇帝患病时，曾经这样问："陛下百年归天以后，萧相国（何）如果死去，谁可以代替他呢？"

刘邦说："曹参可以。"

当吕后再详细问其次人选的时候，刘邦详细告诉她说："王陵可以，但是王陵稍有一点愚戆，陈平可以帮助他，陈平智慧有余，但是难以独当大任。周勃重厚少文，但是安刘氏的人必定是周勃，可以任命他为太尉。"

吕后听了，再问其次人选，刘邦就说："这以后也不是我能知道的了。"

这一年的夏四月甲辰，高祖崩于长乐宫。从这一件事的记载，可以看到刘邦得到吕氏的帮忙而起家，他死前也没考虑到吕氏会干政这个严重的问题。

吕后在高祖死后，果然临朝掌政，这是中国历史上第一位女性临朝。吕后掌握大政，曾经废过两位皇帝，她的家族权倾一时。一直到高后八年（前180）秋七月辛巳，吕后病死，于是周勃等发动兵变，铲除吕氏家族，重新恢复汉朝政权。各大臣在事后商量皇帝的继任人选，大家都警惕于外戚之患。有人建议说："齐王是高祖的长孙，可以立为皇帝。"

大臣讨论，大都认为这样："吕氏以外家作恶而几乎危害宗庙。现在齐王的舅舅驷钧，是个凶狠的人，如果齐王立为皇帝，那么他的外家就变成吕氏事件的重演。代王是高祖的儿子，年纪也最长，个性仁孝宽厚，他的母家薄氏也很谨良，可以立为皇帝。"于是相与决定，派人迎立代王，这就是后来著名的汉文帝。

这件事显示汉朝的君臣，此后对外戚问题或多或少都抱有戒心。

此后到汉武帝即位，其祖母窦太皇太后也曾干涉政治，排斥儒术的群臣。至汉武帝建元六年（前135）五月丁亥，窦太皇太后崩逝，汉武帝才能实际地亲政。

汉武帝时代，也有外戚活动的记录。例如卫青、霍去病就是著名的外戚。但是汉武帝对外戚的问题，确实是非常警惕，在他死前，就为后来的皇帝消灭了母后干政的可能性。司马光把这件事记载在武帝后元元年（前88）秋七月。司马光记载说，汉武帝不立他年长的儿子燕王旦和广陵王胥，而立弗陵为太子。当时弗陵年数岁，形体壮大，智慧也丰富，所以得到武帝的宠爱。

但是弗陵到底年龄还小，其母钩弋夫人年纪也轻，汉武帝考虑到将来的问题，所以犹豫不决。于是他开始观察群臣，希望为弗陵找一位好的辅政大臣，最后觉得霍光忠厚可任大事，于是就选定霍光辅政，就是霍光执政的由来。汉武帝事先不把这种心意给霍光讲，却命令黄门画了一幅周公背着成王以朝诸侯的图像，赐予霍光。几天以后，汉武帝就借口谴责钩弋夫人，夫人脱去首饰，磕头求恕。汉武帝说："把她引下去，送到掖庭狱（掖庭乃宫中妃嫔所居的房舍，掖庭狱即专治宫人犯罪的地方）。"

夫人被拖下去，不断还顾，武帝忍心地说："快点走，你不得活命！"于是把她赐死。

稍后，汉武帝闲居无事，问左右侍臣说："外面的人对此事有什么意见啊？"

"人们都说'将要立她的儿子当太子，为什么要杀死她呢？'"左右回答。

汉武帝听后慢慢地说："是啊，这不是尔曹愚人之所能知的事。从前国家所以乱，是由于主少母壮。女主独居骄蹇，淫乱自恣，没有人能禁止。你们没有听说吕后的事情吗？所以我不得不先把他的母亲除去啊。"

这段人伦残忍的事情，司马光记载了下来，但是没有加以任何的评论。也就是说，司马光透过汉武帝这种事情，让人读到这里，了解汉代外戚政治的问题，是一贯存在的严重问题，汉武帝之所为是为人之所不敢为。后元二年（前87）二月，汉武帝崩逝，弗陵由太子即位，就是著名的汉昭帝。霍光本来就是外戚，后来他的女儿更成为皇后，可以说，霍光的执政，也不过是外戚政治而已。霍光废昌邑王也不过是外戚废帝的例子而已。宣帝以后的皇帝，大多重用他们的外戚。东汉更甚，是始终不能解决的重大政治问题。

王氏之所以崛起，是因为孝元皇后。孝元皇后王政君，是汉元帝的皇后。汉元帝曾被宣帝认为是"乱我家者"的太子。王皇后与她所生的儿子，就是后来的汉成帝，都不是元帝所喜爱的。元帝所喜爱的是傅昭仪和她的儿子。所以元帝在病重的时候，傅昭仪母子常在左右侍奉，而皇后和太子就很难得以觐见，元帝还屡次问到侍臣，想改立太子。司马光在元帝竟宁元年（前33）三月条下，记载了这件事情。当时太子的长舅王凤，与皇后、太子都非常担忧，幸得史丹等力为太子辩护，太子的地位才得以稳定下来。这一年的夏五月壬辰，元帝崩逝，太子在六月即皇帝位，于是尊称王皇后为皇太后，以他所依靠的元舅王凤为大司马、大将军、领尚书事。王凤这个官职相当于是实际的宰相。司马光在这个月记载王凤出任此官，是等于记载王氏掌握政权的开始。

汉成帝从小就依靠王凤，即位以后也依赖他辅政，于是在建始三年（前30）春八月，撤免他自己的岳父许嘉，专委王凤掌政，到了河平二年（前27）六月，成帝更将他的舅舅们，一律封为侯爵。王太后一共有三个姊妹，八个兄弟，这时仍然生存的有五个兄弟，王氏兄弟一律封为侯（不包括王凤，连王凤是六兄弟），所以世人都称之为"五侯"。王凤家族于是旺盛起来。许多官员都出其门下，五侯兄弟也争相奢侈。当时就有一些有识见的大臣，上疏讨论过外戚太盛的事情。

汉成帝阳朔三年（前22）秋，王凤病危，天子几次临问，要求他推荐执政的继任人选。王凤自知五个弟弟的不成才，于是推荐堂兄弟王音。这一年八月，王凤去世，第二个月成帝就任命王音为大司马、车骑将军，继承王凤掌政。王音既然以天子的从舅越亲用事，所以倒也小心谨慎，没有发生差错。

王氏势力那么盛，于是司马光在成帝永始元年（前16）夏四月条下，开始注意到王莽这个人。

王莽是太后第二兄弟王曼的儿子。王曼早死，所以没有封侯，太后怜悯王曼的后裔，甚至把王曼的遗孀接到太后所居的东宫来生活。这时王氏兄弟和他们的子侄，争相以声色犬马为享乐，而王莽由于自幼丧父，却因而折节恭俭，勤身博学，被服儒生，对于母亲和寡嫂（王莽兄王永早死）都很恭敬。司马光记载说，当大将军王凤生病时候，王莽前来侍疾，亲尝汤药，蓬头垢面，不解衣带累月。这是人子侍奉父亲的情况，才会如此的，所以王凤感动，死前托付于太后及皇后，拜王莽为黄门郎，升迁为射声校尉。王莽自后表现更佳，得到很多人的爱戴。这一年五月乙未，成帝晋封王莽为新都侯，升迁为骑都尉、光禄大夫、侍中。这个官爵，相当于皇

· 101 ·

帝侍从长。地位愈重要，爵位愈尊贵，王莽就表现得愈谦恭，他把家财赈施于宾客，结交名士、将相、大臣甚众，所以在位者更极力推荐他，游谈者也极力称赞他。司马光开始在这里记载王莽，点出了王莽后来篡汉的行为模式。

永始二年（前15）春正月，王音去世，两个月以后，成帝就起用王家的老五商为大司马、卫将军，继续掌政。王氏连续多年掌政，很多有识之士，已经看出不是好的现象，他们纷纷上疏警告皇帝，但是都没有效果。元延元年（前12）十二月辛亥，王商逝世。老六王立应当依次辅政，但王立因为贪污被揭发，所以成帝任命他的弟弟老七王根为大司马、骠骑将军，还是用王氏家族继续掌政。这时吏民多上书，向皇帝报告灾异，讽刺王氏专政所致。成帝也以为然，曾经亲自到自己的老师安昌侯张禹的住宅，请教他的意见。张禹是皇帝所敬重的老臣，但他自觉年老，子孙衰弱，又与王根相处不好，恐怕为王氏所怨，于是给王氏开释。成帝听了张禹的解释，从此不再怀疑王氏。由此可见，王氏后来篡汉，一方面是成帝纵容的结果，另一方面也是群臣畏惧的结果。

到了成帝的绥和元年（前8）冬十月，王根因为久病，屡次请求退休。太后姊姊的儿子淳于长，自以位居九卿的官位，应该代替王根掌政。司马光记载这件事，指出王莽心惧淳于长得宠，于是在侍候王根之病时，加以挑拨。他说："淳于长见将军久病，面有喜色，自以为当代将军辅政，甚至对士大夫讨论如何布置人事的事情。"

王根大怒："既然这样，为什么不早告诉我！"

王莽说："我不知道将军的意思，所以不敢说话！"

王根于是命令他去报告给太后，王莽于是夸大其词，在太后面前中伤淳于长。太后也为此大怒，要他去报告皇帝，王莽向皇帝报告，皇帝对淳于长加以免官的处罚，并且认为王莽首发大奸，称其忠直；王根也认为王莽对他好，推荐王莽代替自己。于是在同一个月，成帝就拜王莽为大司马，继承王根掌政。这时王莽才三十八岁。

第二年三月，成帝崩逝，他的弟弟即位，就是哀帝。哀帝有他自己的外戚傅氏、丁氏。于是王太后下诏命令大司马王莽回家，避开新任皇帝的外家。就在同年七月王莽辞职获准，解除执政权，从此一直到汉哀帝崩逝，王家氏族都避贤，让傅、丁两族执政。但汉哀帝了解成帝时代，王氏权力太盛，所以他对傅、丁两家，都不假以事权，两家的权势比不上王氏在成帝的时代，不过哀帝对王氏的家族，多少有点欺负，这是王莽后来重新掌政，加速树立其权力的原因吧？

汉哀帝元寿二年（前1）六月，哀帝崩逝。王太后听到哀帝驾崩的消息，马上收取玺绶，同时任命王莽为大司马、领尚书事。这时王莽已四十五岁。王莽与太皇太后拥立汉平帝继位，逼害傅、丁两族，排斥不利于他的大臣，甚至他的叔父王立也被排斥。接近权力圈子的大臣都畏祸不敢言，不知内情的群臣和士子，却称颂王莽的为人。这年九月，九岁的平帝正式即位，太皇太后临朝，王莽掌政。此后除太皇太后外，再无一人能牵制王莽。于是王莽提升他的亲信，巩固了他的权威。

第二年，平帝元始元年（1）二月，王莽为了专政，知道太后年老，讨厌政事，于是乃假借公卿奏事，请太后不要处理政事，太后同意，除了重大事情，再也不过问其他政事。于是王莽的权力与人主差不了多少。

元始四年（4）二月，王莽更将女儿许配给平帝为皇后，彻底巩固其权威，此后王莽就拥有皇帝岳父的身份，爵位为"安汉公"，权势就更大了。平帝在元始五年冬十二月病逝，司马光写明是王莽在酒中下毒，毒死平帝的。

平帝死后，王莽选择皇帝的继承人，他厌恶汉宣帝的曾孙年纪较大，不易控制，于是选中宣帝的一个玄孙，这就是孺子婴。司马光在汉平帝死的那一个月条下，记载丹书的事情。这是臣下得到一块白石，上有丹书："告安汉公莽为皇帝。"从此以后，符命之说就大起了。也就在这个月，群臣庶民就上疏给太皇太后，要求让莽做"假皇帝"。三个月之后，孺子婴才得以策立为皇太子。孺子婴为皇太子这一年（王莽居摄元年，6）五月，太皇太后正式诏令王莽用"假皇帝"这个称呼。司马光记载太皇太后这时也知道王莽想篡位的意图，但已无可奈何。两年以后（王莽初始元年，8）的十一月，王莽正式篡位，即位为真天子，改国号为"新"，改年号为"始建国"。

王莽将即真天子之前，先把符瑞报告给太皇太后知道。这时孺子婴没有当皇帝，皇帝的玉玺归由太皇太后保存。王莽即位，向太后要玉玺，太后向来使怒骂说："你们父子宗族蒙受汉家恩德，富贵累世，既无以报答，受人托孤，居然乘便利而夺取天下，不复回顾汉家的恩典。这样的人，猪狗也不吃他剩下的食物，天下哪有你们兄弟这种人啊！而且你们若要建立新王朝，就应该自做玉玺，何必用此亡国不祥的玉玺呢！你们要用这个玉玺，我这个汉家老寡妇，就一定要与这个玉玺共存亡，让你们终不可得到！"

太后边说边哭，使者王舜（王音之子）也悲不自胜，过了长久，乃仰面告诉太后说："臣等"已经没有话说，王莽一定要得到传国玉玺，太后难道能够不给他吗？！

太后见到王舜语词真切，害怕王莽要挟她，于是把汉朝的传国玉玺抛到地上，对王舜说："我老得已经快要死了，但是知道你们兄弟今天的所为是会被灭族的！"

王莽得到玉玺，将汉朝的太皇太后改名为"新室文母太皇太后"。根据司马光记载，孺子婴后来被软禁，不许别人接近他，长大后，他居然连六畜都不认识。

司马光引用班彪一段评论，指出三代以来，王公失势，很少不是因为女宠而造成的。王莽的篡位，是由于孝元皇后历为汉朝四世的天下母，享国六十余年，家族共有五将、十侯，势力强大，所以才造成王莽之祸。他认为"位号已移于天下，而元后卷卷犹握一玺，不欲以授莽，妇人之仁，悲夫！"

西汉之亡，王政君的妇人之仁是一个原因，王室与外戚共同统治国家的政策，也是一个原因。即使有远见和刚毅如汉武帝，他也不过只是将未来皇帝的母亲杀了而已，并没有意图根绝外戚干政的风气。王莽利用周公辅政的故事最后篡掉了汉朝的政权。东汉时代曹操则利用周文王的故事，让他的儿子曹丕篡夺汉朝。王莽也好，曹操也好，他们篡位的方式几乎是相同的，而且他们都把女儿嫁给皇帝做皇后，成为外戚。东汉的光武、明、章诸帝，对于防范外戚干政甚为注意。但以后的几任君主，对此并不注意，东汉外戚之患，比西汉更大，汉朝亡于外戚的历史教训，最后还是不为王室所接受。

· 105

四、东汉初期的用人与士风

刘秀在天下大乱时，起兵讨伐王莽。他在建武元年（25）六月，被部下拥戴为皇帝，这就是光武皇帝。这时天下仍然大乱，光武帝集团的力量并不能够压倒群雄。同年七月，光武帝特拜邓禹为大司徒，王梁为大司空，吴汉为大司马，这三人都是一时之选。到了八月，又增拜卓茂为太傅。

卓茂是一个宽仁恭爱，恬淡乐道，雅实而不重外表的人。他自束发至白首，未尝与人有竞争冲突，乡党故旧虽然与他意见不同，但都对他爱慕欣欣。卓茂在西汉哀、平两帝之间，曾为密县的县令，他最初到达密县上任的时候，有所废置，吏民都窃笑他，邻城的人闻知其事，也都讥笑他无能。结果他不为所动，治事自若，数年之间，教化大行，道不拾遗。任满升迁为京都丞，密县人民都扶老携幼，涕泣随送。及至王莽居摄，他以生病为理由，退归家中。光武皇帝即位，最先访求卓茂，这时他已七十多岁。访到了卓茂，光武帝下诏说："名冠天下的人，当受天下之重赏。今以茂为太傅，封褒德侯。"

司马光接着评论这件事，称赞光武帝在即位之初，群雄竞逐，四海鼎沸的当时，那些摧坚陷敌之人，权谋诡辩之士，方见重于世，而光武帝却能取忠厚之臣，立循良之吏，拔举他们于草莱之中，置他们于群公之首，所以东汉光复旧物，享祚久长，这是知所先务而得其本源的缘故。也就是说，司马光认为像卓茂这种人，并不是摧坚陷敌或权谋诡辩之士，只是有德行的缘故，就能被光武帝独具慧眼，拔置于官吏之首为太傅，这种人事政策，是东汉的特色，也是其得以中兴的原因。

东汉开国的这种用人政策，为后来明、章两帝所遵循，所以才造成光武、明、章之治的时代。不过司马光撰写《资治通鉴》，他也注意到两项问题。

当他写到建武五年（29）二月的时候，司马光记载了一件事：渔阳郡的长官彭宠，自高其功，但不被光武帝重用，反而从前归他指挥的王梁、吴汉，早已被任用为三公，不服之余，于是割据渔阳郡造反。彭宠的妻子做了几次噩梦，又几次碰到怪异的现象，占卜、望气的人都说将会有兵从中作乱。于是彭宠就命令将领带兵驻扎于外，自己则在便室住宿，只留苍头（汉人呼奴为苍头）子密等三人伺候。子密三人趁着彭宠睡觉，共同把他捆绑在床上，告诉外面的官吏说："大王斋禁，命令你们休假。"于是又假造彭宠的命令，收捆了奴婢等人，各置一处；而又假造彭宠的命令，招呼他的妻子见面。彭妻进入，看到情况，惊惶地哭道："奴造反！"子密等用拳脚殴打彭妻。彭宠急忙呼唤其妻："快点为各位将军扮装，整理行李！"将军是指子密等三人。彭宠呼他们为将军，意思就是要求饶。

于是两奴将彭妻押入房内，搜取宝物，留下一奴看守彭宠。彭宠向看守他的奴说："你这个小孩，是我素所疼爱的，如今为子密所威逼罢了！你解开我的捆绳，我当以女儿嫁给你为妻。家中财物都和你分一半。"小奴心动，看看门外，见子密听到他们的对话，遂不敢松绑。

子密等搜取财物妥当，在昏夜里，命令彭宠写手令，让他们出城。彭宠写好，他们遂斩下彭宠及其妻之头，放在囊中，拿着手令驰出城外，向光武帝去邀功。

第二天天明，官属看到合门不开，于是爬墙进入，发现彭宠尸体，惊怖万分，遂共同拥立彭宠的儿子彭午为王。但彭午不久即为国师韩利所斩，送到光武帝的军队中。光武帝于是封子密为"不义侯"。

司马光记载此事，引用权德舆的评论说，彭宠叛乱与子密杀其君，同样都是作乱，罪名是不能掩盖的，应该各依法来加以处罚，以昭示天下，但是光武帝反而拜子密为侯，又以"不义"为名，既然举以不义，就不应该封为侯，如果这样的行为可以封为侯，汉朝的爵位就不足以服人了。司马光引用权氏的评论，暗喻光武帝做法不对，表示光武帝求名是带有权术的意味的。

这种求名的风气，影响东汉士风甚大，后来终于造成了党锢之祸，这是光武帝始料不及的。司马光写到东汉的中期，就为此事提出了一大段评论。

司马光写到汉顺帝永建二年（127）秋七月，顺帝征樊英为官的事：樊英是南阳人，少有学行，名著海内，隐居于壶山之南，地方政府前后礼聘，他都不肯答应，中央的公卿每次推荐他为贤良、方正、有道之士，要他出来做官，他也不答应。顺帝的父亲安帝，曾经赐他策书，征他来京做官，他仍是不应。就在这年，汉顺帝再以策书备礼征用他，樊英固辞，理由是病重。结果诏书切责地方官，命令地方官驾载他上道，樊英不得已来到京师，但仍是称疾不肯起。官员强迫他入殿，他还是不为之屈。顺帝于是命令他养病，每月送他羊、酒。

过了一段时间，顺帝乃为樊英设坛，命令侍从引导他进来，赐以几杖，待以师傅之礼，向他请教政治的得失，拜他为五官中郎将。几个月以后，樊英又说生病，于是顺帝拜他为光禄大夫，赐他还乡,命令在所送谷,岁时赠送牛、酒给他。樊英辞位不受,诏书一再要求他接受,他还是拒绝了。

樊英最初被诏书征召的时候,大家都以为他必不屈服,其好友王逸,为了这件事,写了一封信给他,大意是劝他就聘。樊英听从王逸的建议,但是后来却无奇谋深策以帮忙顺帝,谈者以为失望。河南郡的张楷和樊英一块儿被征召,他告诉樊英说:"天下有二道,就是出仕与隐居。我从前以为先生之出,能够辅助吾君,救济生民。但先生最初以尊贵之身,不怕触怒万乘之主;然而享受了爵禄以后,却又不闻匡救之术,可谓进退无所据啊!"

樊英在地方上极有名气,屡次推辞不出,就是皇帝征召也不听从。等到顺帝切责,强迫他上道,他才不得已赴京,既然来到京师接受礼遇官爵,却又没有什么贡献给政府,这是问题所在。樊英到底是个徒得虚名之士呢?还是哗众取宠之士呢?还是品德好而无实干的人呢?司马光对樊英的行为就非常不满。

司马光评论说,古时候的君子,邦有道则出仕,邦无道则归隐。归隐不是君子正常的志向,人家不知道自己而道不行,群邪共处而害于身,所以才深藏以避之。王者举逸民,是为了有益于国家,不是为了徇世俗的耳目。所以有道德可以尊主,智能足以庇民,深藏不露,则王者当尽礼而访求他们,屈己而罗致他们,克己以听从他们的建议,然后才能利泽施于四表。这是取其道而不取人,务其实而不务其名啊。对着备礼、意勤而仍然不接受征召的人,皇帝就应该自省,不要强致其人,检讨自己是否不知道。或者人主因为不能罗致其人而感到羞耻,于是以高位来引诱他,以言行来威胁他。假如那人真是君子,官位绝不是他所贪好的,言行也不是他所畏惧的,终不可得而致之;如果用高位、言行而能罗致的人，大多是些贪位畏刑的人，哪里值得推崇可贵呢？

假如有德行于家庭与乡曲，不贪利，不苟进，他们虽然不出仕，或者不足以尊主庇民，这也是清修之吉士，王者应该褒优赡养他们，俾遂其志。这种做法也足以励廉耻，美风俗。至于饰伪邀誉，钓奇惊俗，不食君禄而争屠沽之利，不受小官而规卿相之位，名与实相反，心与行相违，这些乃是华士、少正卯之流，他们能免于圣王之诛就已经万幸，尚何聘召之有！

司马光在东汉中期提出了这段评论，就是注意到这时候，东汉的士风已经流于虚伪，有些人标榜钓誉，矫言矫行，以博求天下之美名，透过间接途径达到做官的目的。这也是东汉初期用人政策的转折。

东汉中期以后，士大夫好评鉴人物，被名望高的人评鉴，往往使得无名者一天之内成大名。这种例子很多，司马光颇重视这种例子，尤其他对曹操的最初记载，就是从这个角度加以观察。

汉灵帝中平元年（184）三月条下，他第一次写到曹操的事迹。曹操的父亲曹嵩，是大宦官曹腾的养子。宦官这时权势很大，为乱朝政，为士大夫所痛恨。司马光记载说，曹操少机警，有权术，而且任侠放荡，不治行业；世人并不看中他，只有太尉乔玄及何颙欣赏他。乔玄称赞曹操说："天下将乱，非命世之才，不能济也。能安天下者，其在君乎！"何颙也赞叹曹操说："汉家将亡，安天下者，必定此人！"

乔玄不但欣赏曹操，而且还教曹操怎样沽名钓誉，他告诉曹操说："君没有名气，可以交许子将（许劭）这个朋友。"许子将有高名，喜欢评鉴人物，他每个月必定更改品题，所以他的家乡汝南有"月旦评"的风气，曹操听了去拜访许劭，询问许劭说：

"我是怎么样的人？"

许劭对曹操很鄙视，不答。曹操乃劫持他，许劭不得已说："你是治世之能臣，乱世之奸雄。"结果曹操听了，大喜而去。

这是司马光第一次记载曹操的事迹，这件事迹也可以反映东汉士风，到此已经丕变。东汉初期起用名士、逸民，为的是要澄清社会的功利主义，使得社会走上良好的轨道。这种政策执行久了，于是就变出了曹操这类沽名钓誉的行为出来。在司马光的笔下，外戚、宦官固然是东汉灭亡的癌细胞，但是这种士风，也是东汉政治上的不治之症。他对于这一类事情，记载甚多，可谓有心之人。

五、东汉的宦官与外戚

西汉外戚政治很严重，东汉光武帝非常注意这个问题，外戚与功臣都不能干涉政治，不能握有实权，他们的子弟也备受严格的教育。光武帝希望王室与这些人和他的家族，共同享受天下，相安无事。永平十八年（75）八月壬子，东汉的第二任皇帝明帝逝世，司马光写道："帝遵奉建武制度（指光武帝制度），无所变更，后妃之家不得封侯与政。"这就表示了光武和明帝，对外戚政治防范甚深。汉明帝死时年四十八，继位的汉章帝才十八岁，他即位以后，对外戚的防范就比不上他的祖父与父亲。

章和二年（88）春正月，章帝逝世，年仅三十一岁。太子即位，年才十岁，于是由太后临朝听政。窦太后临朝，她的家属窦宪等人，于是分布要津，握有实权。这是东汉外戚起来的开始。当窦宪最初掌政时，窦太后还写了一封信，警告他的兄弟们，指出外戚所以获讥一时，垂罪于后，是因为自满自大，位有余而仁不足，所以汉兴以后，到了平帝，二十家外戚，能够保族全身的只有四家而已，因此警诫窦氏兄弟。但是大权在握，一年不到，窦氏兄弟就骄横起来。

司马光记载说，和帝永元四年（92）六月，窦氏父子并为卿校，充满朝廷，出入禁中，想共同谋杀和帝。和帝也得知这种阴谋。这时候窦宪兄弟专权，和帝与内外臣僚，无由亲接，日常接触到的人，只是阉宦而已。和帝因为上下莫不攀附窦宪，只有中常侍（宦官的长官）郑众，谨敏有心机，不攀附豪党，于是乃与郑众等人定议诛除窦宪，他们因为窦宪在外（当时窦宪带兵驻节于凉州），恐怕他为乱，所以忍而未发，刚好这时窦宪回朝，于是和帝等在庚申这一天，发动了流血兵变，诛灭了窦宪及其党羽。这是东汉皇帝与宦官联合，共同对付外戚的开始。但是和帝没有惩于此戒，五年之后，又重用了他母亲的家族梁氏，梁氏自此兴盛起来。

元兴元年（105）冬十月，和帝逝世，行年才二十七岁，他的皇子们一共有十几人，大多养在民间，所以邓皇后乃征召他的少子刘隆为皇帝，刘隆这时才生下一百多天，这就是殇帝，由邓太后临朝。结果到了第二年的正月，殇帝逝世，年才二岁，于是邓太后与他的哥哥邓骘等，拥立清河王之子（刘祜）为皇帝。东汉皇帝的短命，就是外戚政治起来的原因，也是宦官政治兴起的原因。

清河王之子刘祜，这时已经十三岁，他不是先帝的儿子，也不是殇帝的兄弟。殇帝另有长兄平原王刘胜，邓太后以刘胜有疾病为理由，当初不立刘胜而立殇帝刘隆。到了殇帝驾崩，群臣以刘胜没有疾病，想拥护他当皇帝，邓太后则因为以前不立刘胜，恐怕现在立了，将来会有后患，所以才改立刘祜。这时宦官郑众、蔡伦等，皆秉势干预政事，但邓骘兄弟则颇贤明，颇能推荐贤士而任用，而且曾经极力推卸官职，不想掌握朝政，邓太后对此都不允许，仍然让自己子弟分布要津。

到了安帝建光元年（121）三月，邓太后逝世，皇帝也长大了，于是问题就发生了。

安帝少年时代颇聪明，所以邓太后援立他。但长大以后，行为就常不能令太后满意。安帝的乳母王圣与安帝相依为命，王圣看到太后久不归政，恐怕太后会有废立之举，于是与宦官李闰、江京等侍候于左右，共同在皇帝面前说太后的坏话，所以安帝常常为之愤惧，太后一死，皇帝与王圣、李闰等人就对邓氏家族加以迫害。在同年的五月，邓氏集团就被清除，邓骘等人被杀。

安帝清除了邓氏，但他培养阎皇后的兄弟们，于是内宠又兴盛起来。他又封宦官江京、李闰两人为侯爵，宦官封侯是创举的事，安帝因为他们有拥立之功，也顾不了那么多了。于是宦官与乳母王圣等人煽动于内外。炙手可热，他们甚至猖狂到在延光三年（124），使皇太子刘保被废。

第二年（延光四年）三月，安帝逝世，年才三十二岁。阎皇后与阎显兄弟、江京等人，为了久专国政，所以拥立景帝的孙子刘懿为皇帝，刘懿这时也年幼，于是阎显等人排除异己，兄弟并处权要，威福自任，这是东汉外戚跋扈的开始。

同年冬十月，新任皇帝病重，宦官孙程等人乃秘密想拥立废太子（当时封为济阴王）为皇帝。这个月新任皇帝去世，阎显等与太后秘不发丧，想征求年幼的王子为继任皇帝。第二个月，孙程等十几个宦官聚集起来，撕破丹衣发誓，于是在宫内发动兵变，把宦官江京等杀死，拥立济阴王为皇帝，这就是汉顺帝，行年十一岁。事后顺帝铲灭了邓氏集团，甚至把邓太后迁于骊宫幽禁，然后封孙程为列侯，一共封了十九侯之多。

顺帝阳嘉四年（135）二月丙子这一天，皇帝为了报酬宦官的拥立之功，竟然下诏让宦官得以养子袭爵。司马光仅写了这个诏令的意旨，没有发挥他的议论，其实宦官正式可以养子袭爵，就是宦官势力壮大的原因。后来的曹操，就是宦官曹腾的养孙，曹腾也正是这个时候的大宦官（中常侍）。司马光在顺帝永和四年（139）十二月一日这一天条下，就记载了曹腾、梁商、梁冀等人，与另一派的宦官张逵等人冲突的事。

建康元年（144）八月，顺帝逝世，年仅三十岁，即位的太子才二岁，于是由梁太后临朝。太后之父梁商这时已逝，他的兄弟梁冀极为跋扈，权力甚盛，到了第二年正月，新任的冲帝也死掉了，太后于是继续临朝。太后与梁冀秘不发丧，因为冲帝年幼无子，所以梁冀否决群臣拥立长君的建议，反而拥立了一个年才八岁的宗室子弟为皇帝，这就是汉质帝。

第二年六月，年少聪慧的汉质帝，曾因朝会时看着梁冀说："这是跋扈将军啊！"结果为梁冀所忌，到了闰六月，梁冀使左右在饼中下毒，让皇帝吃了。质帝吃后，感到烦苦，急忙命令大臣李固入宫，李固来到，问质帝患了什么疾病，质帝这时还能说话："朕吃了煮饼，如今觉得腹中苦闷，如果有水喝还可以活命！"

梁冀这时在旁边，说："恐怕喝了水会吐，不可以喝水。"话未讲完，质帝就死了。

质帝死后，群臣开会讨论继承人，宦官曹腾与梁冀等内定拥立刘志,梁冀于是在殿中陈列士兵,要挟群臣,要群臣同意立刘志。刘志入宫即位为皇帝,行年十五岁,这就是汉桓帝,太后仍然临朝听政。桓帝立后,梁冀与曹腾等一系宦官,就大蒙封赏。

到了和平元年(150)春正月,梁太后还政给桓帝。二月太后驾崩。梁太后虽然逝世,但梁氏家族愈来愈骄横,梁冀的妹妹嫁给了桓帝为皇后,所以仍然掌政,梁冀一门,前后有七个侯爵,三个人为皇后,六个人为贵人,两个人为大将军,夫人与有食邑的女封君计有七人,尚公主的有三人,其余卿、将、尹、校有五十七人,满朝文武都是他的亲党。到了延熹二年(159)秋七月,梁皇后也死了,于是梁氏的灭门大祸才来临。

梁冀秉政十九年,威行内外,天子拱手,不能亲自处理政事,所以桓帝内心甚为不平,但也无可奈何。有一天,桓帝故意进入厕所,单独召见小宦官唐衡,询问他宦官们哪些与后族不和的。唐衡报告有单超、左悺、徐璜、具瑗等人,他们都是大大小小的宦官,于是桓帝召见单超、左悺等,对他们说:"梁将军兄弟专政,威逼内外,公卿以下,莫不遵从他的意旨,如今朕想诛灭他们,常侍们意下如何啊?"

单超等回答:"梁将军诚国家的奸贼,早就应该诛杀;臣等弱劣,只是未知圣意罢了。"

桓帝说:"你们说得很对,试试看秘密策划一下吧。"

宦官们回答说:"诛灭梁将军并不是难事,只是恐怕陛下腹中狐疑。"

桓帝说:"奸臣胁国,当伏其罪,还有什么好怀疑的?"

于是召集徐璜、具瑗等五人,共同策划。桓帝咬破单超的手臂,让其流血以为盟。单超等人说:"陛下,如今计划已经决定,不要再有变动,不要多说,以免为人怀疑。"

延熹二年八月,宦官们发动兵变,把梁冀集团诛灭殆尽,梁氏的故吏宾客黜免者三百多人,朝廷为之一空。梁氏的家财被充公,竟然有三十余万万之多,这些充公的钱财收归王府,皇帝为之下令减去该年全国税收的一半。

诛灭梁冀等人以后,单超等五人一律封侯,这就是汉代中期著名的"五侯"。

从此以后,权势专归于宦官,汉朝的政治就衰败得一塌糊涂。诸葛亮《出师表》里,曾经提到刘先生(刘备)每次谈到桓、灵之事,均痛心疾首,就是指这个时代的宦官乱世而言。宦官与外戚的争权,加上名士清流的介入,于是形成两次党锢之祸,国家元气丧尽。刘先生所谓痛心于桓、灵之祸,不是没有原因的。

六、第一次党锢之祸

汉桓帝诛灭梁冀以后,天下臣民都盼政治能够革新,朝臣的领袖黄琼,最有声望,于是率先整顿政治,推荐了一些清高之士。但是这时汉桓帝信任宦官,除了"五侯",一些中级宦官领袖,也陆续被封为侯爵,自是权势专归于宦官,尤其是五侯,最贪污骄傲,倾动内外。一些正直的臣子看不顺眼,于是上章弹劾宦官,也都先后获祸,连朝臣中的名士领袖陈蕃、杨秉等人,也因此免官归田里。太尉黄琼自度能力不能控制宦官,于是称疾不起,并且上疏批评宦官骄横这问题。皇帝看后,也不采纳他的意见。延熹二年（159）冬十月，中常侍单超生病，但桓帝仍然拜他为车骑将军，这是宦官第一个生前就拜为车骑将军的人，这个职位，从前往往是辅政大臣执政者的职位。

由于群臣上章批评朝政的人不少，有一天汉桓帝询问侍臣："朕是怎样的一个皇帝呢？"

侍臣回答："陛下是大汉的中才之主而已。"

桓帝又问："这话怎样讲呢？"

回答说："假如陛下任用陈蕃治事，天下则治，任用宦官，天下则乱；所以陛下可以为善，也可以为非，臣因此说陛下是中才之主。"

延熹三年正月，单超死了，但这时候"四侯"愈来愈骄横，天下的人民这样说："左回天，具独坐，徐卧虎，唐雨坠。"这句话的意思就是指左悺有回天的能力；具瑗骄贵无比；徐璜有老虎的威势，无人敢撄之；唐衡急暴，如雨之下堕，无有长处。"四侯"跟他的兄弟亲戚宰州临郡，欺负百姓，与盗贼无异，虐遍天下，民不堪命，所以百姓多起为盗贼。这个时候，宦官不但已经与朝臣中的名士对抗，而且为虐天下，与天下大多数的人民对抗起来。

延熹四年三月，太尉黄琼被罢免。到了延熹六年十二月，太尉杨秉瞧不顺眼，与司空周景上书说："内外吏职，多非其人，从前的制度，宦官的子弟不能居位秉势；如今宦官的枝叶宾客，布列要津，四方愁毒。臣建议遵用旧章，清理人事。"桓帝采纳了，于是杨秉加以清理，宦官集团或死或免，天下莫不肃然。这是名士朝臣与宦官正式冲突的开始。

同一个月，司马光又记载了另一个要官朱穆攻击宦官的言论:"按照汉朝的制度,中常侍此官参用士人,光武帝以后,才完全起用宦官来出任此官。自从汉殇帝以后,宦官才贵盛起来,掌握事权,天朝政事,一更其手,权倾海内,宠贵无极,子弟亲戚,并荷荣任,放滥骄溢,莫能禁御,愚臣的意见,应该罢免宦官,恢复当初的制度,选用海内清淳之士、明达国体者来做此官,这样黎民就会蒙被圣化了。"汉桓帝不纳。不久朱穆因事见皇帝,又当面申述他的意见:"臣听说汉家的旧典,设立侍中、中常侍各一人,主理尚书之事,黄门侍郎一人,专门传发书奏,这些官都是选用士大夫。自从和熹太后(和帝的皇后)以女主称制,不接近公卿,于是才以阉人为常侍,小黄门通命两宫。从此以后,宦官权倾人主,穷困天下,臣的意见是应该罢免宦官,博选耆儒宿德,参与政事。"皇帝大怒,不回答他说的话。朱穆看到皇帝不回答,也就拜伏不肯起来。左右传话:"出!"朱穆还是不肯起来出去。过了良久,朱穆看到无法说动皇帝,才起来出去。回去以后,不久就气愤而死。

延熹七年(164)春二月,司马光注意到一件社会动态。朝臣领袖之一的黄琼死了,参加葬礼的人,都是四方远近知名之士,总共有六千人之多。在当初黄琼没显贵之前,在家教授学生,好友徐稺经常与他往来,等到黄琼贵显了,徐稺就再也不跟他来往了。徐稺是一个名士,在黄琼出葬的时候,他再度前来吊祭,但他来到,把酒沃在地上,哀哭而去,大家都不知道他是谁,众名士追问主持丧礼的人,主持丧礼的人说:"刚刚有一个书生来,穿着粗薄而哭之甚哀,我也不晓得他的姓名。"大家都说:"这必定是徐稺了。"于是推选一位能言善道的名士——茅容,轻骑而追之,茅容终于追到了。请他在饭店吃饭喝酒,徐稺也愿意让他招待。茅容于是问以国之事，徐稚不答。又问农田之事，徐稚乃回答了。

茅容回来向诸人报告。有人说："孔子云：'可与言而不与言，失人。'然则徐稚这个人，就是失人吗？"

太原郭泰却说："徐稚这个人清洁高廉，饥不可得食，寒不可得衣，他肯和茅容一块儿吃饭，这是因为他已经知道茅容是贤人。徐稚所以不回答国家大事，是其智可及，其愚不可及也！"

郭泰是最有名的名士，博学而善于谈论。当他最初来到洛阳的时候，大家都不认识他，只有符融一见而嗟异，于是推荐他见李膺。李膺和郭泰相见后，说："我看到的名士太多了，没有像郭林宗（指郭泰，林宗是他的字）一样的！"他的聪明识见高雅密博，今天中国之内，很少有人能比得上他。"于是与郭泰结为朋友，郭泰也因此名震京师。后来郭泰还归故乡，衣冠诸儒送到河上，车辆数千之多，只有李膺与郭泰同舟而济，众宾望之，以为神仙焉。

李膺、郭泰同是顶尖的名士，一在野，一在朝。他们两人假如夸奖某某人，这个被夸奖的人就会成名，力量居然有这么大。司马光记载了几件这一类的事情，目的也在显示当时世风与名士领袖的风范，在司马光的笔下，其中就记载了两件事：

黄允以俊才知名，郭泰认识他以后就说："卿高才绝人，可以成为伟器，年过四十，声名就会有显著了。然而到了这个时候，卿应当深自匡持，不然，就会有所丧失！"后来司徒袁隗想为他的女儿找夫婿，看到黄允就叹息说："得婿如此，心愿足矣！"黄允听了，回去就把妻子休了。他的妻子大会宗亲，准备话别，但在会议中，愤怒地指责黄允私隐的十五件事，黄允从此就变得声名败坏。这件事显示郭泰非常善于知人。

黄允当初与晋文经并恃其才智，曜名远近，朝中屡次征他做官，都不接受。晋文经却托言在京师养病，不通宾客，公卿士大夫每天遣门生问病，中级以下官吏杂坐其门，也不能够看到他一面，三公（指太尉、司徒、司空）所征用的人，经常来拜访他，他随意褒贬人物，以为与夺。于是符融告诉李膺说："黄允、晋文经这两位先生，行业无闻，以豪杰自居，遂使公卿问病，朝廷臣僚做门后鉴，我恐怕他们持着小道破义，只有空虚的名誉，而事实不符，希望你仔细观。"李膺同意他的看法，这两人从此名誉渐渐衰退，宾客也愈来愈少，十几日以后，他俩人惭愧离去，后来也得罪废弃。

司马光记载了若干条这样的事迹，用意在记叙李膺与郭泰的地位，顺带提出了当时士风，与这些名士的虚伪行为。

延熹七年十二月，大宦官唐衡、徐璜相继死了。第二年正月，群臣攻击宦官，于是左悺自杀。具瑗等被罢免，"五侯"死的死，黜的黜，气焰暂时压下来。这一年的七月，陈蕃被拜为太尉。同年冬十月，在陈蕃坚持之下，桓帝册立窦贵人为皇后，皇后的父亲窦武也因此升官，这时宦官非常惧怕陈蕃，陈蕃推荐李膺为司隶校尉。从此宦官连宫省都不敢出，对陈蕃、李膺等朝臣，皆鞠躬屏息。桓帝觉得奇怪，询问他们原因。宦官都磕头哭泣说："我们害怕李校尉。"当时朝廷日乱，纲纪颓废，而李膺独持风采，以名誉自高，士子有被他接代的，都认为"登龙门"云。

司马光追记了一件事：在延熹九年（166）秋七月，桓帝在没有即位前，曾经受学于甘陵周福，即位了以后，遂提升周福为尚书；同郡的房植，也甚有名气于朝中，当时出任河南尹，于是乡人作了一首歌谣，说："天下规矩房伯武（伯武是房植的字）；因师获印周仲进（仲进是周福的字）。"两家宾客从此互相争论长短，各树朋党，于是甘陵遂有南北部，党人之议从此开始。

这时在中央，太学生有三万多人，郭泰与贾彪是他们的领袖，与李膺、陈蕃、王畅互相标榜。太学里面有这样的话："天下楷模李元礼（元礼是李膺的字），不畏强御陈仲举（仲举是陈蕃的字），天下俊秀王叔茂（叔茂是王畅的字）。"于是中外承风，大家都以评论人物为风气，自公卿以下，莫不害怕他们的贬议，屣履到门。

太学生们的标榜，社会上的清议，使得朝臣中的名士更加积极，他们更加对宦官攻击，希望博取更高的名誉。宦官也因此对这些名士朝臣，害怕猜忌，处于对立状态，只是因为陈蕃等人都是名臣，所以暂时不敢加害罢了。一些名位较低的人，就被宦官开始迫害。

延熹九年中，就发生了党锢之祸。司马光记载这件事情是这样的：他说张成是一个善于占卜的人，他推断朝廷会大赦，于是让他的儿子杀人，司隶校尉李膺接案后，督促追捕，果然接到天下大赦的诏令。李膺知道张成是预先了解，而事先杀人，于是更加愤怒，竟不顾大赦的命令，依法处死了张成的儿子。

张成与宦官有交情，汉桓帝也曾经请他来占卜过，于是宦官教张成的弟子们上书。弟子上书控告李膺等养太学游士，交结诸群学生，共为朋党，诽谤朝廷。天子震怒，遂下令逮捕党人。

皇帝的命令，在制度上必须经过三公的处理，太尉陈蕃就因此否决说："今天所通缉的人，都是海内著名的人物，他们都是忧国公忠之臣，虽然赦免他们十世也不为过，岂有罪名不彰而逮捕他们的呢？"于是不肯签署。

皇帝看到陈蕃不肯签署，更加大怒，遂逮捕李膺等入黄门北寺狱（黄门北寺狱是宦官专政以后所主持的监狱），而且供词波及很多名臣，如杜密、陈翔、陈实、范滂等共两百多人。这些人有些逃脱了，朝廷悬金购募，使者四出相望。

这个时候，就是名士显示他们气节的关头，陈实说："我不到监狱投案，众人就没有了榜样。"于是自请投案。范滂也来到监狱。狱吏问他："凡是牵连案件的人，都要祭皋陶。"范滂说："皋陶是古代的直臣，知道范滂无罪，将会为我申理于皇帝；如果范滂有罪，祭他有何用处呢！"到案的名士，也因此停止了祭皋陶的行为。这时陈蕃上书极力申辩其事，汉桓帝怕他辩论得太激烈，于是将他罢免了。

由于党人的案件，被祸者都是天下的名贤，于是连著名的渡辽将军皇甫规，也自以为是豪杰，认为不能牵连到党人之狱而感到万分羞耻，乃上书说："我是前任大司农张焕所推荐，所以也是党人之一。又臣从前议论朝政，太学生们也曾上书批评臣，是为党人所附也，臣应该坐罪才是。"朝廷知道他是名将，知而不问。但是司马光记载此事，表示了当时的人求名之切。第二年，永康元年（167）五月，由于陈蕃的被罢免，朝臣震惧，谁也不敢再为党人讲话，贾彪看此形势，决定西行赴难，他来到洛阳游说皇后的父亲窦武等人。窦武也是颇有名气的，声誉也高，他采纳贾彪的建议，于是上疏为党人讲话。汉桓帝至此怒火才稍解，乃派宦官王甫，到监狱询问党人范滂等，范滂大气凛然，表示所为上不愧天，下不愧人，王甫为之感容，脱下他们的桎梏。至于李膺等人，言辞中也牵连一些宦官子弟，宦官恐惧，所以才请桓帝以天时应该赦免，在六月下令大赦天下，党人二百余人都回到田园里，名字登记于三府（指三公之府），禁锢终身。

同年十二月，汉桓帝病死，年仅三十六岁。司马光在范滂回乡的时候，记载范滂回到汝南，南阳士大夫迎接他的人，居然达到车辆数千之多。这就显示司马光有一种见识，表示社会上对党锢之祸，存有余波，风气并不因此而遭受破坏，伏下了第二次党锢之祸的原因。

七、第二次党锢之祸

司马光在延熹九年（166）秋七月，开始记载党祸的问题。一直记到第二年——永康元年（167）六月，汉桓帝下令禁锢党人二百余人终身为止，就表示了第一次党锢之祸，前后一共经历了一年的时间。半年之后，汉桓帝驾崩，这乃是汉朝机运颇有转机的时候。

汉桓帝死后，窦后于是和其父城门校尉窦武，议论拥立新的皇帝，他们打听到国中宗室之中，以刘宏最贤，于是窦武乃报告给太后，定策于禁中，派宦官曹节等人，率兵持节前往迎接刘宏，刘宏当年才十二岁，这就是汉史上的汉灵帝。

建宁元年（168）春正月，窦太后临朝，进拜窦武为大将军，另外又起用被罢免一年多的陈蕃为太傅，与窦武及司徒胡广共同掌握朝政。布置妥当，同月稍后，刘宏才即位为皇帝。

由于当初陈蕃对窦太后的册立，出过力，所以太后临朝，重新起用他为太傅，政无大小都委托给他处理。陈蕃与窦武同心戮力，征求天下名士李膺、杜密等人，出仕于朝廷，共同处理国事。于是天下之士，莫不引颈太平。但是灵帝的乳母女官，每天在宫中随侍着太后，与宦官曹节、王甫等也结为朋党，谄事太后，这些人都为太后所相信，太后几次发出诏命，封拜他们官爵。陈蕃、窦武对这种情况非常有戒心，曾经共会于朝堂，陈蕃私下告诉窦武说："曹节、王甫等，自从先帝时候就操弄国权，浊乱海内，如今不诛灭他们，以后就必难清理了。"窦武深深同意陈蕃的意见。陈蕃大喜，以手推席而起，立引同志共定诛除宦官的计策。建宁元年八月，刚好碰到日食之变，陈蕃遂告诉窦武："从前萧望之困于一个石显，何况今天有十几个石显呢！蕃以八十岁之年，欲为将军除害，今天可以用日食作为理由，斥罢宦官，以塞天变。"于是窦武乃报告给太后："按照从前的制度，黄门、常侍但在省内杂事，主理宫中的财物而已，如今让他们参与政事，掌握重权，子弟布列要津，专为贪暴。天下汹汹，正以此故，应该完全诛废宦官，以清朝廷。"

太后回答："汉朝开国以来的故事，世代都有宦官，但当诛除其有罪的，岂可以全部诛废他们呢？"

当时中常侍管霸颇有才略，专制省内。窦武也不理太后反对，先强硬收捕管霸及中常侍苏康等，都依法要他们坐罪处死。然后又数次要求诛杀曹节等，太后犹豫不忍，所以行动就一拖再拖，不能发起。陈蕃直接上疏给太后，要求下定决心，迅速诛除宦官，太后也不采纳。

这个月太白星侵犯上将星，侵入太微座。善于天文的侍中刘瑜，上书警告太后，指出将相不利，奸人侵犯主上的征兆；又与窦武、陈蕃报告，指出大臣应该迅速断定大计。于是窦武和陈蕃就动手部署，首先逮捕了郑飒送到北寺狱。陈蕃告诉窦武说："这些人就应马上收杀，为什么还要送到监狱审问！"窦武不听从他的意见，指示有关官员，审判郑飒，辞连曹节、王甫。于是官员奏请收捕曹节等。

窦武本来在宫中辅政，九月七日那天，他离宫回府休息，主管中枢的人，马上告诉朱瑀，朱瑀偷取了窦武的奏章，看到了窦武的言论，大骂说："宦官放纵的人，自然可以诛杀，但我们有何罪，而应该被全部诛灭呢！"因而又大呼道："陈蕃、窦武启奏太后废帝，想为大逆不道的事情！"于是连夜召回强壮而亲信的人，共十七人，歃血为盟，谋诛窦武等人。

曹节等人拥护皇帝，下令闭禁宫门，派人到北寺狱，找到郑飒，并收捕了主要的审判官，然后还兵持劫太后，夺取了皇帝的玺绶，并即下令收捕窦武等人。窦武不接受诏书，冲进步兵营，准备召集北军五校士兵，宣布宦官造反的事情。陈蕃闻难，带着官属诸生八十多人，拔刀冲入承明门，准备冲进尚书，刚好与王甫相遇，于是王甫命令剑士收捕陈蕃，直送北寺狱。有宦官踢陈蕃说："死老魅！你再能损害我们吗？"即日把陈蕃杀了。

这时候名将张奂，奉命令回到京师，曹节等人认为张奂新来，不知道这个事情的来龙去脉，于是假借皇帝命令，命他率领士兵去进攻窦武等人。窦武敌不过张奂部队，被围困追赶，于是自杀。宦官乃收捕窦武的宗亲、宾客、姻戚等，全部诛杀。有关官员也受波连，都被杀害。于是宦官把皇太后迁到南宫软禁。自公卿以下，曾经为陈蕃、窦武所推荐的，或者是他们的门生故吏，都被免官禁锢。这就是第二次党锢之祸，距离第一次党锢之祸，只有一年多。

事后，原来不知真相的张奂，因功进封为大司农。张奂知道被曹节等人所利用了，推辞不接受。建宁二年（169）四月，在御座上发现一条青蛇。于是皇帝下令自公卿以下，提出建议。张奂上疏建议说，他认为窦武、陈蕃都是忠贞之士，青蛇见于御座之上，就是为此而现，所以应该马上收葬窦武、陈蕃等人，解除禁锢命令，恢复对皇太后的尊礼。皇帝把他的言论询问宦官，宦官反对，张奂等人乃把自己囚禁起来，数日乃得放出，并罚三个月俸以作为赎罪。

当朝廷下令收捕陈蕃、李膺的门生故吏时，很多名士不怕死，纷纷挺身出来，面对质询。自从第一次党锢以后，李膺等人虽然被废锢，但天下士大夫都尚其道，而批评朝廷污秽，对李膺等更加推崇，也更互相标榜，甚至为之称号：以窦武、陈蕃、刘淑为三君，表示三人是一世所宗；以李膺、荀翌、杜密、王畅、刘佑、魏朗、赵典、朱寓为八俊，表示八人乃是人之英；郭泰、范滂、尹勋、巴肃及宗慈、夏馥、蔡衍、羊陟为八顾，表示八人能够以德行引人；张俭、翟超、岑晊、苑康及刘表、陈翔、孔昱、檀敷为八及，表示他们能引导人家，效法三君的宗风；度尚、张邈、王孝、刘儒、胡母班、秦周、蕃向及王章为八厨，表示他们能够以财救人。这些人互相标榜，名气日大。陈蕃与窦武再度用事，推荐李膺等人，及至陈蕃与窦武被诛杀，李膺等人再度废锢。

宦官痛恨李膺等人，每下诏书，一定重申党人之禁。这年冬十月，曹节因此暗中指示有关官员，上奏要求治理党人，请把李膺、范滂等人逮捕审理，这时汉灵帝才十四岁，询问曹节："这些人为什么为钩党呢？"

"钩党就是党人。"曹节回答。

汉灵帝又问:"党人为什么作恶,而欲诛灭他们呢?"

曹节又回答:"他们互相推举群辈,欲为不轨。"

汉灵帝居然又问:"他们不轨又为了什么呢?"

曹节再度回答:"他们谋求夺取社稷。"

灵帝听了以后,才批准曹节等人的奏请,发出了追捕党人的诏书。

司马光在这里,特别记叙了汉灵帝与曹节的对话,目的在显示,皇帝年幼,不是主持这次大狱的人,而党祸的中心,是由宦官来发动的。当然第二次党祸的缘由,其实是朝臣名士与宦官对立的结果。

司马光注意了不少有关名士,对待党祸的态度,他们大多是不怕被杀,挺身面对刑罚。例如他记载李膺的反应:有人告诉李膺:"你可以去了!"李膺回答说:"事不辞难,罪不逃刑,臣之节也。我已经六十岁了,死生有命,要我到哪里去!"于是乃自动去到诏狱,被拷打而死。李膺的门生故吏都被禁锢。侍御使景毅的儿子景顾是李膺的学生,由于还没有登记,所以没有波及他。景毅慨然叹道:"我本来认李膺是贤人,所以命令我的儿子拜他为老师,现在他的学生们都蒙祸,我的儿子岂可以漏脱姓名,苟安而已呢?"于是自己上表给朝廷,自我免官回家。

汝南督邮(高级郡佐,职掌分监郡内诸县)吴导奉命逮捕范滂,他到达目的地,抱着诏书把自己关闭于旅舍,伏身在床哭泣,一县不知所为。范滂闻之,告诉别人说:"他一定是为了我而来。"于是自动投案。县长郭揖大惊,竟然把县长的印绶拿出来放好,准备和范滂逃亡,同时告诉范滂说:"天下这么大,先生何为在此?"

范滂回答："滂死则祸塞，怎么敢连累你呢。而且这么做又会使得老母流离的呀！"他的母亲知道后，来与范滂诀别，范滂禀告于母亲说："仲博（范滂之弟）孝敬，足以供养您老人家。我甘从龙舒君（范滂之父）归黄泉，存亡各得其所，希望大人（指滂母）割不可忍之恩，不要徒增感戚！"

范滂的母亲说："你今天能够得到与李膺、杜密齐名，死有何恨？既然拥有令名，又想追求寿考，可以兼得吗？"范滂跪下受教，再拜而辞。回顾他的儿子说："我欲使你为恶，恶不可为；使你为善，则我不为恶了。"路人听他们的对话，莫不流涕。

名列党人之中的名士，一部分挺身投案，绝不屈服而死。一部分辗转逃亡，亲戚朋友也相继收留他们，冒死掩护他们。凡党人被杀者百余人，他们的妻子都放逐到边疆。天下豪杰及儒学有行义者，宦官均指为党人；有怨仇者，就会趁机加以陷害，罗织于党人之中。地方官奉承宦官的指示，大事牵连，甚至有些没关系的人，也遭波及，于是因此而死、徙、废、禁者又有六七百人之多。但是司马光也留意到有少部分极有名气的人，并没有因此蒙祸，例如郭泰与申屠蟠。

郭泰听到党人之死，私下为之悲恸万分。郭泰虽然喜欢批评人物，但是不作危言耸听的言论，所以能够处浊世而怨祸不及于他。

当初范滂等人攻击朝政时，自公卿以下都折节下之，太学生们更争慕其风，以为文学将兴，处士复用。此时申屠蟠单独叹道："从前战国之世，处士横议，列国君主甚至争着列为他们的弟子，终于产生了焚书坑儒之祸，那种情形就跟现在一样啊！"于是归隐起来，不与人来往。过了两年，范滂等人果然罹难，只有申屠蟠超然免于评论。

司马光写到这里，又提出了一段评论。大意是说："天下有道的话，君子扬于王庭以正小人之罪，而莫敢不服；天下无道的话，君子全部不言以避小人之祸，而犹或不免。"司马光又认为："党人生于昏乱之世，不在其位，四海横流，而想用口舌救之，他们批评人物，激浊扬清，向毒蛇虎狼挑战，以至于身被淫刑，甚至祸及朋友，使士类歼灭而国家随之灭亡，这是一件悲惨的事。"司马光最后推崇郭泰与申屠蟠，认为郭泰能够明哲保身，申屠蟠能够见机而作，皆卓乎不可及。

司马光这段评论，无疑表示了他对党祸的态度，他并不偏袒名士清流，虽然推崇他们的正气，但是对他们的行为导致亡国，却不敢苟同，感到悲哀。事实上，司马光这个时代，正是有党争趋向的时代，他发挥这段评论，无疑就是对当时风气加以批评，至于郭泰与申屠蟠的行为，正是司马光所要效法的态度。

就我们以后世的眼光来看，司马光这段评论是有深刻意义的。然而他后来也身陷于党锢之祸，成为新党所迫害的对象，名列"元祐党人"的第一名，这真是可悲的事。如果照司马光的推论，党人是生于昏乱之世，天下无道之时，那么司马光所处的时代，就值得加以怀疑了。

总之，东汉在桓、灵两帝前后三年之间，连续发生两次党锢之祸，朝廷善类为之一空，以后走上宦官掌政的黑暗时代。第一次党锢之祸，主因是名士们互相标榜，他们以针对宦官作为争取名誉的手段，同时也想用实力来抗衡宦官。第二次党锢之祸的原因，则是名士朝臣吸收了前一次的教训，于是与外戚联合对付宦官。外戚在东汉以前也是被名士们攻击的对象之一，这时只是为了共同对付宦官，加上窦武也颇得名士的爱戴，才能够联合起来。这是东汉第一次名士与外戚联合的实例。

名士领袖陈蕃等，鉴于宦官弄权造成第一次党锢之祸，于是急思全面诛灭宦官，这种操之过急的行为是造成第二次党锢之祸的原因之一。名士与外戚都忽略了一个根本的问题，这就是太后临朝，她们日常相处的就是宦官；皇帝亲政，日常相处的也是宦官，宦官经常随侍于最高统治者的周围，容易把持最后的权力。宦官在宫中做事，是东汉开国以来的制度，这时已是根深蒂固，所以窦太后也因此不同意诛灭宦官以清朝廷之举。她甚至认为，诛灭了一些宦官，最后还是要用宦官，宦官岂可以完全消灭呢。这就可见这种制度已经成为根本因素。

表面看来，窦武的犹豫不决，窦太后的否决，陈蕃等名士的行为过分情绪化与公开化，都是造成宦官反击的机会、诛灭宦官行动失败的原因。但是根本的原因，还是宦官能够挟持皇帝，假传皇帝命令调动军队，来作为反兵变武力，是其成功的一面。

在我们今天看来，名士们在没有政治大坏的时代，而采取激烈的措施，不顾国家安危，这是令人叹息之事。东汉初期提倡气节，到了这个时候，蔚成标榜风气，这是世变的结果。时代风气既然走向极端，我们来抨击某一两位名士的言论或行为，都是不智之事。然而，我们从此事应该得到一些启发，过分不受约束的清议，与过分偏激的行为，都不是治国平天下的良好态度。司马光对汉朝党锢诸君子感到可惜，而他自己死后也蒙受党锢之祸，也一样使得宋朝不久就灭亡，这更是令我们感到意外而叹息的。

八、大冲突的结局

自从第二次党锢之祸以后，宦官的势力愈来愈盛，封侯的人也很多，有一部分朝臣，为了前途起见，也甘心附和他们。例如灵帝熹平元年（172）秋七月，由于被幽禁的窦太后死了，有人倡言说天下大乱，曹节、王甫幽杀太后，公卿都尸位素餐，没有人敢上忠言，灵帝于是下诏司隶校尉刘猛通缉追捕。刘猛认为讲这些话的人都是直言，不肯马上缉捕。过了一个多月，捉不到放这种言论的人，于是刘猛被改为谏议大夫，另用御史中丞段颎代之。段颎是西征名将，百战功高。他受任后四处搜捕，逮捕了大学生等千多人。曹节又指使段颎以他事诬奏刘猛，使刘猛遭贬官的处罚。因此到了第二年五月，段颎就由司隶校尉进拜为太尉，成为三公之首。

到了熹平五年（176）闰五月，永昌太守曹鸾上书说："党人或者是年高德劭，或者是衣冠英贤，都应该做王室的股肱，为国家策立大猷。如今他们久被禁锢，遭到侮辱，犯了谋反大逆的人，尚且蒙恩赦，党人何罪，独不开恕呢！最近灾异屡现，水旱相继，都是由于这个原因啊。希望能够沛然宽恕他们，以副天心。"灵帝读后为之大怒，命令司隶校尉收押曹鸾，送到监狱里拷打而死。于是又诏令地方官府，追究党人门生、故吏、父子、兄弟在位者全部免官禁锢，爰及五属（指斩衰、小功、大功、缌麻五属）。司马光记载这段史实，用意显然在表示，第二次党锢后三四年，已经有人准备调和党锢之惨烈，以收社会融合之功。光和元年（178），汉灵开创了西邸卖官的制度，准许士子捐钱来买官；两千石级的官，需要用钱两千万；四百石级的官，需要用钱四百万；当然可按情况有所折扣。这些钱都存于西园，作为皇帝私人花用。有些人上书请求当地方官，随着地方的富庶与否，需要花费的钱也不同。有钱的人通常是先给钱然后再做官，贫穷的人通常是做了官以后才慢慢还钱。灵帝又私下命令左右，买卖公卿之官，公级一千万，卿级左右五百万。根据司马光记载，他说汉灵帝当初没有即位前，虽然为侯爵，但时常贫苦，等到即位以后，经常叹息汉桓帝不能为王室积蓄，没有私房钱，所以用卖官聚敛的办法积蓄私房钱。这就显示汉灵帝这种行为，是一种过补偿的心理反应。

司马光在中平二年（185）三月，记载了一件这样的事：

这时候三公之官往往因为宦官而入钱于西园即可取得，连段颎、张温等有功勋名誉的，都先后捐钱出来，遂能够登上三公之位。新任司徒崔烈，因保母入钱五百万，所以才得到司徒之官。当他接受册拜那天，皇帝亲临，百官集会，举行受任典礼时，灵帝居然告诉他的亲信说："我真后悔，这个官可以卖到一千万啊！"结果程夫人在旁边马上回答："崔公是冀州的名士，岂肯买官。他因我而得官，大家反而连提都不提我！"崔烈是颇有名气的人，这件事反映了他不惜花钱买官来做的丑行，另一方面也反映了他透过后门来钻营的事实。皇帝等人在大庭广众之中公开这样谈话，于是崔烈的声誉马上衰落下来。皇帝贪财胡为的作风如此，宦官们的情况就更甚了，连像崔烈这类名士也不免屈服于时代风气之下。

有些人对于这种风气瞧不顺眼，他们也只能利用宦官矛盾的力量，来对付这种行为而已。例如司马光在光和二年（179）夏四月记载这一件事：宦官王甫、曹节等，奸虐弄权，煽动内外，太尉段颎等人阿附之，王甫与曹节的父兄子弟，做到卿、校、牧、守与县令、县长的人布满天下，所在贪暴。王甫的养子王吉为沛相，尤其残酷，凡杀人都必定磔尸于车上，然后随其罪名，宣示于所属的各县；夏天尸体容易腐烂，就用绳子把骨头连起来，周游一郡而止，看到的人都吓得要死。王吉视事五年，杀了一万多人，尚书令阳球，常常拍着腿发愤说："假如阳球能做司隶校尉，这些家伙哪里可以这样胡作非为！"过了不久，阳球果然升迁为司隶校尉。

阳球是中常侍程璜的女婿，所以升迁颇顺利，也甚为大胆，有酷吏的行为。他当了司隶校尉以后，就在这个月把王甫与段颎等收捕，送到洛阳狱，对他们加以拷打，五毒备至。最后王甫家族与段颎等人都因而被杀或自杀。

阳球诛杀了王甫以后，再想追捕曹节等人。骄横的宦官们闻之，莫不屏气，连宫门也不敢出。曹节看到王甫的尸体在道次，慨然垂泪说："我曹可自相食，为何使狗来舐他的汁呢！"于是与其他常侍，共同向皇帝投诉，灵帝遂把阳球改为卫尉之官。阳球表示说："臣无清高之行，横蒙鹰犬之任，前几天虽然诛杀了王甫、段颎，但是狐狸小丑，未足以宣示天下。希望陛下给臣一个月的时间，必令豺狼鸱枭各服其罪。"叩头流血。但陛下的人呵斥他："卫尉想拒绝圣旨吗！"阳球不得已，至于叩头再三，最后接受新的任命。于是曹节等人权势复盛。

同年秋七月，司徒刘合等名士，又与阳球结谋，准备再用阳球为司隶校尉，以次收捕曹节等人，使天下太平。结果秘密泄露，曹节等人乃重重贿赂程璜，而且要挟他。程璜害怕，于是把阳球的计谋完全告诉给曹节，曹节乃报告给灵帝，在冬十月，就把这一干人逮捕下狱，处以死刑。司马光记载这些事情，是表示汉朝政治到了这时候已经复杂而不单纯。各种势力互相激荡、互相矛盾，大有一爆不可收拾之势。

光和四年（181）冬十月，曹节死了，宦官赵忠遂成为新的宦官领袖。由于宦官在中央乱政，他们的朋友亲戚则在地方作恶。于是到了光和六年三月，就爆发了黄巾起义。

根据司马光记载，张角等人事奉黄、老，以道术来传播道术，号称"太平道"。经过十多年的努力，信徒达到数十万。地方官最初不了解太平道的意图，反而推崇张角以善道教化，为民所归。部分有见识的大臣，虽提出警告，但灵帝等殊不为意。

张角一共有三十六方，大方万余人，小方六七千人，其中一个大方名叫马元义，首先联络了荆、扬数万人，约好时间准备起义。马元义多次到京师，与宦官封谞、徐奉等约为内应，约定以三月五日起事。第二年春（中平元年，184），这个秘密被人告发，于是遂使黄巾提前起事。也就是说，黄巾起义与宦官也有关系。

同年三月，灵帝召开群臣会议。北地太守皇甫嵩认为应该解除党禁，皇帝捐出私房钱等，颁赐给军士。灵帝于是问计于宦官吕强，吕强回答："党锢已经积了很久，人情怨愤，如果不加以恩赦，他们会与张角联合，那时为变就大了，后悔也晚了。如今请陛下先杀掉左右贪浊者，大赦党人，挑选好的地方官，盗贼也就无不平了。"灵帝害怕，于是采纳他的意见。在该月壬子那一天，大赦天下党人。结束了党锢的禁令。

这时候宦官赵忠、张让等封侯贵宠，灵帝曾经说："张常侍是我公，赵常侍是我母。"所以宦官无所忌惮，而灵帝也不想灭他们；及至封谞、徐奉的案件爆发，灵帝责备宦官们："你们常说党人为不轨，全部必须加以禁锢，甚至有些人被杀。如今党人更为国

下篇　《资治通鉴》系列纪

用，你们反而与张角暗通，是否可杀？"宦官们都磕头说："这是王甫、侯览所为，不关我们的事！"于是诸常侍人人求退，各自征还宗亲、子弟任地方官的人。他们同时也怀恨吕强，于是诬告他想谋大逆，把他杀了。

侍中向栩上了一份奏章，讽刺皇帝左右。张让等就诬告向栩与张角同心，欲为内应，把他收进监狱杀了。郎中张钧上书说："窃惟张角所以能够兴兵作乱，万民所以甘心服从他们，都是由于十常侍多放父兄、子弟、姻亲、宾客典据州郡，垄断财利，侵掠百姓，百姓之冤无所告诉，所以才谋议不轨，聚为盗匪。现在应该斩十常侍，把他们的头悬挂于南郊，以谢百姓，并遣使者布告天下，这就可以不用军队，而大寇自平。"

灵帝把张钧的奏章交给常侍们看，宦官都除去帽子，顿首请罪，请求自动到洛阳狱投案，并且献出家财，以助军费。结果灵帝下诏，命令他们复职视事，反而怒责张钧说："你真是狂妄，十个常侍中难道没有一个是善人吗？！"于是御史官奉旨诬奏张钧，把他收监处死。

虽然如此，群臣都知道政治腐败，社会动乱，皆因为宦官集团所造成。这时党锢既然解禁，名士复出，一番更激烈的冲突必会马上展开。由于朝臣批评宦愈演官愈烈，所以宦官迫害朝臣名士也愈强。又由于政府军屡胜黄巾，然而统兵作战者，往往又被宦官排斥，而灵帝反而加封宦官，晋封他们的官职，于是更引起群臣的不满。

中平五年（188）三月，太常（九卿之一）刘焉是一个宗室，看到王室多故，于是建议说："四方兵乱，都是由于刺史权威太轻，既不能禁，而且所用非人，以至于离叛，应该改革制度，创制

· 135 ·

牧伯,挑选清明重臣以居其任。"刘焉的意思,其实是想自求交址牧。侍中董扶私下告诉刘焉说:"京师将乱,益州分野有天子气。"所以刘焉改变主意,要求到益州。朝廷采纳他的意见,于是选举中央官出为牧伯,加重他们的权责,这就是后来州牧割据的原因。

司马光记载这件事,用意是表示宗室身份的刘焉,居然也想跑到交址避难,显见当时政局已不可为;寻而他又想到益州,承受天子之气,也就表明当时有些臣已经存有异心。这是三国分裂的时代意识。事实上,这时候民间兴起的叛乱,已经有人自称天子,不把汉朝放在眼内了。

同年五月,司马光又记载了一件阴谋,故太傅陈蕃的儿子陈逸与名士襄楷、冀州刺史王芬等会议,认为天文不利于宦官,宦官诛灭的时候到了,于是想在皇帝北巡的时候,举兵劫杀宦官,并且废除皇帝。他们也把这个计划告诉给曹操,结果曹操拒绝参与。这件事情后来虽然没有成功,但是名士们想举兵消灭宦官,几乎是一种时代的趋势。

同年八月,汉灵帝创制西园八校尉,以小黄门蹇硕为上军校尉,袁绍、曹操等分别担任各军校尉,然而隶属于蹇硕指挥,虽然大将军何进,也需要接受他的指挥。新建的军队指挥权落于宦官手中,但是手下各军的指挥官,多同情名士,尤其袁绍也是名士之一,他们也准备诛灭宦官。

中平六年(189)夏四月,蹇硕顾忌大将军何进,准备把他西调出征,何进知道他们的阴谋,故意与袁绍栖留不行。这个月灵帝驾崩,蹇硕想诛灭何进,而拥立皇子刘协。幸得潘隐暗示通风,何进才跑回军营,没有蒙难。及至皇子刘辩即位,他是何皇太后

（何进的妹妹）所生，于是何太后临朝，命令袁隗与大将军何进共同执政。

何进既秉朝政，愤恨蹇硕阴害己，于是准备诛杀蹇硕。袁绍也因而提议，并负责布置，结果在同月把蹇硕收捕诛杀，把军队指挥权收到手中。

此年秋七月，袁绍又建议何进说："从前窦武想诛灭宦官，反而被他们所害的原因，是因为泄露了秘密；五营军队也素来害怕宦官，而窦氏反运用他们来消灭宦官，所以自取祸灭。如今将军兄弟，并领劲兵，部曲将吏都是英俊名士，若为效力，事在掌握，这真是天赞之时啊。将军应该为天下除害，以垂名于后世，不可轻易丧失此时机！"于是何进报告于太后，请尽罢中常侍以下宦官，用读书人来替补他们的空缺。太后不听，说："宦官统领禁省，自古至今，汉朝的制度不可废除啊！而且先帝刚遗弃天下，我怎么可以衣冠楚楚与士大夫共事呢？"何进没办法违背太后的意旨，于是就只想诛灭宦官的放纵者而已。但袁绍以为宦官亲近至尊，出纳号令，如果不完全废黜，以后必然为患。不过太后之母舞阳君及何进之弟何苗，几次接受宦官的贿赂，知道何进想诛灭宦官，于是屡次在太后面前阻止其事，甚至说："大将军专杀左右，擅权以弱社稷。"何太后也颇加怀疑，引以为然。何家本来是屠户，何进以新贵，素来畏惧宦官，虽外慕大名，而内不能断，所以事情久不能决。

袁绍又策划，建议征召四方猛将及豪杰，命令他们引兵来京城，以威胁太后。何进采用了。典军校尉曹操听而笑之说："宦者之官，古今宜有，但世主不当假以权力，使得他们如此骄横，若要治他们的罪，当诛元恶，只要一个狱吏就够了，何必纷纷征召在外兵团呢！如果要尽诛宦官，事情必定会泄露，我看大事一定会败坏。"

何进征召在外兵团，其中最重要的是董卓。虽然有识之士，以董卓为人残暴，加以制止，但何进不听。这种大事征兵，必会引起宦官的警惕。袁绍又害怕何进中途变计，因而要挟说："交构已成，形势已露，将军为什么还不早点决定，事久生变啊！将军必会复为窦氏了！"于是何进加紧部署。

太后恐怕事变，乃悉罢宦官还故里，诸宦官都来觐见何进，请罪并要求指示生路。何进说："天下汹汹，在患诸君罢了。如今董卓快要来到，诸君何不早点各回自己的故里！"但袁绍忠告何进，要求他就此解决掉宦官，至于再三。何进不许。袁绍于是伪造何进手书，通告各地方政府，命令地方政府，逮捕宦官亲属。由于计谋已久，颇有泄露，宦官们惧而思变。大宦官张让的媳妇，是何太后的妹妹，张让向媳妇磕头说："老臣得罪，当与媳妇俱归私门。唯受恩累世，今当远离宫殿，情怀恋恋，愿意再进入宫中当值一天，能暂奉望皇太后陛下的颜色，然后退而就死，死无恨矣！"这妇人于是报告给她的母亲舞阳君，舞阳君入宫报告给太后，下诏宦官重新回宫当值。

八月戊辰这一天，何进进入长乐宫，请求太后批准尽诛宦官。宦官张让、段珪相谓说："大将军一直称病，不参加先帝的丧礼，也不送葬，如今突然入宫，此意为何？窦氏的事情难道竟然重演吗？"于是派遣人去偷听太后兄妹的对话。知悉一切后，乃率领宦官数十人，带着兵器，埋伏起来，当何进出去时，宦官乃假借太后诏命，召何进回到省阁。张让等诘问何进："天下愦愦，也不是单独我们的罪啊。先帝曾经与太后有过不愉快之事，几至成败，我们涕泣解救，各自献出家财千万为礼，使到圣上和悦。我们的目的是想托卿的门户罢了。如今卿想消灭我们家族，这不是太过分了吗？"有宦官拔剑斩何进于嘉德殿前，宣布何进谋反伏诛。

何进部将们听到消息，于是举兵进攻禁省，袁绍等人勒兵关闭宫门，捕杀宦官，不论老少，见者皆死，杀了两千多人，有些因为没有胡须而误死的。由于张让等部分宦官挟持皇帝，所以袁绍等促使董卓进兵洛阳，大举围攻宦官。

事后董卓与袁绍等人会面，说："天下之主，宜得贤明，每念灵帝，令人愤毒，董侯（指刘协）似可以当皇帝，如今想拥立他，不知诸位意下如何？"

袁绍说："汉家君天下四百多年，恩泽深厚，兆民拥戴。如今圣上富于春秋，未有不善宣于天下。公想废嫡立庶，恐怕大家都不会服从！"

董卓按剑斥骂袁绍："竖子竟然如此大胆，天下之事岂不在我，我欲为之，谁敢不从！你认为我董卓的刀是不利的吗！"袁绍也勃然大怒道："天下健者岂有你董公一个人而已！"于是引佩剑横揖，径自离去，董卓也对他不敢加害。

九月癸酉这一天，董卓大会百姓，奋首而言："皇帝暗弱，不可以做皇帝为天下主，我如今要依照伊尹、霍光的故事，改立陈留王（指刘协），你们有什么意见？"公卿以下都恐慌不敢回答。第二天，董卓就废掉皇帝为弘农王，改立陈留王刘协，这就是汉献帝；同时董卓又软禁太后于永安宫，两天以后就把太后毒死了。董卓至此已掌握大权，为了取得支持，他为陈蕃、窦武及党人们翻案，恢复他们原先的爵位，遣使吊祭他们，并擢用他们的子孙。

但是袁绍等人逃亡回乡,征召义兵讨伐董卓,于是展开了长期的内战,直到国家三分鼎立而止。汉献帝首先落到董卓控制之中,后来又落到曹操掌握之下,汉朝政权早已名存实亡,不待曹丕之篡汉了。

宦官、外戚、名士、黄巾道及叛乱集团的大冲突、大混乱,结果虽然是名士与外戚联合诛灭了宦官,但是汉室也因之灭亡,即使汉朝军队能够镇压民变,也不能够挽救国家衰亡之运,军队只落到野心家的手中,造成大混乱的时代。司马光对最后的大冲突没有评论,事实上他对这种政争也不评论,他只用叙述事实的方式,依照发生时间的先后,条贯陈述,读者们仔细读完,必然会了解汉朝衰亡的原因了。

第四章 魏 纪

一、曹丕篡汉与司马光的正统论

　　古时候本来没有所谓正统之争。司马光在《资治通鉴》始皇帝二十六年（前221）统一中国的时候，就开始记载正统的问题。他说，当初齐威王与齐宣王的时候，邹衍提倡终始五德之运。到了秦始皇兼并天下，齐人奏之。于是秦始皇采用其说，以为周朝得到火德，秦朝取代周朝，是周朝所不能胜的，所以应该是属于水德。始皇为了配合秦朝的水德，于是以十月一日为元旦，衣服、旌旗等都用黑色，因为水德是用黑色来代表的。

　　由此可知，五德论乃是东方齐国的流行学说，因为齐人提倡才流行起来。元朝学者胡三省为《资治通鉴》做批注，他说，所谓终始五德之运者，是以伏羲氏代表木德，木生火，所以神农氏以火而得天下；火生土，所以黄帝又以土德取代神农；土生金，所以以少昊金德君临天下；金生水，所以颛顼以水德称王；水生木，所以帝喾又以木德称王；于是木又生火，帝尧因此以火德为天下主；火又生土，舜代尧为共主，因此以土德王；土又生金，所以夏朝以金德称王；金又生水，所以商朝以水德为主；水又生木，周朝以木德为王。这就是五德之终而复始的学说。但是邹衍认为周朝是属于火德，他们的服饰也以红色为尚；照此类推，秦朝应该是属于土德，因为火生土。胡三省点明如今秦始皇以水胜火，自以水为行，这就是所谓五行相克的说法；而与从前五行相生的说法颇为差异。汉初以土为行，也是祖述邹衍之说。

换句话说，周朝的正统是属火，秦始皇不采用五行相生的学说，而认为秦所以胜周，是因为水灭火的关系。汉朝以土德为王，这仍然是采用五行相生的说法。所以司马光在《资治通鉴》秦二世皇帝元年九月，就记载了一件事情：刘邦有一天喝醉了酒，晚上在泥泽之中行走，有大蛇挡住去路，刘邦拔剑斩蛇。不久，有一位老婆婆哭着说："我的儿白帝子化为蛇挡住道路，如今已被赤帝子杀死了！"忽然，老婆婆就不见了。附近的子弟，听到这种传说，于是多归附于刘邦，所以后来刘邦能够成就帝业，就是应验了"赤帝子"的传说。

根据五行相生之说，周朝属火，秦朝就应该属土，因为火生土。但是秦朝既然自称为水德，汉朝反而得了土德，于是秦朝就不能列入五行相生的系统之中，便成了闰统，而汉朝反而得了正统。不过，汉朝以后有些学者，讨论汉朝到底属于火德还是土德，因为刘邦有赤帝子的传说，赤是火色，所以汉朝人后来也承认属于火德。据此，火一定生土，所以王莽篡汉，遂自称属土德。司马光在王莽始初元年（8）十一月戊辰这一天，记载王莽坐在未央宫前殿，下书大意说，我因为是初祖黄帝之后、始祖虞帝之后，所以皇天上帝隆显大佑，成命统序，属予以天下兆民。赤帝汉室高皇帝之灵，承天运，传金策之书，我只畏天命，敢不接受，于是改国号为新，而即皇帝位。由此可见，王莽认为是赤帝高皇帝传位给他，是火生土，加上皇帝与虞帝（舜）都属于土德王，因此王莽更顺理成章属于土德了。于是他下令改换正朔，命令服色及旗帜都用黄色，表示土德的象征。

光武帝恢复汉朝政权，当然不承认王莽为正统。所以汉朝仍然属于火德。汉献帝延康元年（220）冬十月乙卯，曹丕受禅于献帝。六十天以后，曹丕正式即皇位帝。为了表示魏朝有统，魏统有所承，于是曹丕想改换正朔，变易服色。当时臣子认为天下还未统一，不妨等到统一以后才换正朔。曹丕才打消了改换正朔的主意。不过他将年号改称为"黄初"，表示曹魏是继承汉朝，以土德王天下的。也就是表示魏是正统，是属于火德的炎汉所衍生出来的。九年以后的夏四月（魏明帝太和三年，229），吴王孙权即皇帝位，年号也以黄色做代表，号称"黄龙"。不论曹魏也好，孙吴也好，都想表示自己属于土德，争取继承汉朝的正统地位。当然，建国于蜀的刘备，更是自称得到正统的地位。

秦朝统一天下以前，虽然六国分立，但是还有一个周朝中央政府名义上的存在，不发生正统的问题。秦统一、汉取秦、王莽篡汉、刘秀复国，大体上都不是分裂的局面，中央仍然只有一个政府，那时，只有正闰之别，而没有分裂国家互争正统的问题产生。换句话说，汉否定秦朝而自承周朝，后汉否定新朝而自承西汉，这都是比较简单的问题。至于同时并争正统，这则是一个复杂的问题。于是史家们就各有各的见解了。

陈寿撰写《三国志》，因为他是司马氏的臣子，所以他不得不以魏为正统。后来有些史家如习凿齿，就表示刘备应该是汉朝的后裔，理应取得正统的地位。于是正统之辨大起。

曹丕在延康元年（220）冬十月即位，国号称魏。第二年（魏文帝黄初二年，221）夏四月丙午，刘备在四川听到汉帝已遇害，于是发丧举哀，即皇帝位，国号仍然为汉，改元"章武"。司马光写到这里，引出了一段评论。

这段"臣光曰"很长，大意是说：

上天生民，其势不能自治，他们必须互相推戴君主来统治。如果能够禁暴除害以保全其生，赏善罚恶，便不至于乱，这就可以称为君子。所以三代以前，海内诸侯何啻万国，有人民、社稷者，通谓之君。合万国而统治，立法度，班号令，而天下不敢违抗的，就称之为王。五德既衰，强大的国家能率领诸侯尊天子，则称之为霸。所以自古天下无道，诸侯力争，或者旷世无王者，例子是很多的。秦朝焚书坑儒，汉朝兴起以后，学者才推论五德相生与相克的学说，以秦朝为闰位，在木、火之间，是霸而不是王，于是正闰之论就兴起了。

及至汉朝颠覆，三国鼎立，晋氏失败，"五胡乱华"①，宋、魏以降，南、北分治，这些国家各有国史，互相排斥对方与贬低对方的地位。南朝的人称北方为"索虏"（北方人因为辫发，南朝人鄙称为索头，又称为索虏），北朝称呼南方为"岛夷"（南方水乡泽国，北朝人鄙称之为岛夷，意即岛居之夷）。朱全忠取代唐朝，四方分裂，当他定都于汴京，有人将他比作有穷氏后羿之篡夏、王莽之篡汉，朱氏的运历年纪，都弃而不数，这都是私己的偏辞，非大公的通论了。

臣愚蠢，不足以认识前代的正闰问题，窃以为假如不能使九

---

① 指当时北方诸少数民族政权与中原王朝间的战争。

州岛统一的人,都空有天子之名而无其实。无论这些国家仁暴、强弱,与时不同,但都与古代的列国没有差异,岂得独尊一国谓之正统,而其余都变成僭位呢?如果以自上者相授受为正统,则陈氏何所受呢?拓跋氏何所受呢?如果以建国于中原与否分正闰,则刘、石、慕容、苻、姚、赫连所得的土地,都是五帝、三王的领土呀。如果以有道德者为正统,则蕞尔之国,必有令主,三代之末,宫无僻王!所以正闰之论,自古及今,未有能通其义,确然使人不可移夺者。臣如今所述,只是想记叙国家的兴衰,着生民之休戚,使阅者自己决定其善恶得失,以作为劝诫,不是像春秋那样,立褒贬之统,拨乱世而反诸正啊。

正闰之际,不是臣所敢知,但根据他们功业的事实而言之罢了。周、秦、汉、晋、隋、唐,都曾经统一九州岛传祚于后代,他们的子孙虽然微弱播迁,仍然还承受祖先的基业,有绍复之望,四方与他们争衡的,都是他们的旧臣,所以全用天子之制以临之。其他地丑德齐的,不能统一,名号不异,本非君臣者,都以列国之制来处理,彼此均敌,无所抑扬,庶几不诬事实,近于至公。

但是天下分裂之际,不可以没有年号岁月作为记事的先后,根据汉朝传于魏,而晋朝承受之,晋朝传于宋,以至于陈,而被隋朝取代,唐朝承接隋朝而传于梁,以至于周而被大宋所承接,所以不得不取魏、宋、齐、梁、陈、后梁、后唐、后晋、后汉、后周年号,以记载诸国之事。以这种方式来安排,目的不是尊此而卑彼,有正闰之辨。

刘备之于汉,虽然他自称是中山靖王之后,可是家族疏远,不能记载他的世数名位,就好像宋高祖(刘裕)自称为楚元王之后,南唐烈祖自称为吴王恪之后一样,是非难辨,所以不敢以光武帝和晋元帝作为例子，使得他绍续汉室的遗统啊！

司马光这段评论，提出了第一，霸者并不能列为王者，不能取得正统，是正闰之论所引起的原因。但是依照司马光的看法，列国分立的情况，不论是华夷种族的不同，政治良暴的不同，国家大小的不同；也不论他承受何者，建国在哪里，有没有道德，是否蕞尔小国，都不便推崇其中一国为正统，而将其余贬为僭位。他认为正确的观念是把这些国家视为列国分立，各自发展，各有统绪。只是因为国家太多，记载事实时没有统一的时间，就会造成史实的混乱，于是才采用以曹魏继承汉朝，以刘宋继承晋朝，齐、梁、陈……一直到五代的后梁、后汉、后晋、后汉、后周，以至于大宋，作为时间记载的标准。他解释这种安排法是没有尊此薄彼的意思存在的。

照司马光这样的解释，列国分立的时候，各国都应该书写年号，称国主为皇帝才对，但是司马光取一国的年号作为纪时，称呼他国的皇帝作为国主，显然是有意无意地贬低了其他国家的地位，这确实是司马光的疏忽之处，难怪后代一些史学家根据此而批评司马光。但是，司马光解释正闰的说法，倒是值得采取的。

二、从几段重要谈话看三国发展的趋势

（一）曹、董会谈与挟天子都许

自从董卓被王允、吕布所杀，关中诸将相继为乱，到了建

安元年（196）春正月，众人遂欲迎天子还洛阳。这年秋七月，汉献帝的车驾总算回到洛阳了，此时汉献帝仍然落在军阀的控制之中，更重要的是洛阳宫室已经销毁殆尽，臣工被荆棘，依墙壁间，而州郡各携强兵，没有把补给品输送过来。群臣饥乏，尚书郎以下都得出去采粮食，甚至有人饿死，也有人被兵士所杀。

曹操在许，想迎天子过来。部属以为关东还没有平定，护送献帝回来的韩暹、杨奉等，负功骄恣，未可控制。

但是曹操的谋主荀彧说："从前晋文公迎纳周襄王而诸侯景从，汉高祖为义帝服丧而天下归心，自天子蒙难，将军首揭义兵，但因山东扰乱，所以未能远迎。现在皇帝辇驾回来，东京已经成为荆棘之地，如果这时候奉主上以从人望，是大顺之道；秉至公以服天下，是大略的行为；扶弘义以致英俊，是大德的措施。四方虽有逆节，他们有何能为呢？韩暹、杨奉安足理会呢？将军如果不马上决定，使豪杰生心，以后虽然考虑到，但是后悔莫及了。"于是曹操决定西迎天子。汉帝也任命曹操领司隶校尉、录尚书事。

曹操已来到洛阳，某天引董昭并坐，问道："如今孤来这里，应该采取何种办法？"

董昭说："将军兴义兵以诛暴乱，入朝天子，转翼王室，这是五霸之功。但是下面诸将，意见纷纷，未必服从。如果留在此地（洛阳）匡弼王室，事势不便，唯有把皇帝迁到许昌，比较方便。但是朝廷播越，新还旧京，远近跂望，希望能够安定，现在再度迁徙圣驾，是不会令众心满意的。但是行非常之事，乃有非常之功，希望将军实行利多而害少的策略。"

曹操说："这正是我的本志，只是杨奉就在近邻，听说他兵精，恐怕会成为我的负累吧！"

董昭回答："杨奉缺乏支持者，只要安抚他，说首都无粮，想把圣驾迁到鲁阳，鲁阳靠近许，转运比较容易，可无粮乏之忧。杨奉为人勇而寡虑，必不会怀疑，所以他不会累将军的。"

曹操说："对极了！"于是派遣特使去见杨奉，遂把献帝迁至许都。献帝到达曹操大营，也就拜曹操为大将军，封武平侯，决定在许都建立宗庙社稷。

同年冬十月，汉献帝下诏拜袁绍为太尉，袁绍以班位在曹操之下而感到羞耻，大怒说："曹操该死了，我从前常常救他，如今竟敢挟持天子来命令我吗？"于是推辞不接受，曹操恐惧，于是把大将军的官职让给袁绍。汉献帝另以曹操为司空、行车骑将军事。

司马光在这里记载袁绍的话，就是表示挟持天子以令诸侯这件事是他迎接皇帝的主因，像袁绍这种蠢人，才会明知而不做。董昭鼓励曹操，"行非常之事，乃有非常之功"，而曹操也回答以"这正是我的本志"。可见曹操早已策订了日后的发展，也可以说决定了汉朝被曹魏所篡的大势。

（二）刘、诸葛隆中三分天下

从建安五年（200）以来，曹操一直与袁绍抗争。当曹操北伐的时候，刘备这时投奔刘表，劝刘表袭击许都。刘表不能采用。及至听到曹操回师，刘表告诉刘备说："不用君言，所以失去了大好机会！"

刘备说："如今天下分裂，经常战争，机会之来，岂会终极呢？以后如果好好掌握机会，现在不必悔恨。"

这时，诸葛亮居住于襄阳隆中，经常自比为管仲、乐毅；时下没有多少人知道他，只有徐庶、崔州平相信他的话，刘备在荆州访求志士协助。某次刘备访问司马徽，司马徽说："儒生俗士，哪里了解时势。了解时势的人是俊杰。这里自有伏龙、凤雏两人。"刘备请问两人姓名，司马徽回答："诸葛孔明与庞士元是也。"

刘备又与徐庶交好，徐庶告诉刘备说："诸葛孔明可称是卧龙，将军愿意见见他吗？"

"请你与他一起来！"刘备说。

"这人可以前去拜访，不可以召他来见，将军应该去拜访他才对。"徐庶回答。

司马光记载刘备三顾茅庐，文笔简洁。他只简单记载说，刘备去了三次方见到诸葛亮，因而摒弃他人，私下询问说："汉室衰微，孤不度德量力，想昭大义于天下，而智谋浅短，所以一再失败，至于今天。但是壮志未已，君认为我该怎么办？"

诸葛亮回答说："如今曹操已经拥兵百万，挟天子以令诸侯，这真是无法与他争锋呀。另一方面孙权拥有江东，已经三代，国势险要而人民信附，贤能都喜欢为他服务，可以作为我们的援助而不能图谋消灭他。荆州北据汉水、沔水，可以享有南海之利，东连东南方的都会，西通巴蜀。这是用武之国。而他的主人（刘表）不能据守，这真是上天赐给将军的好地方。至于益州险塞，沃野千里，是天府之土。但是据守此地的刘璋暗弱，强虏在他的北方，人民众多、国家富裕却不知道抚育百姓，有智能的人都想得到有道明君。您既然是汉室后裔，信义之名四海皆知，如果据有荆州、益州之地，利用地形险阻，并且安抚'蛮夷'，再与孙权结好。对内修明政治，对外观察时局变化，则可以成就霸业，复兴汉室了。"

刘备大喜："好极了！"于是与诸葛亮友好亲密。这段话就是著名的《隆中对》，是诸葛亮预测天下将会出现的新形势，与刘备将要采取的发展措施，以后政局的变化果然不出他所料。

（三）遥想公瑾当年与东吴西进的政策

建安十三年（208）春正月条下，司马光记载甘宁投奔孙权献计说："如今汉朝的气数日益衰微，曹操终会篡夺汉室政权，荆州南部地方山川形势险要，夏口是国家的西部重地。我看刘表这个人，智虑不远，儿子又劣，不是能承业传基的人。您应该早日图谋，不可以落后于曹操。图谋的办法，应该先消灭黄祖（据有夏口）。黄祖已经衰老，财政贫乏，政治不修，军备不整。您如今前往攻击，一定可以攻破他。破黄祖，再向西进军，据有楚关，势力扩大，就可以计划攻击取巴蜀了。"

孙权非常同意他的看法。张昭当时在座，为难地说："现在东吴地方兢兢业业，如果大军向西进攻，恐怕引起内乱。"

甘宁对张昭说："国家以萧何的任务托付给您，您负责留守而担心内乱，怎么可以效法先贤呢！"

孙权听了之后，举起酒杯向甘宁说："今年大军西向讨伐，就像这杯酒一样，决定拜托你了。你应当计划方略，一定要攻破黄祖，这是你的功劳，何必为张昭的话介意呢？"

于是孙权西征，果然消灭了黄祖。

同年秋七月，曹操认为北方已经稳定，决定向南攻打荆州的刘表。刘表刚好去世，其子刘琮迎降于曹操，荆州大势几乎已去。刘备率领本部南撤。

这年冬十月，鲁肃听说刘表死了，告诉孙权："荆州与我国相接，江山险固，沃野万里，人口众多，如果我们能够占据，就是称帝的资本了。如今刘表刚死，二子不和，军中的将领，意见分歧。刘备是天下的枭雄，与曹操有仇，投靠刘表，刘表厌恶他的才干而不重视他。如果刘表与刘备同心协力，我们就应该安抚他们，与他们结盟；如果二人不和，我们就应该另作图谋，以成就大事。我要求您命我去吊问刘表二子，并慰劳他们军中的当权者，甚至说服刘备使他安抚民众，同心一意，共同对付曹操，刘备必定欣然从命。如果能够成功，天下就可以安定了。如今不快点去，恐怕落在曹操之后。"

根据甘宁与鲁肃的话，知道孙权西进的政策，如今已经决定了。只是因为刘表、刘备的情况不明，才派鲁肃前往试探。

这个月鲁肃来到当阳长坂（在今湖北省当阳市东北），宣达孙权的意旨，致殷勤友好之意。于是刘备派遣诸葛亮与鲁肃到达江东，见孙权于柴桑。

诸葛亮对孙权说："海内大乱，将军您起兵江东，刘备于汉水南部收服民众，与曹操共争天下。如今曹操诛除大敌，差不多已经完成了，于是攻破荆州，威震四海。英雄无用武之地，所以刘备逃亡到这里，希望将军能尽力安置他。如果能以吴越之地与中原抗衡，则不如快点与曹操绝交；如果不能，何不按兵陈甲，北面而臣事之。现在将军外面表示服从，内心却犹豫不决，事情紧急而不决断,大祸就要临头了!"

孙权问:"如你所说,刘备为什么不臣事他呢?"

诸葛亮回答:"田横,是齐国的壮士,还能够宁死不接受侮辱;何况刘备是汉室贵胄,英才盖世,众士仰慕,好像水之归海。如果事情不成功,这是天意,怎能向曹操称臣呢?"

孙权勃然大怒:"我不能以全吴之地,十万之众,受制于人。我已经决定了!要抵抗曹操非刘备不可,但是刘备刚刚失败,怎么抵抗这个大难呢?"

诸葛亮说:"刘备的军队虽然败于长坂,如今归队的战士及关羽率领的水军共有万人,刘琦在江夏也有战士万人。曹操的士兵远道而来已经疲倦,听说他们追赶刘备,快马一天一夜走了三百多里,这正是所谓'强弩之末势不能穿鲁缟'啊!所以兵法最忌讳这样,说'必蹶上将军'。而且北方人,不习水战,又荆州之民是因为逼于兵势而臣服于曹操,并不是诚心悦服的。现在将军如果能够命一位猛将统兵数万,与刘备同心协力,一定可以攻破曹军。曹军破后,必定北还,如此则荆、吴之势强,三雄并立的形势便形成了。成败的关键,就在今天了!"

孙权大悦,与他的臣下商量其事。这时曹操写了一封信给孙权,大意说:"近来奉天子之命,讨伐天下的叛逆,领军向南,刘琮束手就擒。现在又整顿水军八十万之众,预备与您较量于东吴。"孙权将来信出示群臣,群臣莫不大惊失色。长史张昭等说:"曹操,像豺豹一样,挟制天子的名义征伐四方,动辄说代表朝廷,今天拒绝臣服于他,事情更难处理。而且将军您只能以长江形势来对抗他,如今曹操得到荆州,整顿刘表的水军,战船便数以千计,曹操如果全部利用,再加上步兵,水陆并进,也就与我们一样控有长江之险了。敌我之间兵力数目悬殊，我们认为不如迎降才是上计。"

孙权起身更衣，鲁肃追着进来，孙权知道他的来意，拉着他的手说："你想说什么呢？"

鲁肃说："刚才观察众人的意见，正足以害了将军而不足以成大事。如今我可迎降于曹操，而将军您却不可以。这话怎么讲呢？因为我迎降于曹操，大约仍能做到州郡的长官，而您迎降于曹操，会得到什么结果呢？希望您早日决定迎战大计，不要采用他们众人的意见。"孙权叹息说："他们的意见我也感失望。你的计划正与我的意思一样。"

刚好周瑜奉召回来，周瑜告诉孙权说："曹操虽假借汉朝丞相之名，其实是汉贼。您以神武雄才，又继承了父兄留下的基业，据有江东地方，面积数千里，兵精粮足，英雄都乐于效忠您，应当纵横天下，为汉朝除去奸贼。更何况曹操反来送死，怎么可以向他迎降呢？我为将军筹算：如今北方未平，马超等人尚在关西，或为曹操后患；而且曹操放弃鞍马，利用船只来与吴越争雄，如今又值寒冬，马无粮草，这时驱使中原的兵士来到水乡泽国，不习水土，必然生病。这几点都是用兵的大忌，而曹操都冒险行之，将军擒拿曹操，应当就是现在了，我请求率领精兵数万人，进驻夏口，保证一定为您攻破曹军！"

孙权说："老贼想篡汉自立久矣，只是为害怕袁绍、袁术、吕布、刘表与我罢了。如今几个人都已被他消灭，只有我还在。我与老贼势不两立，你说应当出击，我非常同意，这正是上天将你赐给我呀！"因而拔刀砍面前的桌子说："诸将吏谁敢再有说要迎降曹操的，就与这桌子一样！"于是解散大会。

甘宁、鲁肃之言，奠定了孙权的西进政策；周瑜之言，则确定了孙权北抗曹操的政策。这两个政策，后来都成为三国鼎立的因素。如果孙权当初接受张昭等人的建议，历史的局面必会改写。所以司马光写到魏明帝太和三年（229）夏四月，吴王孙权即皇帝位的时候，百官都来朝贺，孙权归功于周瑜。这时张昭想上前褒扬功德，话还没讲，孙权就抢先说："当初如果采用张公的建议，今天我已成为乞丐了。"张昭大为惭愧，伏地流汗。司马光特地记载孙权讽刺张昭这句话，表示当年孙权犹豫不决，如非周瑜一言决计，哪里会有二十一年以后的事。

（四）先抗曹魏，再图相争

早在建安十二年（207）诸葛亮的《隆中对》中，主张刘备握有荆州，西图巴蜀，然后据有荆、益二州，利用地势险要，整顿内政，东和孙权，对外观察时局变化，慢慢图谋恢复汉室。刘备也很赞成他的看法，依他的设计经营发展。

建安二十二年（217）刘备已得益州，于是法正在这年冬十月建议刘备说："曹操一举降服张鲁，平定汉中，不因此情势进攻巴蜀，而留夏侯渊、张郃屯守，自己立即北还，这是他的智慧不够而且力量不足呀！一定是内部有问题的缘故。我推测夏侯渊与张郃的方略，比不上我们的将卒，我们发兵往讨，必可克服他们。克服他们之后，推广农业，积聚粮谷，然后等待机会。最好的话可以消灭曹操，保护王室；其次可以进取雍州与凉州，开拓领土；最起码也可以守住险要，长久支持下去。这是天意所赐，时机不能错过。"刘备同意，于是出兵汉中。

法正的政策就指示后来蜀汉北伐的政策，诸葛亮不辞辛劳地北伐，就是执行这个政策。因此，第二年四月，刘备屡攻汉中不克，紧急下令益州增兵。诸葛亮询问他的幕僚杨洪，杨洪说："汉中是益州的咽喉，存亡的机会。如果得不到汉中，则蜀也保不住了。这是大祸，应该尽快发兵，还怀疑什么呢？"于是诸葛亮立即发兵增援刘备。可见北伐汉中，和以后自汉中北伐关中，都是战略必定的发展。到了建安二十四年（219）春正月，夏侯渊阵亡于定军山，刘备才据有汉中。于是在同年秋七月，刘备才敢自称为汉中王，就是因为国防险要已经控制了。

不过，到了冬十月，关羽在荆州被孙权部将吕蒙偷袭而死，伤害了汉与吴联盟的政策。刘备在曹丕篡位后第二年（黄初二年，221）三月即位为汉帝，经常想起关羽的丧命，感到很羞耻，于是准备攻击孙权。司马光记载在这年五月翊军将军赵云的建议："国贼是曹操，不是孙权。如果先灭曹魏，孙权自然降服。如今曹操虽然身死，但他的儿子曹丕已经篡位，我们应该配合群众的心理，早日进攻关中，据守黄河、渭水上游以讨伐叛逆，关东的义士必定准备粮马来迎接我们。不应将曹魏放置一边，而去与东吴交战。战事一起，就不能马上解决，这绝非上策。"群臣劝谏的也很多，刘备不听，甚至处罚他们。可以说，刘备因为私人一时的愤怒，已经违背了诸葛亮与法正经建立的大战略。同年秋七月，刘备率军东出，孙权遣使求和，得不到结果，只好向曹魏称臣，借用曹魏的力量牵制蜀汉。

黄初三年闰六月，刘备兵败消息传回。这时法正已死，诸葛亮感叹地说："法正如果还活着，必能劝阻主上东行；即使东行，也必不会兵败得如此之惨！"

黄初四年（223）三月，刘备病危，召见诸葛亮说："你的才干胜过曹丕十倍，必能安定国家，成就大事。我的儿子如果可以辅助，就请辅助他，如果他才能太差，你可以取而代之。"

诸葛亮涕泣说："我怎敢不尽全力，效忠于主上，甚至不惜一死！"司马光记载这段话说，一方面显示刘备与诸葛亮之间君臣的情谊，另一方面也可以暗示蜀汉不能恢复汉室的原因。第二个月，刘备去世，诸葛亮以丞相的身份，实际统治蜀汉。

诸葛亮掌政以后，最重要的事就是恢复最初的大战略构想。这年九月，尚书邓芝向诸葛亮说："现在主上幼弱（刘禅时年十七岁），初即帝位，应该派遣大使与吴国重修旧好。"

诸葛亮说："这件事我想了很久，只是找不到适当的人选罢了，今日才算找到了。"

"这人是谁？"邓芝问。

"就是您！"诸葛亮回答。于是特命邓芝为使者，到吴国去重修旧好。

冬十月，邓芝到达东吴，这时吴王还没有与曹魏绝交，犹豫不决。孙权没有马上接见邓芝。邓芝就上表请求谒见说："我现在来贵国，也是为吴国打算，不只是为了汉而已。"吴王接见他说："我很愿意与汉友好，但是恐怕汉主幼弱，国势弱小，被魏所乘，无法自保。"

邓芝回答："吴、汉小国，拥有四州之地，大王您是盖世的英才，诸葛亮也是一时的豪杰。汉有重重险阻之固，吴有三江天险之阻，双方密切合作，进可以统一天下，退可以与魏三雄并立，这是很自然的道理。大王如今要是屈服于魏，魏国必定要求大王入朝，而且要求您的太子成为人质，如果您不从命，则发军讨伐，汉到时也会顺流而下进攻吴国。如此，江南之地就不再是大王您的了。"

吴王孙权沉默良久，然后说："你的话不错。"于是与魏绝交，而与汉联合。

第二年夏四月，邓芝再度来到吴国，孙权问他说："如果天下太平，二主分治，不是很好的事吗？"

邓芝回答："天无二日，士无二王，如果消灭曹魏以后，大王您不能体认天命是将天下归于汉室，两国君主各自发挥德行，两国大臣各自尽其忠诚，届时两国才是整顿军队，发生战争的时候。"

吴王哈哈大笑："君竟然如此诚实啊！"

也就是说，诸葛亮与孙权结盟的目的，是联合共同对抗曹魏。等到曹魏亡后，就是两国相争的时候。蜀汉的大战略构想是如此，其实吴国的构想也是如此，只是双方的共同利益一致，所以才联合抗曹。七年以后（魏明帝太和三年，229），吴王即皇帝位，遣使通知汉，汉人认为与他交往，则名义不顺，应该显明正义，与吴断绝结盟才对。诸葛亮说："孙权有僭逆之心已经很久了，我国之所以故意忽略这情况，是因为求他与我国互相支持。如果现在与他绝交，吴国必定仇视我国，我们就需要移兵防守东面，与他对抗，必须等到消灭吴国，然后才能北伐中原。他们贤才很多，将相和睦，还不容易在短时间内平定呢！两国集兵相对抗，消耗国力，使北贼得利，不是好办法呀！从前西汉的孝文帝对匈奴卑辞求和，先皇帝（刘备）不计前嫌与吴国结盟，都是通权达变，考虑到长远的利益，不是匹夫一时的愤怒啊！如今有人认为孙权只要三分天下，不能和我国全力抗魏，而且满于现状，没有北渡大江的打算。这些想法，似是而非。为什么呢？孙权智力不足，所以才以长江自保；孙权无法渡越长江，就好像魏贼不能渡越汉水一样，并不是有余力却故意不做啊！

"如果本朝大军北伐魏贼，我想孙权一定不会端坐不动，而会整军经武，准备分享我方成功的利益。就算他不动而与我国和睦，我国北伐就没有东顾之虑，魏贼河南的军队也不能抽调到西线，这个利益就已经很大了。所以孙权僭逆之罪，现在还不能公开声讨啊！"

于是派遣使节到吴国，祝贺孙权。孙权就与汉国结盟，约定将来中分天下。

汉与吴的结盟，是基于共同的战略利益，所以两国盟谊也颇为稳定，诸葛亮以后才得以北出汉中，而且也是唯一可行的讨伐魏贼的途径。因为从东面出荆州讨伐的路线必定经过吴国领土，势不可能。由此可见若非诸葛亮、邓芝等有识之士，重申联吴的大战略构想，蜀汉是否能够立国，谁也不敢预料。及至旧盟重修，则以曹魏力量之强，竟也难在短时间内吞并二国，鼎足三分之势，至此不可动摇了。

当然，曹魏也知道这种情势，早在黄初四年（223）三月，刘备还没去世之前，魏文帝曹丕就曾问过谋臣贾诩说："我想讨伐不从命的人以统一天下，应该先讨伐吴国还是蜀国呢？"

贾诩回答说："陛下根据天命而得天下，应该以文德服众，然后静待时局变化，则平天下并不难。吴、蜀虽然是蕞尔小国，但是依山阻水，刘备有雄才，诸葛亮善治国，孙权识虚实，陆逊懂兵势。他们据守险要，都很难一时平定。用兵之道，要先有胜的把握方准备开战，衡量敌人的情势才调派军将，这样才能不失算。臣认为我方群臣中没有刘备、孙权的对手，虽然以大军攻打，但没有必胜的把握，因此目前应采先文德而后武功的战略。"

第五章 晋 纪

一、三家归晋

司马光在《魏纪》记载魏文帝于黄初七年（226）夏五月病重，乃立曹叡为太子。丙辰这一天，召中军大将军曹真、镇军大将军陈群、抚军大将军司马懿入宫，并受遗命辅政。第二天丁巳，文帝去世。曹叡即位以后，由于他很少和朝臣见面，常潜思读书，所以群臣都没有见过他的风采，而渴望一见。魏明帝即位后几天，他单独接见过侍中刘晔。刘晔辞出，外面的群臣就问他："怎样？"刘晔说："他是与秦始皇、汉武帝相似的君主，只是才具稍微比不上他们罢了。"这是司马懿辅政之始，由于明帝和其他辅政大臣能干，所以司马懿无法表现他的野心。

魏明帝太和元年（227）三月，汉丞相诸葛亮率军北驻汉中，临行上表给后主。司马光认为这道奏表很重要，就将这篇《出师表》全文转录，这是司马光写《资治通鉴》很少有的事。诸葛亮大意说："先帝创业未半，而中道崩殂，今天下三分，益州疲弊，此诚危急存亡之秋也。臣本布衣，躬耕南阳。苟全性命于乱世，不求闻达于诸侯。先帝不以臣卑鄙，猥自枉屈，三顾臣于茅庐之中，咨臣以当世之事，由是感激，遂许先帝以驱驰。先帝知臣谨慎，故临崩寄臣以大事。今南方已定，甲兵已足，当奖率三军，北定中原，攘除奸凶，复兴汉室，此臣所以报先帝，而忠陛下之职分也。"从此以后，遂驻军于汉中，北伐的事业至此展开。诸葛亮也开了一个先例。此后凡是蜀汉的执政者，常驻扎汉中。很少在成都理事，这也是造成后来后主亡国的原因。不过，采用以攻为守的战略，也从此成为蜀汉的国家战略。

诸葛亮的出师，魏国上下当然为之震恐，但是蜀汉国内群臣也有人不同意诸葛亮的战略。于是在太和二年冬十月，诸葛亮二度出师，再度上表给汉后主说："先帝深虑以汉、贼不两立，王业不偏安，故托臣以讨贼。以先帝之明，量臣之才，固当知臣伐贼，才弱敌强；然不伐贼，王业亦亡，惟坐而待亡，孰与伐之！"他又就"故王业不可偏全于蜀都，故冒危难以奉先帝之遗意"，进而分析非战言论的不对，指出赵云等人亡后，形势对北伐不利，愈后效果愈差，所以只好鞠躬尽瘁，死而后已。降至魏明帝青龙二年（234）八月，诸葛亮病逝于军中，汉国的国家战略仍然继续下来。

诸葛亮病逝的消息传到吴国，吴人恐怕魏人乘机征服汉国，于是在西线增兵，目的一欲以救援，二欲以事分割。汉人闻之，也在东线增防，汉主派使节至吴，吴主问道："东之与西，如像一家人，最近听说你们在东线增防，是为了什么原因呢？"

汉使回答："臣以为我国在东线增兵，与贵国在西线增兵，都是事势宜然，都不足以相问啊！"

吴主听了大笑，嘉许汉使的率直。不过司马光记载这件事，就表示汉与吴的联盟，互相都有警惕而不信任的意味，这也是三国后来分别被消灭的原因。

景初三年（239）春正月，魏明帝病重，司马懿从外地回到首都洛阳，入见明帝。明帝执着他的手说："我以后事交托给你，你与曹爽辅助少子。死可以忍，我忍着不死，等待你来，得到相见，我没有什么遗憾了！"于是召齐、秦二王出来拜见司马懿，指着齐王曹芳告诉司马懿说："这就是，你看真确一点，不要错误了！"又叫齐王上前，抱着司马懿的脖子。司马懿磕头哭泣。这一天，明帝就册立齐王为皇太子，跟着就死了。

司马光认为明帝算是能干之主，三十多岁就死了，交由曹爽与司马懿辅政，就是后来政归司马氏的原因。他引用孙盛的评论，指出明帝不思建德垂风，没有巩固维诚之基，是使大权旁落的因素。

新任皇帝年才八岁，曹爽辅政以后，假借天子的命令，将司马懿转拜为太傅，外表以名号尊之，内心却想将他排斥出权力中心。事后，曹爽大量引用他的弟弟们掌政，也起用了一些名士如何晏等人，这些人都有才名，但都是急于富贵，趋时附势的人。从前魏明帝厌恶他们浮华，所以不起用他们。曹爽素来与他们亲善，于是加以提拔，引为心腹。

魏邵陵厉公（曹芳被废后的爵谥）正始六年（245），吴国因为继承问题，发生了冲突，酝酿成危机。朝廷大臣们，很多人卷进旋涡之中，连名臣陆逊也因而愤怒去世。至于汉国方面，此年冬十一月，汉国第一号执政者大司马蒋琬病逝，费祎与董允继承大任。第二个月，尚书令董允也死了，于是汉国的政治也因此发生问题。宦官黄皓是一个聪慧而奸诈的人，为汉主刘禅所宠爱。董允生前经常责备黄皓，黄皓畏惧，也不敢为非。这时董允去世，黄皓就与陈祗互相表里，开始预政，升迁为中常侍，操弄权威。汉国又重现东汉以来宦官之祸。司马光就指出黄皓干政是"终以覆国"的原因。

正始八年（247）五月，司马懿因受到曹爽集团的排挤，对他们乱改朝政也无法阻止，于是称病不过问政事。这时魏帝喜欢游宴，曹爽等人也喜欢相偕出游，有人劝曹爽掌握机权，不应该全部出游，万一有人兵变，关闭首都城门怎么办呢？但是曹爽等人认为司马懿已经生病，不过问政事，哪有人会如此大胆。于是不听，游宴如故。这年九月，孙礼因管区的原因，得罪了曹爽，受处罚以后，改任为并州刺史。孙礼往见司马懿，容色愤怒而默默无言。司马懿说："卿嫌并州太小吗？埋怨管区的事情不公平吗？"

孙礼说："您说话怎么这样不近情理呀？我虽不德，岂会在意官位及往事呢？本来我以为您能效法伊尹、姜太公，匡复魏室，以报答明帝的嘱托，并且建立万世的勋业。如今社稷将危，天下动荡不安，这才是我不愉快的原因啊！"说罢，涕泣横流。

司马懿安慰说："不要哭了，暂时忍住那不可忍的事吧！"

司马光记载这段谈话，表示司马懿想以退为进，阴谋对付曹爽。

曹爽集团当然也了解司马懿存在的危险性。这年冬天，曹爽的人李胜出任荆州刺史，去向司马懿拜辞。司马懿命两名侍女在旁，拿着衣服，衣服跌落了。指着嘴巴说口渴，婢女进粥，司马懿不拿杯而饮，粥都流到嘴外而污了胸膛。李胜见状，就说："大家认为您旧病复发，没有想到尊体如此病重！"

司马懿假装气息衰弱地说："年老枕疾，死在旦夕。君应该委屈为并州刺史，但是并州靠近胡人，你好好加以防备！我们恐怕不能相见了，所以我想把儿子司马师及司马昭兄弟拜托给你了。"

李胜说："我是被任为荆州刺史，不是并州刺史。"

司马懿故意错乱，说："君才到并州？"

"我是到荆州。"

"年老急荒，不解君言。如今你回到荆州任上，盛德烈烈，好建功勋！"司马懿说。

李胜告退，报告曹爽："司马公尸居余气，形神已离，不足为虑了。"第二天，他又向曹爽等垂泪说："太傅病得很重，无药可救了。想来令人怆然！"于是曹爽等人就不再防备司马懿了。

这年十二月，司马懿遂秘密与他的两个儿子司马师、司马昭共同谋诛曹爽。

翌年春正月，司马懿父子乘魏帝与曹爽等去拜谒明帝的陵墓，假传皇太后令，关闭洛阳城门，发动了一次兵变。有人劝告曹爽兄弟，挟着天子到许昌，然后征召四方部队讨伐司马懿。曹爽犹疑不决，最后竟然说："我向司马懿屈服，也不会失掉做一个富家翁的机会。"于是将皇帝送回洛阳，向司马懿投降。司马懿收捕了曹爽等人，从此大政在握。

司马懿掌政以后的第二年，也就是嘉平二年（250），东吴再因继承权的纠纷，产生了很大的政潮。吴主把竞争的二子废掉，牵连了不少群臣，乃在十一月立另一儿子孙亮为太子。以后魏、吴的政局屡有风潮，也屡有兵变，只有蜀汉政局较为稳定。至于三国之间的交战，也因政局的波动而常常发生。

司马懿父子都效法曹操，不便在生前篡位。嘉平三年八月，

· 163 ·

司马懿去世，长子司马师继续掌政。这时魏国陷于两面作战。但是东吴限于内政不良，北伐屡攻无效，蜀汉则因后勤补给困难，作战也没办法成功。司马师内逢兵变，外遇强敌，竟也应付裕如。到了正元元年（254）九月，局势稍微稳定，司马师乃废掉魏帝为齐王，另立高贵乡公曹髦为皇帝，曹髦这时才十四岁。同年十月，曹髦即位，他很爱读书，深思好学，一直对司马氏有恶感。第二年司马师病死，其弟司马昭继续掌政。直到景元元年（260）夏四月，魏帝任命司马昭为相国，封晋公，加九锡，于是司马氏的权威就更盛了。

曹髦看见司马氏威权太重，在同年五月召见心腹臣子说："司马昭之心，路人皆知。我不能坐受废辱。今天要与你们诛讨他们。"结果其中有臣子报信给司马昭，司马昭的部下就与皇帝的部下大战，最后杀死了皇帝曹髦，另立常道乡公曹奂为皇帝，曹奂这年十五岁，就是魏元帝。这时蜀汉宦官黄皓乱政，吴国则屠杀群臣，两国均因内政不修，是司马昭统一的大好机会。

景元四年司马昭大举伐汉，汉人求救于吴，吴国动员军队，但没有采取有效的行动。这年冬十月，魏将邓艾偷袭成功，蜀汉投降，结束了三国鼎立的其中一国。蜀汉投降时，国有二十八万户，人口九十四万，军队十万二千，官吏四万。人口、兵力不弱，而不战迎降，可见后主之无能。后主事后被解送到洛阳，封为"安乐公"。这时司马昭也已经进封为晋王，设宴招待蜀汉后主刘禅，命令歌妓演奏蜀国的音乐舞蹈。刘禅的随从都为之感伤，只有刘禅嬉笑自如。司马昭告诉贾充说："人居然有这样无情的！虽然有诸葛亮在，也不能永远辅助他啊，何况姜维呢！"有一天，司马昭又问刘禅："你是否思念蜀国呢？"刘禅说："此间乐，不思蜀了!"

由此可见,刘禅配上黄皓,就足以成为亡国的直接原因了。

魏元帝咸熙二年(265)八月辛卯,司马昭死,太子司马炎继承为相国,晋王。同年十二月壬戌,曹丕篡汉的故事重演,魏帝禅位于晋。四天以后,司马炎即皇帝位,是为晋武帝,改元泰始,距蜀汉之亡仅两年。

晋武帝有灭吴之志,只因建国未久,朝议未定,而吴有大将陆抗扼守前线,所以才延迟统一行动,不过已经秘密进行作战部署。

吴的内政一直衰乱,降至泰始十年(274)秋七月,大司马陆抗病逝,国防上遂出现空隙。两年以后(晋咸宁二年,276)的冬十月,司马光详细记述了晋朝前线指挥官羊祜伐吴之议。羊祜详析双方战略形势,料定必可克吴,但为朝中非战派所阻,事情又再寝压下来。咸宁四年十一月辛卯,羊祜病死前,推荐杜预继任遗职,统一行动乃逐渐展开。翌年秋天,前线诸将王浚、杜预等先后上表,分析形势,要求大举南征,指出吴主孙皓荒乱,应该马上征伐,否则他一旦死去,吴人另立贤主,眼前形势顿然会变。就在此年冬十一月,武帝决心全面作战。

第二年(太康元年,280)三月,吴主出降。晋朝平定江南,接收了四州,四十三郡,五十二万三千户,二十三万兵力,距离蜀汉亡国仅十八年,曹魏被篡仅十六年,中国再度统一。

武帝封孙皓为归命侯,大会群臣而接见亡吴君臣一行问道:"朕设此座以待卿,等了很久啦!"

孙皓回答:"臣于南方,亦设此座以待陛下!"

"闻君在南方,"宰相贾充在旁询问孙皓,"挖人的眼睛,剥人的面皮，这是哪一等的刑呀？"

"人臣有弑其君及奸回不忠者，就加以此刑！"孙皓前后对答，犹且略无怍色。他与刘禅比较，真是不相称的一对活宝，即使陆抗不死，大概也不会长保吴国。

二、魏晋风气

晋太康元年（280），吴亡。吴主孙皓一行北上洛阳归命。晋武帝对吴地有名望的人，都加以随才拔用。司马光记载在太康三年年末，北上名士薛莹死后，有人询问另一名士陆喜说："薛莹在吴士之中，应当是第一号人物吗？"

"薛莹只能在四五之间，怎样可以算为第一！"陆喜继续辩说，"孙皓无道，吴国之士中，那些沉默潜伏，不出而用世之士才是第一流；避尊位而做卑官，食禄以代耕的人是第二流；侃然体国，执正不惧的人是第三流；斟酌时宜，偶然也贡献微益的是第四流；温良修慎，不作谄媚之首的是第五流；过此以往，已经不足评论。所以他们上等之士，多沦没归隐而远避悔吝；中等之士则有声名位望，而接近祸殃。观察薛莹的处身本末，又怎样可以称得上第一啊！"

陆喜的评论，不但是评论吴国之士，事实上可以视为评论魏晋以降士风的标准。司马光对此人才风气的不变甚为关注，经常提到这方面的问题。他记载了远在汉献帝建安四年（199）十二月，名士华歆葛巾迎降于孙策的事情，寻即引用名史家孙盛的评论，批评华歆无伯夷等高尚的志节，缺乏王臣不屈的操守，扰心于邪儒之说，交臂于陵肆之徒，位夺节堕，实有莫大之罪。

华歆、管宁都是名满天下之士，前者与孔融、杨彪等一干名士，屈辱于曹操之下，尸居余气，顶多不过是陆喜口中的第五流人物；像管宁这类第一流之士，早已见机不仕，退而归隐了。因此，吴亡的士风，实自汉末已经出现。志士丧气，当然与政治黑暗有关，但是野心家的激扬，例如曹操等，更是造成风气丕变之因。

司马光写到建安十五年（210）时，他节录了曹操所下的十二月《己亥令》，大意是自述本非名士，恐怕世人待之如凡愚之人，所以好作政教以立名誉；后因除残去秽，整顿地方，而为强豪所仇恨，恐怕招致大祸，因此归隐读书，欲等二十年，待天下澄清然后才出仕。但事与愿违，寻即被朝廷征为典军校尉，遂因而改变志向，欲为国家讨贼立功；若死后墓碑题为"汉故征西将军曹侯之墓"，于愿已足。

既而兴义兵讨伐董卓，平定黄巾，讨击袁术，摧破袁绍，复定刘表，遂平天下。贵为宰相，人臣至极，早已超过原来的意望。假如国家没有孤（曹操自称），不知几人称帝，几人称王？有人看到孤强盛，妄说孤有不逊之志，因此耿耿于心，下此命令向天下表白肺腑之言。

但若要孤解除权力，归回武平侯国（曹操的封邑），实为不可。因为恐怕缴还兵权以后，会被他人所害。为了子孙打算，又考虑到已败则国家倾危，所以不能解权归国，做那些慕虚名而处实祸之事！至于兼封四县，倒可以让还其中三县，仅保留武平一国就够了。希望因此而能塞谤议，使孤减少一些责难。

曹操自述，实为当时野心家们共同的心态，尽管他自述初志可以相信，但是他的言行有点不大合一。该年春天，陈寿《三国志》记载了曹操所下的《求贤令》，表面上是征求隐居不名的贤人君子，实际却欲效法齐桓公的霸政，要求有才之士，不论是否"盗嫂受金"（指违乱道德、贪赃枉法的人），只要出山相助，他都举而用之。

同一年之中，年头公开征求败德而有才之人，来助他完成霸政；年尾却一反此言，自述志欲佐汉澄清天下，否认有不逊之志。思想意识，显然大有问题。观察此后的发展，曹操显然是本着《求贤令》的目标去实践的。那么，司马光不取《三国志》所载的《求贤令》，而节录魏武故事所载的《己亥令》，识见不是有所未到吗？

司马光写到建安十七年（212）春正月，曹操西征韩遂、马超而还，天子诏令曹操赞拜不名、入朝不趋、剑履上殿。同年冬十月，董昭告诉曹操："自古以来，人臣匡世，未有今日之功；有今日之功的人，也不会久处人臣之势。如今明公（曹操）耻有惭德，乐保名节；然处大臣之势，使人以大事怀疑于自己，真是不可不认真考虑啊！"于是，董昭遂与列侯诸将商量，建议丞相（曹操）应该晋升公爵，加九锡，以表彰殊功。

曹操手下第一谋主荀彧反对，认为曹公本兴义兵以匡扶国家，秉忠贞之诚，守退让之实。君子爱人以德，不应这样子做。曹操听后不悦，命令他出去劳军，中途赐他服毒自杀。

司马光对此大加评论，大意说齐桓公之行犹如猪狗，管仲不羞而相之，是因为非桓公则生民不得而济，所以孔子大赞管仲之仁。汉末大乱，群生涂炭，自非高才不能济天下，因此荀彧不得不屈事于曹操。汉末四海板荡，尺土一民皆非汉有，荀彧佐曹操转弱为强，化乱为治，十分天下而有其八，功劳不低于管仲。管仲不殉身故主之难，而荀彧却为汉室殉节，其仁更在管仲之上了。有人批评荀彧此举，无异教盗穴墙，而又不想与盗同污。司马光却认为，假如曹操当了皇帝，荀彧当与萧何同功；他岂会不利于为佐命元功，而甘愿舍身以邀名呢？

司马光推断荀彧是殉汉而死，表示一向求贤，内中颇有忠贞于汉室之士，因为感于曹操类似《己亥令》自述其志之事，误认曹操是扶汉英雄，所以屈事于他。司马光没有对此再加深入评论，不过就此却可以了解到几点重大的意义：

第一，曹操的志向不仅止于掌权，屈居武平侯国一县而已。荀彧死后七个月，曹操就成为魏公，食封十郡之多，而且加九锡以尊耀殊功。九个月后，曹操纳三女为献帝的贵人，成为外戚；后来弑害伏皇后，让次女曹节成为新皇后。以后追求的名位官爵，亦愈来愈尊贵了。

第二，曹操自述志向，不论是否提到要做齐桓公，都已经欺骗了不少有尊中央、清天下之大志的名士。这些人后来虽然发现曹操真正的意向，但已受制于人；除非他们想学荀彧，否则谁也不敢表示态度。他们较佳的态度，一就是学徐庶，终身不为曹操策划；再就是像杨彪，面恭而心不同。至于像华歆之徒，苟且唯诺，安位偷生，但内心之中，也未必真正拥戴曹操。曹操所以放慢篡汉步骤，不便及身称帝，大约就是因此而有所顾忌。

司马光写到建安二十四年（219）十一月，孙权向曹操称臣，上书请曹操称帝。曹操公开展示权书，告诉群臣说："此儿想把我放在炉火上嘛！"陈群认为孙权的意见很对，建议曹操"宜正大位"。曹操却婉拒道："如果天命在我，我当周文王好啦！"曹操为何不愿意自己当皇帝，而让儿子来干那篡位的勾当呢？司马光评论认为这是东汉教化风俗成功之处,曹操是为了顾虑世之"名义",而不敢废汉自立。

司马光为此极力推崇东汉的社会风气,连呼"教化安可慢,风俗安可忽哉"!是则像《求贤令》那样败坏人伦风俗的文献,他当然不愿再加转述;至于像《己亥令》那样可以败露奸雄言行不一致的文献,虽然正史不载,他则"义不容辞"地加以节录。

第三,前述第一点,表示启发了魏晋南北朝众奸雄篡弑相仍的行为动机;第二点表示了陆喜所说第一流人才沉默潜伏,第二流以下对黑暗政治的通常反应之根本因素;于是魏晋所用人才,多为"盗嫂受金"之人。奸雄之主与奸诈之臣,遂造成以下风气转移败坏的原因。

曹操虽然拔用"盗嫂受金"之士,但尚爱惜"名义";到了其孙魏明帝,则连"名义"也想抛弃。司马光写到景初元年(237)冬十月,说明帝深疾浮华之士,竟然指示吏部尚书(选拔人才的长官)卢毓说:"选举人才不要录取有名之士,名如画地作饼,不可以食啊!"

景初三年春正月,明帝将死,诏令曹爽与司马懿辅立齐王曹芳,后者即为老奸巨猾之人。曹爽掌政,排忌司马懿,提拔了一些有才名而急于富贵、趋时附势的人,如何晏、丁谧等。这些人经常宴游,不大关心政治,翌年改年号为正始。十年以后(正始十年,即嘉平元年,249),司马懿发动兵变,将曹爽集团一举覆灭。司马光批评何晏等人说:"何晏个性自喜,注意美容,粉白不离手,走路也顾影自怜;尤好老、庄之书,与夏侯玄、荀粲及王弼之徒,竞为清谈,崇尚虚无,竟说六经是圣人的糟粕。由于天下士大夫争慕效法,遂成风气,不可矫正过来。"这种风气,可以说是士大夫对黑暗政治的逃避与反响，对人伦教化的反动，历史上称为"正始之风"。

降至晋武帝篡位（泰始元年，265）的同月，即十二月，谏官傅玄上疏说："臣闻先王之御天下，教化隆于上，清议行于下。近者魏武帝（曹操）爱好法术，遂使天下崇尚刑名；魏文帝（曹丕）慕悦通达，遂使天下轻贱守节。其后纲维不整，放诞盈朝，遂使天下无复清议。陛下龙兴受禅，弘扬尧、舜的教化，惟未举拔清远有礼之臣以敦风节，未退虚鄙之士以惩不恪，臣所以犹敢拜表上言。"武帝虽嘉纳其言，然亦不能改革，遂种下"五胡乱华"衰世之因。

晋朝第二任君主惠帝时代，王衍为尚书令（皇帝秘书长），乐广为河南尹（首都所在州的长官），司马光记载说元康七年（297）九月：王戎这个人与世浮沉，无所匡救，事务都交给僚属处理，而与乐广两人皆善于清谈，宅心事外，名重当世，使朝野之人争相慕效。两人都喜欢评鉴人物，举世以为仪范准则。王戎、王澄与阮咸、阮修（咸侄）、胡毋辅之、谢鲲、王尽、毕卓等人，皆以任情放纵为通达，至于醉狂裸体而不以为非。他们都推崇何晏等老、庄之学，由是朝廷大夫都以浮诞为美，弛废职业，蔚成风气。名臣裴頠写了一篇《崇有论》，猛烈地批评他们"立言借于虚无谓之玄妙，处官不亲所职谓之雅远，奉身散其廉操谓之旷达"的歪风，欲砥砺风气，复兴名教。但以习俗已成，不能挽救了。

除了这种崇尚虚无，做官而不理事，毁败名教的风气之外，这时代的权门贵族另有几种风气：一是淫逸纵欲，二是穷奢极侈，三是争权夺利。司马光在晋代的历史上，写不绝书。司马光借着追述武帝时代大臣何曾在晋怀帝永嘉三年（309）三月的谈话，指出了世变的危机。他说何曾经常侍宴于武帝，某次宴罢，回家预告子弟们说:"主上开创大业,但我屡次宴见,从未听他讨论过经国远图,只有说些平生常事,这不是作子孙模范之道;国家变乱之局大概及身不会出现,不过后代一定危险啊!你们或许也看不到了。"指着孙子辈又说:"他们那一辈子必定蒙难。"司马光力赞何曾之明,但也力斥他身为宰相,知其君之过而不以告,不是一个忠臣。事实上,这时候晋朝外戚、皇后、宗室之乱早已发生日亟,五胡乱华的形势也早已形成了。两年之后,怀帝就被匈奴所俘,洛阳焚烬,创下中国历史上第一个被边疆民族毁灭生擒之例。又过了五年,立足于长安的愍帝也被匈奴俘虏北去。此下"五胡"横行黄河流域,晋政府只能退保长江流域而已。

司马光详引《搜神记》作者干宝的评论,指出在愍帝蒙难(建兴四年冬十一月乙未,316)后内乱外患、二帝蒙尘的主因,是由于"四维不张而苟且之政多",为"国之将亡,本必先颠"此语的应验。

晋室南渡以后,风气因循不革,不但无力北伐,兼且篡夺屡兴,不遑宁处,遂终于为北朝步步进逼,慢慢吞灭了。

三、"五胡乱华"的背景

汉朝与匈奴长期征战的结果,匈奴降服,大部分入居塞南,结束了长期的战争。东汉中期以后,又长期与西方的羌人作战,耗损国力很大,种下了亡国之因。

献帝建安二十一年(216)夏五月,曹操晋爵为魏王,乌桓（居今山西省北部）三部臣服。秋七月，南匈奴南单于（匈奴元首官称）呼厨泉入朝于魏。东汉以来北匈奴被击溃后，南匈奴入居塞内已久，人户繁盛，地方官府渐难禁制，议论者都提醒朝廷，预先做好防范措施。曹操趁此机会，羁留呼厨泉于邺都（在今河北省，这时汉都许都，魏都于邺），另命匈奴右贤王去卑监国，分南匈奴为五部，居住于并州（今山西省一带）境内，各立他们的贵人为帅，而选汉人为司马（约今参谋长）以监督之。

司马光在魏文帝黄初二年（221），记载魏朝设置护鲜卑校尉与护乌桓校尉二官，分别镇抚之。由于曹操曾征服过乌桓，故乌桓较弱；但鲜卑各部落则较强大，占据塞北地区，中原战乱，民众常常逃亡归附于他们，鲜卑也往往为患边疆。

降至魏明帝青龙三年（235），魏幽州刺史（幽州最高行政长官）王雄，秘密派遣刺客刺杀鲜卑雄主轲比能。自后鲜卑种族部落离散，互相侵伐，强者远遁，弱者降服，边陲才安定下来。

到了魏邵陵公嘉平三年（251）八月，司马懿死，其子司马师掌政。城阳太守邓艾上言，指出朝廷羁留单于在中央，使匈奴部落失去统治，合散无主，与单于的关系日益疏远。左部于诸部之中最为强大，左部帅是左贤王刘豹，近来有部下叛乱，可趁此将他的部落分割为二，另外要求进行迁徙羌、胡（指匈奴）出塞居住的政策。他的建议，都被司马师所采纳。

过了十年（魏元帝景元二年，261），原居于北荒，从未交聘中原的鲜卑索头部大人拓跋力微，突然遣子入朝，而且南迁于匈奴故地，定居于定襄郡已经荒弃的盛乐县地带。由于部众强盛，塞北各部都畏惧他。到了晋武帝咸宁元年（275）夏六月，幽州刺史卫瓘用金收买并离间拓跋氏的诸部大人。这种政策非常有效，于是鲜卑等上下猜疑，部族离散，拓跋力微在两年后忧郁而死，享寿高达一百岁，国势遂衰，北方政局大致稳定下来。

晋武帝咸宁五年春正月，晋军在凉州（约今甘肃省河西走廊地区）与羌族树机能等作战失利，凉州失陷，司马光开始记载匈奴雄主刘渊的事迹。

刘渊是刘豹之子，他们因为祖先是汉朝的外孙，所以改姓刘氏，刘渊幼而隽异，因为父亲是部落主，留居晋京作为人质。他师事名学者崔游，博习经史，兼学武艺，胸怀大志，常耻汉初功臣周勃、陆贾等人不能文武兼资。晋朝宰臣王浑等人器重他，屡次向武帝推荐。武帝召见谈话，也非常欣赏他。王济（王浑之子，亦任要职）建议说："刘渊有文武长才，陛下任以东南之事，孙吴不足平了！"

孔恂、杨珧反对："非我族类，其心必异。刘渊才器确实少见，但不可以委以重任。"

凉州沦没消息传至，武帝请李憙推荐将领。李憙建议说："陛下如果能够征召匈奴五部之众，给刘渊一个将军的名义，命他西征，树机能之首必定指日而枭。"

孔恂又阻止说："刘渊果真能斩树机能的头，则凉州之患正会更加危祸。"于是晋武帝才打消任用刘渊的主意，改派名将马隆出征。

刘渊常因王浑、李憙以同乡而称荐（二人均今山西省人），恐怕为自己招来大祸。齐王司马攸是晋朝首相，了解刘渊，向武帝建议说："陛下不除刘渊，臣恐怕并州不能维持长期治安。"

王浑却道："大晋才以信用怀柔外族，奈何因无形之疑而杀人的侍子呢？为什么度量这样不够大呢？"

武帝说："是啊，王浑说得对！"刚好刘豹死讯传至，武帝就任命刘渊继任左部帅。

太康元年（280），孙吴降服，中国统一，结束了三国鼎立之局。这年政府档案记载，全国共有十九州岛，一百七十三郡，二百四十五万九千八百四十户。汉、魏以来降附者，多安置于塞内诸郡，户口也不少。他们常与地方人士冲突，杀害官府，渐渐出现危机。侍御史（监察官）郭钦有鉴于此，提出了著名的驱戎论，上疏给朝廷说："戎狄强犷，历古为患。魏初安置他们于西北边郡，至今已普及于内郡腹地。现在他们虽然服从，若百年之后，一旦有所风尘之警，胡骑不三日即能使太行山以西变为虏庭。当今之计，应该趁平吴之威，把内郡杂胡迁回边疆，严格限制夷狄的往来，这才是万世的长策。"武帝不接受。匈奴陆续自塞北来降者，仍然安置于塞内各郡。

太康十年（289）夏四月，辽东鲜卑因混战，慕容氏遣使请降。五月，晋朝册拜其领袖慕容廆为鲜卑都督，慕容氏自此迁徙至辽西。同年，晋朝改匈奴五部帅为五部都尉，以刘渊为北部都尉。刘渊轻财好施，倾心接物，河北名儒多往归之。翌年（永熙元年）三月，武帝驾崩，自此至惠帝永兴元年（304）刘渊回归北部，十四年之间，晋朝历经皇后干政、外戚专权、八王之乱的局面，成为中国政治史上黑暗的时代之一。司马光对此动乱，均加以详细记述；五胡事迹，亦多注意。他记载较重大的事件说：

永熙元年（290）冬十月辛酉，以刘渊为建威将军、匈奴五部大都督。这是刘渊成为五部最高领袖之始。

元康四年（294）十二月，鲜卑拓跋氏分其国为三部，晋朝避难至其国的人颇有增加，拓跋氏任以国政，国家日益强大。

元康七年秋九月，关中因氐族叛乱而饥荒，六郡流民涌至巴蜀，氐族豪杰李特等人救援赈济，甚得众心。李特至剑阁，感叹太息说："刘禅有这样的地方，竟然面缚投降，岂不是庸才吗！"为氐人建立成汉于四川的张本。

由于匈奴、鲜卑、羯（匈奴别种）、羌、氐常有乱子发生，元康九年（299）春正月，晋军平服关中氐乱时，太子洗马（太子的侍从官）江统写了一篇《徙戎论》以警告朝廷，声言戎狄终必乱华，应乘兵威以徙戎，杜绝危机的渊源。文中列举事实，指出当时关中人口百余万，而戎狄居其半。并州的匈奴由一部分成三部，再因人口增加，遂分为五部，人口之盛过于西戎，骁勇善战倍于氐羌云云。但是朝廷仍然不注意其建议。

降至永宁元年（301），武帝死后第十一年，李特首先兴起，六郡流民拥护他为镇北大将军，与蜀民约法三章，经略巴蜀。两年以后，改元为"建初"，但寻被晋军袭杀，部众由其弟李流统领，继续乃兄未竟的事业。同年，李流病死，众人共推李特的幼子李雄为大都督、大将军、益州牧，此即成汉的奠基者。

永兴元年（304），晋朝诸王混战，尤以皇太弟——成都王司马颖及东海王司马越敌对为甚。匈奴右贤王刘宣告诉族人说："自汉亡以来，我单于（匈奴元首称号）徒有虚号，尺土也没有，其余王侯，降到与民户毫无差异。如今我们虽然衰落，但户仍不少于两万，为何向人低首服役，虚度百年哩！左贤王英武超世，上天如果不愿看见匈奴复兴，必不会白白降生此人给我们。现在司马氏骨肉相残，四海鼎沸，复兴呼韩邪（入降汉朝的匈奴名主）的事业，就在此时啦！"遂相谋推戴左贤王刘渊为"大单于"，派人至邺密告于他。

刘渊这时被司马颖表为冠军将军、监五部军事，在司马颖的大本营邺城带兵，不让他回到匈奴。刘渊一再请求，司马颖均不同意。于是密令来使先回，传令召集五部兵马及其他杂胡，声言助颖攻越。不久，趁着兵机危急，努力游说司马颖准他回部召兵以赴国难。颖悦而批准，八月，乃拜刘渊为北单于。参丞相（司马颖的官职）军事，让他回到左国城（今山西省吕梁市离石区东北）。

刘渊既至，刘宣等上大单于之号，集结五万兵力。这时司马颖为司马越与乌桓、鲜卑的联军击败，离邺奔亡。刘渊得报，叹息说："不用我的建议，使到自己崩溃，司马颖真是奴才啊！但我对他有言在先，不可以不救。"遂准备发兵攻打鲜卑、乌桓。刘宣等反对说："晋人奴隶般地控制我们，如今他们骨肉相残，是天弃他们而使我们复兴呼韩邪的事业啊！鲜卑、乌桓，都与我们气类相同，可以互相援助，为何要攻击他们呢？"

刘渊道："好！大丈夫当为汉高祖（刘邦）与魏武帝（曹操），呼韩邪何足效法哩！"

此年冬十月，刘渊迁都于左国城，招纳胡人、晋人，声势日大，于是刘渊对群臣说："从前汉朝长久统治天下，恩结于民。我，是汉朝的女婿之国，曾约为兄弟之邦；兄亡弟继，不是很合理吗？"遂建国号为"汉"，依照刘邦故事，即汉王之位；并追尊刘禅为"孝怀皇帝"，建立汉朝三祖（汉高祖、世祖及昭烈帝刘备）、五宗（太宗、世宗、中宗、显宗、肃宗）的神主而祭祀。

司马光细心传述刘渊的言行，显示他刻意表示刘渊的国家目标及战略构想：（一）刘渊利用汉朝的旧有声威恩泽，希望做中国的皇帝，而不愿恢复匈奴旧业。（二）他想联络其他外族，联合摧毁晋朝。

同一个月，李雄也在巴蜀即"成都王"。氐人除去晋法，与民约法七章，也有效法汉高祖的意图。

综合司马光的记述，北方各少数民族政权领袖，大多曾受儒文化的教化。他们各有建国目标及战略构想，互相激荡冲突，终于酿成大乱之局。但是，尽管领袖们受过儒文化的教育，他们的部族却大多未受教育，摧残毁灭乃是战争的特色，两者相合，遂使黄河流域化成鬼墟，中原元气大伤。

降至惠帝光熙（306）六月，李雄首先在蜀称皇帝，正式建立"大成"王朝，这是"五胡"中第一个出现的皇帝。氐人治蜀颇为成功，因此四川的政治也较为安定。

第二年（晋怀帝永嘉元年）秋七月十一己未，晋朝任命琅邪王司马睿为安东将军，都督扬州、江南诸军事，坐镇建业（今南京），乃是东晋立国的张本。

这时八王之乱未止，同年十二月，辽西的慕容廆自称为"鲜卑大单于"，这是鲜卑慕容氏建立燕朝的张本。

永嘉二年（308）冬十月甲戌，刘渊称帝，正式建立汉朝，逐渐统有匈奴、羯、羌、氐诸族，声势最大。两年后，刘渊死去，辗转由其子刘聪继位，汉朝才发生分裂内乱。但是，刘渊死后第二年，匈奴终于攻破洛阳，生俘怀帝北还，创下中原王朝皇帝第一个被俘北迁的纪录。死后第六年，匈奴再灭建朝于长安的愍帝，正式结束了历史上的西晋时代。自后局势，更呈混乱黑暗了。

司马光对西晋二帝的蒙难，分别借用荀崧、干宝的评论，大力批评西晋的政治黑暗及社会风气的败坏，指出二帝承败坏之余而被俘，最是冤枉之事。西晋"国之将亡，本必先颠"，二帝虽非昏乱之主，但也非命世之才，当然不能力挽既倒之势了。

我们今日看来，西晋永嘉、建兴之乱，怀、愍二帝之被俘，确实为大势之使然，不是二帝所能挽救。若以之比较司马光死后五十一年所发生的"靖康耻"，则晋之二帝，诚值让人掬下同情的眼泪，而觉得"靖康耻"真是咎由自取的，徽、钦二帝活该被捉。

四、由群雄角逐至南北对峙之局

晋愍帝建兴四年（316）冬十一月乙未，天子肉袒舆榇迎降于匈奴刘曜。司马光记载二十天以后，亦即十二月一日乙卯，晋丞相、大都督、督中外诸事、琅邪王司马睿的反应，说他闻知长安失守，乃下令军队出宿野外，亲摄甲胄，移檄四方，克日北征。

翌年二月辛巳，弘农太守宋哲逃至建康，声称受愍帝诏，命令丞相司马睿统摄万机。三月，司马睿素服举哀三日，他的官属共上尊号给他，他不许。官属坚持固请，睿慨然流涕说："孤是罪人啊，诸贤见逼不已，孤只好回到琅邪去！"遂传呼奴仆，备驾将归琅邪国。官属不得已，请他依援魏、晋故事称晋王，他才允许而留下来；寻即晋王之位，大赦，改元建武，设立百官、宗庙、社稷。

建武元年（317）十二月，愍帝为汉主刘聪所害。翌年三月，凶问传至建康，晋王睿为之服丧，百官再度请上尊号，反复请求，晋王均不许。周嵩见状，于是上疏说："如今梓宫（指晋帝棺椁）未还，旧京未清，义夫泣血，士女遑遑。正应开延嘉谋，训卒

· 179 ·

厉兵，先雪社稷大耻，副四海之心，则神器（指皇帝名位）还会落到谁的手上哩！"结果他的言论因此违忤了司马睿的意旨，被外放为地方官；后来又被控心怀怨望，坐笞抵罪。

凶问传至后第三天——三月丙辰，晋王即皇帝位，改元为太兴，赏赐文武，赐投刺劝进的群吏加位一等，投刺的人民都一律任用为吏，凡二十余万人。

司马光对东晋诸帝均不加以评论，可能认为乏善可陈，无足可观。他对晋元帝司马睿称帝之事，书写颇为用心，显然颇有意思突出元帝见死不救，拥兵自重，天子自为的私心。事实上，西京沦亡之际，晋朝方面大臣，如司马睿的人多的是，孤忠救危的忠义之士如刘琨等人，屈指可数，晋室不亡，实违天理。东晋野心家颇多，篡弑频仍，固然是时代风气使然，其实元帝率身为榜样也难辞其咎。晋朝宗室、大臣犹且如此，"五胡"窥觎神器之事就无足深责。司马光身处君尊臣卑的时代，当然不敢轻易发挥这种评论，但是我们读《资治通鉴》，则不能不体会此弦外之意。司马光留心这些事情，而将之记载下来，显然认为此事有"善可为法，恶可为戒"的价值，我们不能因为他没有评论就忽略过去了。

元帝即位前后，中原仍有一些晋朝大臣拥兵保境，他们或有自重的野心，或为欲效力王室的忠义之士。根据司马光记载太兴元年（318）三月庚午，鲜卑慕容氏遣使来，朝廷拜慕容廆为龙骧将军、大单于、昌黎公。于是慕容廆任用来附晋人，击取附近弱小部落，颇有意乘乱逐鹿中原。

司马光又记载，同年五月本来与鲜卑段氏结盟伐匈奴的名臣刘琨，为段匹磾所害，晋室遂痛失一忠勇努力之士。刘琨在并州时颇得夷狄之心，被害后，夷人与晋人皆不附于段氏；然而元帝朝廷认为匹䃔尚强,希望利用他平定河朔,不但不为刘琨举哀,而且抑压群臣为刘琨讼冤的奏章,数年以后才追赠刘琨为太尉、侍中。这种行为,实令中原效忠晋室的豪杰丧气,华、夷为之心寒。后来晋朝北伐,中原响应不踊跃,大概与这些事情有关。

司马光又记载,同年秋七月鲜卑拓跋氏西取乌孙故地,东兼勿吉以西,士马精强,雄于北方。拓跋氏此时对中原较无野心,但地广兵精,成为后来南下建立北魏的张本。

同年同月癸亥,汉主刘聪病逝,国内大乱。八月,坐镇长安的刘曜挥兵回京平乱,冬十月乱平,即位为皇帝,拜拥兵统治河北一带的羯人石勒为大司马、大将军、赵公(相当于最高统帅)。自后匈奴所建之汉,名为统一,内实分裂为两大部分。石勒之封赵公,是他建立赵朝的张本。这时由于战乱及强迫迁徙,黄河流域人民普遍大迁徙,"五胡"部族横行于河朔,但大体臣服于汉朝之下。

第二年(太兴三年,320)三月,汉主杀害石勒的使臣,石勒大怒说:"孤事刘氏,早已超过人臣所应遵守的职分了。他的基业,都是我所建立的,现在已经得志,就想回头图谋于我。赵王(这时石勒已晋爵为赵王)、赵帝,孤自为之,何必要他来封我!"于是刘、石两大集团决裂,战乱方兴未艾。

同月,汉主刘曜西还关中,定都长安。六月,建立宗庙、社稷,下诏说:"我的祖先,兴起于北方。高祖(指刘渊)建立汉的宗庙,目的是收取民望。如今应该改国号,以单于为祖才是。"于是改国号为"赵",以匈奴雄主冒顿配天,恢复匈奴政权的面貌,放弃以汉朝作为号召,历史上称为"前赵"。

赵王石勒虽统治华夷各民族,但他原是羯族人,见刘曜恢复匈奴事业，他也在官属劝进之下，于同年十一月自称为大将军、大单于、领冀州牧、赵王，以襄国（今河北邢台市西南）为大本营，依照刘备在蜀、曹操在邺的故事，粗创"后赵"的政权。他以大单于的名义统治胡人，以赵王的名义统治华人；胡人称为"国人"，严厉禁止胡人欺侮衣冠华族。

鲜卑各族散在长城沿边，这时候的局面，大体上是刘赵、石赵以太行山为界，东、西对峙，而又南与晋朝鼎足三分的形势。石勒的优先选择是消灭晋朝遗留于黄河流域的藩镇，刘曜则是以武力平服关陇的羯、羌、氐诸族，战乱仍不得稍正。

"五胡"在河朔势盛，晋室在江南处境也不顺利。司马光记载说，元帝太兴三年（320）冬十月，元帝当初镇江东时，王敦与其从弟王导同心翼戴，所以元帝也推心任之，由王敦总征伐，王导专机政，王氏子弟布列要津，至有"王与马（司马氏），共天下"之语。稍后王敦自恃有功，而且宗族强盛，于是变得骄恣起来。元帝对他畏惧而痛恶，却又不敢公开指责他，乃引刘隗、刁协等人为腹心，稍抑王氏之权，连王导也渐见疏远。王敦为此益怀不平，遂生嫌隙。元帝后来知道王导忠心，仍加重用，但对王敦则刻意防范。

翌年七月，朝廷任命戴渊出镇合肥，刘隗出镇淮阴，名为讨胡，实在防备王敦。江北前线名将、素为石勒所畏惧的豫州刺史祖逖，认为披荆斩棘地收复河南之地，准备作为北伐的基础，如今朝廷派毫无弘志远识的戴渊来作为都督，成为自己的顶头上司，心里怏怏不乐。又闻王敦与刘、刁等构隙，将有内难，心知北伐大业无法完成，因此愤激发病，延到九月而去世。祖逖之死，使石勒除去后顾之忧；王敦久怀异志，只是害怕祖逖，故祖逖死后，王敦愈无忌惮了。

第二年（永昌元年，322）春正月戊辰这天，王敦举兵于武昌，上疏声讨刘隗、刁协之罪，声明"隗首朝悬，诸军夕退"（白天若斩刘隗的头悬挂起来，晚上立即退兵）；并以伊尹放太甲之事自况。元帝大怒，下诏说："王敦胆敢狂逆，把朕比作太甲，想把朕幽囚起来，是可忍也，孰不可忍！如今朕亲率六军以诛大逆，有人能杀死王敦，封五千户的侯爵。"同时急征戴渊、刘隗两部入卫首都。

三月，王师大败，元帝遣使告诉王敦："公如果不忘本朝，就此息兵，则天下尚可共安；如果不然，朕当回归琅邪以避贤路！"王敦遂息兵驻扎。

辛未这天，元帝拜王敦为丞相、都督中外诸军事（全国诸军统帅）、录尚书事（地位相当于皇帝秘书长，但权力则等于宰相的职位）、江州牧，封武昌郡公。王敦推让不受，但任意迁黜群臣，改易制度，掌握实权。后来虽回藩镇，然而留下心腹人员在京，遥遥控制朝政。同年闰十一月，元帝忧愤成疾而死，由太子明帝即位，遗命王导辅政。自后王敦屡谋篡位，晋室风雨飘摇，直至太宁二年（324）秋七月，王敦病死，仍靠战争，才把王敦集团清除去。此年年初，北方的二赵亦正式交兵打仗，民不聊生。

太宁三年闰七月，明帝死于二十七岁英年，五岁的太子即位，是为成帝，由王导、庾亮、卞壸辅政，大事皆决于庾亮。根据司马光在元帝太兴元年三月庚午记载，庾亮风格峻整，善谈老、庄学说，是则此人颇好清谈玄学的风气。他由于是庾太后的哥哥，新皇帝的舅舅，故掌握大权。此后王导常称疾不朝，以避事权；卞壸则是一个廉洁实干之人，为名士们所轻视。当时贵游子弟多慕王澄、谢鲲为放达，卞壶曾厉色于朝批评此风说："悖礼伤教，罪莫大焉！中朝（指西晋）倾覆，实由于此。"他想整顿风气，推究放达之士，结果为王导、庾亮所阻。由此看来，东晋朝廷有政治冲突，社会仍然流行西晋亡国之风气，欲想北伐复国，真是万难之事。

庾亮本来也不是奸诈之人，只是专权急切，不惜排斥异己罢了。第二年（咸和元年，326）冬十月，庾亮想诛除有力的宗室南顿王司马宗，并想进而废黜其他执政，于是引起司马宗武力反抗。司马宗失败被杀后，被逼改姓为"马"氏，其他有名望的王室近属，庾亮也多加贬黜，这些行动连成帝也不知道。过了很久，成帝奇怪地询问庾亮："平常每天看到的白头公（指司马宗）哪里去了？"庾亮告以谋反伏诛。

成帝泣着说："舅舅说人做贼，就得以随便杀人；人家说舅舅做贼，那该当如何？"

由于庾亮想尽斥司马宗的朋友，于是力排众议，要除去历阳太守苏峻。同年年底，苏峻起兵反抗，直攻建康。翌年春正月，首都沦没于兵劫，庾亮出走，太后忧死。直至夏四月，众镇推征西将军陶侃为盟主，联兵指向建康，持久战至九月，才把苏峻之乱平定。

就在此年（咸和三年，328）秋七月，赵主刘曜亲统大兵打败石虎（石勒从子），乘势进攻洛阳。冬十一月，石勒急统大兵赴救。刘曜兵败被执，不久被杀，他的关中地盘闻讯大乱。翌年八月，石虎攻入关中，俘虏赵太子及王公卿校三千余人，实行大屠杀、大移民，前赵遂亡。降至晋成帝咸和五年（330）二月，石勒自称"大赵天王、行皇帝事"（代理皇帝），大封子弟百官。同年九月，在群臣一再劝进下，石勒乃正式即皇帝位，不久迁都于邺。至此，除了一些割据势力，中国政局，大体上是（后）赵、晋南北对峙的形势。

成帝咸和八年（333）秋七月，赵主石勒病死，北方再度陷入大战乱，各族蜂起交争，一度由氐人苻坚所统一，建立秦朝。降至晋孝武帝太元八年（383）淝水之战后，苻坚崩亡，各族又起而蜂争，混战五十余年，再度由鲜卑拓跋氏统一。拓跋氏建立魏朝，与南方的宋、齐、梁、陈对抗了一个半世纪，南、北双方终为隋朝所统一。这一个半世纪的对峙，历史上称为"南北朝"时代，但是南、北对峙的形态，应早在石勒称帝时代已经奠定了。

五、民族的融合

"五胡"各族在当时看来，与中华文化培育的华人，大异其趣，所以胡、华对称，华人视他们为异族。晋人说"胡"，广义的是泛指其他族；狭义则指匈奴。"五胡"之中，匈奴与中原交往时间最长，汉化也较深；他们在汉代即往往遣送子弟来华留学。

司马光写到晋武帝咸宁五年（279）春正月时，首次记述匈奴刘渊的事迹，即交代刘渊是匈奴左部帅、左贤王刘豹之子，质押于中原王朝为侍子（周边君长降附，中原王朝往往征求他派遣一子来做人质，称为侍子）。刘渊在中原王朝，师事学者崔游，博习经史，曾告诉同学朱纪、范隆说："随何、陆贾无武，灌婴、周勃无文，我常为他们感到羞耻。随、陆两人遇到汉高祖而不能立功封侯，灌、周两将遇到汉文帝而不能复兴文教，岂不是太可惜吗？"所以他兼学武事，成为文武兼备的人，晋朝宰相大臣多人，对他都器重及加以推荐。从他的说话，可见他确实了解中原的历史文化。

司马光介绍鲜卑族的雄主慕容廆，写到晋武帝太康十年（289）五月，晋朝拜廆为"鲜卑都督"时，司马光记述说，慕容廆谒见何龛，以士大夫之礼，巾衣到门。何龛命令晋军陈列戒严以延见，慕容廆于是改穿军服而入。有人问其缘故，廆道："主人不以礼待客，客人又能怎样呢！"何龛闻知，甚觉惭愧，自此对慕容廆深加敬异。如此看来，鲜卑慕容氏也有懂中原文化的人。

同年年底，司马光记载刘渊为匈奴北部都尉，五部豪杰及幽、冀名儒，多往归之。胡三省为此作注说："这是刘渊得众以移晋祚的张本。"值得重视的是，若非刘渊的学问才干很好，中原的名儒人才绝不会此时投靠他的。

无独有偶，六年以后（晋惠帝元康五年，295）的十二月，鲜卑拓跋氏分其国为三部，代郡人卫操及其侄卫雄，与同郡人箕澹往依之，劝其部主招纳晋人。其主大为高兴，任以国事，晋人来靠附者稍增。是则拓跋氏任用晋人，了解中原文化，不待后来建立北魏才开始。

匈奴、鲜卑都在中国北方，中国西南方的氐族，是最早建立政权的一族。晋惠帝永宁元年（301）冬十月，氐族豪杰李特兄弟等，为关中六郡流民及巴氏所推，自称"行镇北大将军"。他设置官僚采用晋朝制度，并不以少数民族的部落政权面貌出现，而且推行的措施，有点像汉王刘邦当年。李特在两年后被杀，其弟李流、其子李雄相继成为领袖，建立成朝以后，特别注重采用汉、晋的体制。

司马光在晋惠帝永安元年（304）八月，介述刘渊之子刘聪，说他骁勇过人，博涉经史，善于属文，能弯三百斤之弓；二十岁游于洛阳，名士莫不与他相交，所以皇太弟、丞相司马颖拜他为积弩将军。其父当时官拜冠军将军，因此父子皆为晋官，而且都在名士学者之中具有名望。刘渊似乎汉化甚深，他鄙视本族的名主呼韩邪单于（西汉时来降，汉帝赠以王昭君的人），声言大丈夫当为汉高祖与魏武帝（曹操），因而建立"汉朝"，自称汉王。至于他接受"大单于"的尊号，只是为了安抚族人要求复兴呼韩邪事业的心理而已。"汉朝"的制度，亦遵行中原王朝的体制。

建立后赵的羯族人石勒，在晋怀帝永嘉三年（309），官拜"汉朝"的安东大将军，此年三月，他进攻巨鹿等地，众至十余万，于是选择衣冠人物另成一营，号称"君子营"。其部以匈奴及羯族为多，但重要谋臣是晋人张宾。张宾好读书，阔达有大志，常自比张子房（良）。当石勒来攻时，张宾告诉亲友："我历观诸将，无人能比得上此胡将军（指石勒），我可与他共成大业！"于是提剑至军门求见，后为石勒所奇，终生对他敬重听从，终成帝王之业。

石勒、石虎（石勒从子）两人，虽是胡人，但在司马光的笔下，也介绍了他们聪明理智的一面。

晋怀帝永嘉五年（311）三月，晋朝的实际统治者东海王司马越病逝，部众共推以清谈玄学著名的大臣王衍等，十余万人护送他的灵柩回归东海国。夏四月，石勒率轻骑追之，大败晋兵，纵令骑兵围困晋军而射，十余万人相践如山，无一人得免。他俘虏了王衍等大臣，坐之幕下，问晋情故。

王衍具陈祸败之由，推卸责任，自谓计不在己，自少无宦情,不预闻世事;兼且劝石勒称尊号自立,希望免于被杀。石勒怒斥他:"君少壮登朝,名盖四海,身居重任,怎说得上无宦情哩!破坏天下,不是君还有谁?"下令扶王衍出去。余俘见状畏死,多自陈不是。只有襄阳王司马范神色俨然,顾视同伴而呵斥道:"今日之事,何必如此纷纭!"

石勒对大将孔苌说:"我纵横天下多了,从未见过这种人,可以存他一命吗?"

"他们都是晋朝王公,终不为我所用。"孔苌答。

"虽然这样,"石勒道,"总要不可加以锋刃才好!"于是乘夜使人推倒墙壁,把他压死。

石勒又剖破司马越的灵柩,焚毁其尸,说:"乱天下就是此人,我为天下向他报仇,所以焚其骨以祷告于天地。"

东晋元帝太兴二年(319)十一月,官属劝石勒脱离匈奴所建之汉自立。他自称为大将军、大单于、赵王,以赵王身份统治各州郡,朝会时采用中原王朝式的天子礼乐、衣冠、仪物等,也遣使劝课农桑。对于胡人,他则以大单于名义统治之,另成一系,重禁胡人作恶。这种二元政治及制度,由刘渊创始,他族也颇采用。例如愍帝建兴二年(314),由于中原混战,流民数万家投奔辽西慕容廆。廆以冀州人为冀阳郡,豫州人为成周郡,青州人为营丘郡,并州人为唐国郡,分别以中原王朝郡县方式治理,另成一系统。所以三年以后(元帝建武元年,317),元帝拜他为"都督辽左杂夷、流民诸军事、龙骧将军、大单于、昌黎公"。杂夷指辽西各族,流民指晋朝人民,各以大单于及晋朝官职分别治理。

石勒与慕容廆都是著名的胡人领袖,性格不一样,但敬重中原士大夫则无大异。太兴二年十二月,慕容廆擒获高瞻,欲用他为将军。高瞻称疾不就职。廆多次临候，抚着他的胸膛说："君的疾病在这里，不在其他地方呀！如今晋室丧乱，孤欲与诸君共清世难，翼戴帝室。君是中州望族子弟，应该和我的志愿相同，为何因华、夷之异，介于疏远我呢？立功立事的大业，唯问平生志略如何罢了，何足斤斤计较华、夷之别呢？"虽然高瞻始终不应命做官，但慕容廆也没有因此加害于他。

翌年春正月，另一与晋朝友好的鲜卑段氏内战，段末杯打败段匹磾。匹磾向邵续说："我本夷狄，因慕义而破家（他是亲晋的段氏大领袖）。君如果不忘旧好，请相与共击末杯如何？"邵续出兵助攻大捷，乘势欲光复段匹磾被石虎所攻没的地盘。二月，石虎俘虏了邵续，要他至城下劝降。邵续向守城的侄子邵竺高呼："我志欲报国，不幸至此。你们努力奉匹磾为主，勿有贰心！"

石虎将他解送给石勒。石勒以为忠，释放而礼遇他，用他为官；并因而下令说："从今以后，攻克敌军，俘获人士，不得擅杀，必须生擒送来。"

司马光对这些事情均不加评论，事实上，当时诸族君长敬重中原文化，起用中原读书人帮助统治，已经颇有汉化的倾向。有些部族华、夷相处良好，如成朝氏族的李氏、鲜卑段氏等；有些则华、夷之间颇有戒心，如匈奴的刘汉、羯族的石赵等。

黄河流域所建的胡人政权，在战乱之中，较江南的晋朝更早注意到文化教育的推行。晋元帝太兴三年（320）六月，前赵主刘曜下诏挑选神志可教的人民一千五百人，选择儒臣以教育他们。根据司马光在惠帝永安元年（304）的记载，刘曜是刘渊的族子，此时已仪表魁伟，性格拓落高亮，与众不同；他好读书，善属文，常自比为乐毅及萧何、曹参。刘渊对他甚为器重，竟夸奖说："永明（曜之字）这孩子，即使比于汉光武帝及魏武帝之流，那几个人也何足道哉！"是则他成为"五胡"中第一个兴办教育的君主，也非偶然之事。

刘曜在长安兴办教育后两个月，后赵主石勒也在襄国下令张宾主理选举事宜，初定五品等级，后改为九品，乃是模仿晋朝的九品中正制度；命令公卿及州郡每年举秀才、至孝、廉洁、贤良、直言、武勇之士各一人。

降至晋成帝咸和元年（326），石勒又命令王波典定九流，创立秀才、孝廉等科考试经义的制度。两年之后，石勒消灭前赵，晋朝也因王峻之乱而宫阙灰烬、民物雕残，元气大伤。此时考选制度，以后赵推行最力。

咸和五年秋九月，石勒正式称帝。司马光记载说，在咸和七年春正月石勒虽然不学，但喜欢命令诸生读书给他听，时以其意评论古今得失，闻者莫不悦服。辛未那天大宴群臣，问徐光道："朕可以与古代何等君主比较？"

"陛下神武谋略过于汉高祖，后世无人能比。"

"人岂不自知，卿讲得太过分了！"石勒笑道，"朕如果遇上汉高祖，当北面事之，与韩信、彭越比肩称臣罢了。如果遇上光武帝，朕当可与他并驱中原，未知鹿死谁手。大丈夫行事应该光明磊落，像日月一样皎然，终不能学曹孟德（操之字）、司马仲达（懿之字）欺人孤儿寡妇，狐媚以取天下啊！"

光武帝乃是中国提倡文教气节的名君，观石勒的志气与目的，真令人有感于此羯族虎狼之君。第二年秋七月，石勒病逝，壮志未展，他用武力缔造的政权，自后亦陷于武力变乱之中，终至亡国。

北方少数民族政权在北方推动文教，南方的晋朝在庾亮领导下，清谈之风甚盛。根据司马光记载，在石勒死后一年（咸和九年，334）的六月辛未日庾亮坐镇武昌辟殷浩为记室（秘书）。殷浩与褚裒、杜乂等人，皆以识度清远，善谈《老子》和《易经》，擅名江东，其中尤以殷浩最为风流所宗。降至成帝咸康三年（337）春正月，国子祭酒袁瑰与太常冯怀两人，才以江左渐安为理由，请求兴建学校。成帝批准，于是才正式建立太学，征集生徒（学生）。然而士大夫习尚老、庄学术，儒术始终不振。

数年以后，王导、庾亮相继死去。降至成帝咸康七年（341），鲜卑燕王慕容皝（慕容廆之子）因屡次约晋进攻中原，晋朝反映不佳，乃派刘翔为特使，赴建康联络。二月，刘翔抵晋京，痛恨江南士大夫的骄奢酣纵风尚，在某次朝贵大宴时，质询宰相何充说："四海板荡已经超过三十年，宗社为墟，黎民涂炭，这真是朝廷焦虑之时，忠臣毙命之秋啊！然而诸君宴安江左，肆情纵欲，以奢靡为荣，以傲诞为贤；没有闻说謇谔之言，没有看到征伐之功，你们准备用什么办法来尊显主上，救济生民呀？"晋朝贵臣为之甚惭。

晋朝贵臣之中，庾翼（亮弟）、桓温都是实干雄才、主张北伐之士，何充及会稽王司马昱，则是清淡玄学的名人。谈玄之风以殷浩、杜乂才名最盛。司马光记载，成帝咸和九年（即康帝建元元年，343）二月，庾翼批评谈玄之士说："这些人应该束之高阁，等到天下太平，然后再慢慢商量他们应该担任什么官职！"庾、翼的言论，招致何充、司马昱一派的反感及抵制，这是后来不断政争，桓温废帝的张本。

江东谈玄风盛，软弱奢靡；北方石虎篡位后，则以屠杀为喜。不过，此时有两种发展值得重视：一为石赵的信佛，一为慕容燕倡导文教。

司马光在晋成帝咸康七年（341）九月条下，追述石勒生前信佛，敬事天竺（印度）僧人佛图澄。石虎受他感染，即位后事奉尤谨，赐佛图澄穿绫锦，乘雕辇；朝会之日，由太子、诸公扶他上殿，当司仪呼唱："大和尚到。"满朝文武均为之起立致敬。上有所好，下有甚焉，所以国人率多事佛；他们争造寺庙，削发出家。石虎认为真假杂糅，有些人是为了逃避赋役的，于是下诏咨询中书："佛，国家所尊奉，乡里小人没有官爵，他们应该事奉佛教吗？"

王度呈奏建议书说："王者祭祀什么神，典礼已经记载得很清楚。佛是外国之神，不应为天子、华人所祠奉的。汉朝佛教初传入时，只让西域人（中亚人）在都邑立寺以事奉，汉人皆不得出家，魏世也是这样。如今应该禁止公卿以下，不得诣庙烧香、礼拜；赵国人已出家为沙门的，都必须还俗。"

石虎知悉后，又下诏决定说："朕生自边疆，忝为中国之主，至于飨祀，理应遵从本俗。至于夷、赵（指汉人）百姓乐事佛教的人，特许他们信奉。"

石氏信佛，使黄河流域民众群起信奉，后来江南也极为流行。佛教在这时流行起来，有调和民族关系、缓和民族冲突之功；对两百多年以后，民族融合、政治统一两大事业，均有甚大贡献。佛、老两大思想学说，并驰而又相激，对于日后中国学术文化的发展，也有极大影响。可惜司马光对此不加评论，无由了解他的认识。

鲜卑慕容氏拥有辽河流域，中原人归附甚众，慕容廆甚重用中原士大夫。慕容皝继承父志，与晋保持良好关系，咸康七年派刘翔南来，为皝求得"使持节、大将军、都督河北诸军事、幽州牧、大单于、燕王"的官爵，燕之基础大定。

　　慕容皝南攻石赵，东兼高句丽，北取鲜卑宇文氏，拓地三千里；唯雅好文学，常亲临学校讲授，考选学生至千余，颇有妄滥的情况。晋穆帝永和元年（345）春正月，记室封裕上书谏他，建议学生三年无成，则应淘汰，回乡为农，以免阻塞其他英才上进之路。由此可见，文教功能，也早已被鲜卑所重视，他们设立学校，培养人才，盛况可观。慕容皝听从封裕的建议，下令裁择学生，严加考试。

　　由于自己能培养人才，加上与江东悬隔万里，政治及风气均不受晋朝影响，所以同年十二月，慕容皝另建年号，开始不用晋朝的正朔。石虎死后，中原再度混战，晋穆帝永和八年（352）九月，当殷浩准备乘乱北伐，而借口军费浩大，因此罢遣太学生徒之时，燕人即部署自立。这年十一月丁卯，创定百官制度；第二天戊辰，慕容儁（皝子，皝已死）正式即皇帝位。当时刚好有晋使来到，燕主儁告诉晋使说："你回去禀告你的天子，说我承人乏，为中国所推，已经称为皇帝了！"

　　所谓"为中国所推"，意思就是表示他自己才是中国人所推戴的天子。观司马光写殷浩废学校，竟说"学校由此遂废"；反观燕朝多年来兴学的努力，就可以知道燕主自谓中国之主，确实不嫌很夸张。

　　五十年以后，二度统一北方的氐族苻氏政权（前秦），因淝水之战而崩毁，中原第三度爆发大混战。原已亡国的鲜卑拓跋氏，在拓跋珪领导下，于晋孝武帝太元十一年（386）复兴代国。拓跋氏（原在绥远一带）较晚接触中原文化，至此亦因卷入中原政局而日渐受到熏陶。翌年夏四月，代王珪改称魏王，成为建立拓跋魏（北魏、元魏），统一北方的张本。降至晋安帝元兴二年（403），魏主拓跋珪始命有关机关制定冠服，草创法度。创制虽然多不稽古，却显示拓跋氏政权自此汇入儒家文化圈。这年十二月，正是楚王桓玄篡晋，江东政局变动不安的一年；而拓跋珪则早已在五年前正式称帝，迁都于平城。

自建魏号八十四年以后（宋明帝泰始七年，471），魏献文帝（珪五代孙）由于爱好黄、老、佛之学，经常引见朝士及沙门共谈玄理，淡薄富贵，有遗世之心，乃于此年八月，禅位给五岁大的儿子——著名的孝文帝。从此，北魏统治下的民族，汉化的速度就有计划地加快了。北魏孝文帝太和十八年（齐明帝建武元年，494），魏都迁至洛阳，希望取得中原正统的地位；他努力推行汉化的最后工作，禁止胡服胡语，改定氏族姓氏，强化文教功能，使魏朝俨然变成与中原习俗无二的王朝。

由于民族文化的大融合，政治社会的大整顿，终于孕育出即将来临的隋唐盛世。司马光对此大变动惜墨如金，评论阙如；反而对南方政权（晋、宋、齐、梁、陈）重要性不及此事的事情，往往加以评论。这种重华轻夷的态度，似乎受到时代风气的熏陶；因为宋朝一直为辽、夏所欺凌，士大夫多有仇夷尊华的思想意识。司马光大概也有这种"当代意识"吧。不过，司马光曾评论孝文帝赦免三个违法军人的死罪，他一方面批评孝文帝屈法赦免是细微之仁，非人君之体；另一方面则叹息孝文帝为"魏之贤君"，犹且如此随便屈法。是则，孝文帝实为对民族融合贡献最大的贤君，司马光对此，似乎也予以肯定。

下篇 《资治通鉴》系列纪

第六章 隋 纪

一、最后一次的欺人孤儿寡妇及南北统一

陈宣帝太建十二年（580）五月，（北）周"天元皇帝"（即周宣帝）崩殂，鲜卑宇文氏所建的北朝政权，充满了风雨欲来之势。"天元皇帝"宇文赟年才二十二岁，却于去年让皇帝位给太子，自己退为太上皇，以游心佛、道宗教。太子阐即北周静帝，年才七岁。"天元皇帝"死后，杨坚——他五个皇后之一杨后的父亲——秘密部署，控制了军权，成为左大丞相，将百官总己以听，切实掌握朝政，并进行夺权篡位的阴谋。

翌年（陈宣帝太建十三年，周静帝大象三年）二月甲寅（三日），杨坚的篡位工作已经完成，遂晋位为相国、隋王。他的幕僚庚季才等人，劝他在此月甲子（十三日）"应天受命"，于是周主下诏逊位，出居别宫。十三日，杨坚即位，此即隋文帝，改国号为隋，改元为"开皇"。尽管文帝为颇染胡风的汉人，但经历"五胡乱华"大动乱、大分裂二百七十八年以来，黄河流域至此才出现了一个较像样的汉族政权。

当一些朝臣伪造圣旨命令杨坚辅政时，杨后虽然没有参与计

· 195 ·

划，但也因为静帝幼冲，恐怕大权落在他人手中；及至听说由其父辅政，内心甚喜。后来知道其父密有异图，意颇不平，至形于言色。及至杨坚受禅，杨后愤惋更甚，隋主内心甚为惭愧，改封她为乐平公主。过了一段日子，更想要她改嫁，因为公主坚决不答允而止。

大臣窦毅之女，听说杨坚受禅，遂自投堂下，抚膺叹息说："恨我不是男子，拯救舅家（窦氏与周室有姻戚关系）之难！"窦毅与其妻襄阳公主急掩其口说："你不要妄言，使我们招致灭族大祸！"但是窦毅由此器重这女儿，待她长大后，将她嫁给了唐公李渊。司马光在许多大事之中，记载了一段这样的小事，用意似在一面用以表示部分周朝臣子对杨坚篡周的反应；一面则介绍唐高祖李渊夫妇，及其后来废隋建唐心理发展的张本。事实上，司马光在此介述李渊夫妇，确实别出心裁。

隋主杨坚即位之后，一面整顿内政，一面早在翌月（开皇元年三月，581），分别任命名将贺若弼为吴州总管坐镇广陵，韩擒虎为庐州总管坐镇庐江。司马光记载说，隋主有吞并江南之志，问将帅人选于宰相高颎。高颎推荐此两人，所以把他们用于南方前线，命令他们秘密筹备经略江东的军事。是则杨坚想统一中国，消灭南朝陈的政权，意志及行动很早就已决定。

宰相虞庆则劝隋主尽灭北周宇文氏，高颎等大臣亦依违从之，不敢反对。另一宰相内史令（中书省长官）李德林固争，以为不可。隋主作色说："君是书生，不足与议决此事！"于是北周王族，先后被杀，而李德林也因此十多年不再升迁。五月，隋主秘密害死周静帝，才认为大事已定。他的做法，比曹操篡汉与司马氏篡魏，显得更不磊落光明，更为卑鄙黑暗。

诛灭宇文氏以后，隋朝已无后患之忧，乃于同年九月，派遣长孙览、元景山并为行军元帅,"发兵入寇",而由宰相高颎为最高指挥官。司马光所说的"入寇",是指进攻陈朝而言。他用"入寇"两字来描述此事,显示了司马光有浓厚的正统观念;这种观念与他前面论述三国正统的说法颇不一致。因为如果平等的两国相争,照例只能用攻战等字眼,不能说谁寇谁,谁征谁。司马光惯例写北朝南攻为寇侵,南朝北攻为征伐;又称南朝天子为帝,称北朝天子为主。例如隋是正统王朝之一,一统天下前,司马光仅称杨坚为隋主,灭陈后始称为帝;反过来,一之前称陈朝天子为帝,灭亡后称之为陈主。他在前面曾一再强调没有轻视分裂之国,认为正统之争无甚意义;事实上,他实际撰述时却分别得很清楚,理论与实际不一致的。宋朝知识分子特重夷、夏之辨与正统主义观念,司马光显然已在有意无意之间,借用撰述《资治通鉴》,把此两大道理表现出来了。

陈朝太建十四年(隋开皇二年,582)春正月,宣帝崩殂,陈朝发生兵变;后来兵变被敉平,陈后主叔宝即位,稍后遣使请和于隋。高颎依照"礼不伐丧"的惯例,奏请罢兵休战。二月,隋主诏令高颎等班师回朝,使统一行动延迟下来。此后隋朝专力对抗北方的突厥,采取先北后南的策略。

司马光介述了不少征伐突厥的战略家与名将,特别详述长孙晟的分化政策,是突厥内乱、隋朝成功的原因。他更介述了若干隋军的英勇事迹;例如至德元年(隋开皇三年,583)六月,突厥入寇幽州,总管李崇率领步骑三千迎战。转战十余天,将士伤亡颇多,遂退保砂城。突厥围攻此城。此城荒颓,不可防守,隋军全天候作战,军粮缺乏,于是每夜突袭敌营,抢得六畜作为军粮。敌军畏惧,严加防备,反过来每夜结阵以待隋军。隋军苦于饥困,出击则动辄遇敌，死亡略尽，奔还者亦多因重伤，不堪再战。突厥意欲隋军投降，遣使向李崇说降。李崇自知不能免于难，下令于士卒说："我使军队伤亡惨重，罪当万死，今日效命以谢国家。你们待我死后，可以伪降于贼军，待机逃亡，努力还乡。将来有机会看见至尊（指隋文帝），请把我的心意表白给他。"于是挺刃冲锋，为突厥乱箭所杀。

又如太建十四年（582）十二月记载说，达奚长儒领二千兵与突厥沙钵略可汗在周盘遭遇。沙钵略部众十余万，众寡相差过悬，隋军大惧。长儒神色慷慨，且战且行，多次为敌所冲，散而复聚，四面抗拒。三天转斗下来，日夜凡十四战，武器装备用尽，士卒至以拳头奋战，手皆骨见，杀伤万计。突厥为之气夺，隋军终于解围而去。通计是役，达奚长儒身上五处受伤，通中者有两处，死亡战士高达十之八九。

隋军如此忠勇骁悍的特写颇多，这样的军队，正是克胜突厥、灭亡南朝的基础。

至德二年（隋开皇四年，584），二月，突厥达头可汗（西突厥元首）请降于隋。九月，沙钵略可汗（东突厥元首）也因屡败而请求和亲，竟致送国书给隋主说："从天生大突厥天下贤圣天子、伊利居卢设莫何沙钵略可汗致书大隋皇帝……自今子子孙孙，乃至万世，亲好不绝。上天为证，终不违负！此国羊马，皆皇帝（指隋主）之畜；彼（指隋）之缯彩，皆此国之物。"并向隋称臣。

同年，司马光也叙述陈朝的政治。他说这时陈后主内宠甚多，江总等十余个文人狎客，日夕与天子及后宫宴乐，荒怠政事。由于大事营建宫苑，国库空虚，于是增加关市之税，广事聚敛，士民为之嗟怨。孔范这些文人，又自谓文武才能举朝莫及，经常处罚诸将，并剥夺将领的兵权分配给文吏。由是文武解体，以致覆灭。司马光在记述东、西两突厥请和之同年，对南朝政局做了这样的综述，诚如胡三省注所说："通鉴具叙陈氏亡国之由。"让人对南、北朝的发展、兴衰的轨迹，可以做一次明白的比较。

祯明元年（隋开皇七年，587）八月，隋主废掉偏居汉水、长江中游的梁朝，应是南征的先期行动。自从隋朝建立，隋、陈两国的邦交大体笃好，隋朝对来附的陈朝官员，大都拒绝其庇护的要求；对陈朝的间谍，逮捕后也能礼遣他们回江南，以免影响邦交。但是国书来往，陈朝往往文辞骄慢，这是激发隋主加速南征行动的原因之一。司马光在此年记载，隋主某次读陈朝国书而不高兴，交给朝臣们看。大臣杨素认为主辱臣死，于是再拜请罪。隋主向高颎讨论取陈之策，高颎策划游击战术，沿边突击破坏陈朝的社会经济，陈朝从此困厄。

当隋朝将相大臣争献平陈之计，并进行公开的部署时，陈朝君臣还在醉生梦死。章华不满朝政，曾上书极谏，大意说："陛下（指陈后主）即任，于今五年，不思先帝之艰难，不知天命之可畏；溺于嬖宠，惑于酒色……老臣宿将，弃之草莽；谄佞逸邪，升之朝廷。今疆场日蹙，隋军压境，陛下如不改弦易张，臣见麋鹿复游于姑苏矣！"后主大怒，即日将章华斩首。

翌年三月戊寅，隋主下诏出师江南，以玺书揭露陈后主二十恶，散写为三十万份，遍谕江南，发动了政治作战。冬十月，隋主在寿春设立淮南行省，以次子晋王杨广为尚书令，统筹大局。五日以后，发表以晋王广、秦王俊、清河公杨素为行军元帅，分三线南征，而以晋王广为最高指挥官；动员部队凡九十军，五十一万八千兵力，旌旗舟楫横亘数千里。

隋朝大军临江压境，陈朝君臣犹欲陈兵举行郊祀祭天之礼，不调兵戒严。江总等被隋朝收买，每次议论国防部署，群臣均议论纷纷，久不能决。

陈后主曾从容告诉侍臣说："王气在此。从前齐（指北齐）兵三次来寇，周（指北周）师两度南下，都无不摧败。他（指隋主）又有何作为呢！"

都官尚书孔范奉承说："长江天堑，自古就是南北的限隔，今日虏军（指隋军，江南人称北人为虏）岂能飞渡呢！边防将领想取功劳，妄言事急。臣每患自己官职低卑，虏如渡江，臣一定可以立功做太尉（百官之首的官职）公！"陈后主笑以为然，故不为深备，仍然奏伎、纵酒、赋诗不辍。

开皇九年（589），由于隋朝统一陈朝，所以司马光自此采用隋文帝的年号，称他为帝。此年春正月乙丑朔日（初一），隋军乘大雾掩护，飞越长江天堑。两天以后，陈后主才召集公卿商议军事，并征调僧尼与道士执役。七日辛未，隋军进据钟山，当时建康城尚有部队十余万；但陈主怯懦，只知日夜啼泣，政事交由文人施文庆等指挥。施文庆等犹且排斥将领，将领凡有建议，率皆批驳不许。当最重要的将领萧摩诃与任忠，分别向贺若弼和韩擒虎投降后，城内文武百官都逃遁一空，后主身边只有袁宪。后主感慨地向袁宪说："我一向对卿的礼遇比不上他人，今日但觉后悔万分。如今亡国，不单是朕的无德，亦是江东衣冠道尽啊！"

韩擒虎挥军入建康，在宫苑井中搜获后主与张丽华贵妃等人。隋朝于是分命臣工至江南各地招抚，南北分裂两百余年，至此终告复合。

二、开皇之治

杨坚以后父身份，伪称受到北周"天元皇帝"要他辅政的遗诏，切实控制了军队，并将百官总己以听，于是由左大丞相、都督中外诸军事、丞相、相国等名义，专制朝政。司马光在陈宣帝太建十二年（周静帝大象二年，580）八月戊辰日条下，记载了奉使周朝而回的梁朝（后梁）特使柳庄，向梁主提出的建议。这时上距"天元皇帝"之死仅仅三个月，周朝有些方面大员举兵反对杨坚专政，梁朝诸将也纷纷提议举兵联盟周朝起兵的大员，认为进可共图关中，退可席卷山南（指华山以南汉、沔流域）。柳庄反对说："周朝起兵诸大员，都属昏老庸下的人，缺乏匡合之才。在中央（长安）的将相，则多为自己打算，竟效节于杨氏。以臣之预料推之，起兵大员终会失败覆灭，随（杨坚称帝后才改称为隋）公必会篡位成功。本朝不如保境安民，以观其变。"梁主采纳，众议遂止。

柳庄的建议，反映了杨坚政权的特质及北周中央的政情，这是汉末以来，最后一次挟天子以令诸侯，曹操与司马懿形式篡权成功的事例。

太建十三年二月十三日，杨坚称帝建隋，改元开皇。司马光即日记述了隋主改革周朝官制，采用汉、魏旧制的大事。隋朝建立三师（太师、太傅、太保）、三公（太尉、司徒、司空）、五省（尚书、门下、内史、秘书、内侍）、二台（御史、都水）、十一寺（太常等）、十二府（左、右卫等）的新体制，不单用以达成开皇之治，而且也开创了唐代优良的官制基础。司马光不只注意到此致治的基础，而且也注意宰相的人选与才干，他们大多是一时之选，为政治的原动力。

高颎出任尚书左仆射（尚书省长官），固属允当之选。高颎推荐的另一宰相苏威，亦是极有才干的第一流人物。同年三月，隋主任命太子少保苏威兼任纳言（门下省长官）及度支尚书。苏威之父苏绰在西魏（为北周所篡的关中王朝）时代，曾因国用不足，制定颇重的征税法，既而感叹说："今天所为，就像张开弓箭一样，不是太平盛世的法规啊。后之君子，谁能够改革过来！"苏威闻言，遂以宽弛税政为自己的责任，故他视事后，寻即奏减赋役，务从轻简，隋主完全批准他的改革计划。

由于渐见亲重，苏威遂得与高颎参掌朝政，两人乃成隋史上最好的宰相。开皇初，苏威身兼五职，御史梁毗认为他贪恋权位，抗表弹劾之。隋主对他说："苏威朝夕孜孜，志存远大，为什么突然向他施加压力！"因而又告诉朝臣："苏威如果不是遇到我，他将无以策动各种计划；如果我得不到苏威，又怎样可以行其道呢？杨素才辩无双，至于斟酌古今，助我宣化，哪里可以比得上苏威哩！"

高颎、苏威同心协力襄助文帝。事无大小，文帝也都与此二相谋议，然后才颁诏施行。所以数年之间，天下称平。

太建十三年九月以后，司马光记述了几件与政治有关的事情：该月，朝廷推行货币改革措施，将北朝历来流行通用的民间私铸钱及古钱禁止使用，更铸良好的五铢钱作为统一货币。这种五铢钱，每一千个规定重四斤二两，民间运用方便，为社会经济奠下良基。

冬十月，隋主下诏废削杂格严科（格为隋唐法令的一种，科即法令条文，这里指废削杂乱严苛的法令条文），颁行新律。建国之初，隋主鉴于北周律令比北齐繁杂，于是诏命高颎、裴政等人更加修订。修订者决定采择魏、晋、宋、齐、梁南朝一系的旧律，酌情审定，对北朝混杂的少数民族法律加以澄汰。于是制定死、流、徒、杖、笞五刑，废除了前代的枭首、轘裂等酷刑；规定百姓得依照司法程序，可以向县、郡或州提出控诉，地方政府若仍不受理，甚至得诣阙申诉（向皇帝申诉）。这种理性而又人道的法律及司法体制，遂为后世多所遵用。

隋主夫妇都是善于猜疑别人的人，但是他们颇能自制，而且甚为节俭，司马光也加以记述。某次，隋主对一郎官生气，于殿前笞之。谏官刘行本上前说："此人素清，其过又小，希望稍加宽贷。"隋主不理会。行本于是正当帝前，正色说："陛下不以臣不肖，置臣于左右。臣的说话如果对了，陛下怎能不听！若果错了，就应该依法处罚。"因而把朝笏放在地上而退下。隋主见状，敛容谢罪，就把那郎官原谅了。

独孤皇后家世贵盛，而能谦恭，雅好读书（隋主不好读书），言事多与隋主意见相合；帝对她极为宠爱与忌惮，宫中称为"二圣"。隋主每次临朝，皇后辄与他并辇而进，至殿合乃止；又使宦官伺候隋主，政有所失，随即匡谏；及至退朝，她又与隋主同返寝殿。某次，她的表兄弟崔长仁犯死罪，隋主因皇后的缘故，想加赦免。皇后竟说："国家之事，焉可顾私！"长仁终处死刑。

独孤皇后素来俭约，某次隋主要配泻药，须用胡粉一两。宫内因为不用，竟求之不得。某次想赐刘嵩妻织成的衣领，宫中也没有。

隋主非常注意吏治，对地方长官严加考核及奖励。新丰县令房恭懿的政绩为三辅（京兆、扶风、冯翊为首都附近三郡，称为三辅）之冠，隋主赐以粟帛。雍州（首都所在州）各县县令朝谒，隋主见恭懿，必定呼至榻前，咨以治民之术。某次，隋主召见各地至京汇报政情的特使，告诉他们说："房恭懿志存体国，爱养我民，此乃上天宗庙之所佑。朕如果将他忽视而不赏，上天宗庙必当责我。卿等应该拿他做榜样。"因而擢升恭懿为海州刺史（州长）。由是地方官吏多称职，百姓富庶。

降至至德元年（隋开皇三年，583）三月，朝廷迁都至新落成的大兴城（即唐之长安），隋主同时下令，命令人民以二十一岁成年，不但把服役年龄后延三年，而且改革每年服役三十六天为二十天，每户出调由一匹绢减为二丈；北周官卖、官营的酒与盐制度，至此也并加取消，由人民自由经营。在文化方面，君臣鉴于屡经丧乱之后，官藏书籍合计不过一万五千卷而已，于是下诏购求遗书，民间每献一卷则酬以缣绢一匹。

同年十一月，河南道行台兵部尚书杨尚希启奏："窃见当今郡县比古代倍增，有些地方不满百里，却同时设置诸县来管辖；有些地方户数不到一千，却分由二郡来统领。官员已众，政费日多；吏卒增倍，租调岁减；民少官多，十羊九牧。当今的急务，应该是存要去闲，并小为大，使国家岁用不亏，易于选举贤能。"苏威亦请精简地方行政组织。隋主同意，遂撤销郡级建制，使地方行政变为州、县两级制度，对政治发挥重要影响。

翌月，隋主亲阅刑部奏案，发现讼案犹至万宗，认为是法律严密所造成，于是命令苏威、牛弘大量删改法律，只简留五百条文，使刑网简要，疏而不失。同时又在大理寺创置律博士与弟子员，讲授律学，培养法治人才。

御史柳彧见隋主勤于听政受事，百官奏请也流于繁碎，于是上疏谏诤，阐析尧、舜垂拱而治的道理，并说："近来见到陛下留心治道，不惮疲劳，这也是由于群官惧怕负责，不能自行裁决，动辄取判于天旨之故。这么多的呈奏，甚至连营造细小之事，出纳轻微之物，陛下也要在一日之内，酬答百官；因而至于日旰忘食，夜分未寝，圣躬忧劳于文簿。伏愿察臣至言，减少烦务，若经国大事，不应由臣下裁决的，伏愿陛下详决；其余细务，则应责成有关机关决行。"隋主览而嘉之，称赞说："柳彧直士，真是国之瑰宝！"不过司马光借柳彧之言，似是为了表示开皇之治，与隋文帝的勤政忧民有关。

开皇之治的基础，大都在隋朝建国初期即已奠定。开皇九年（589）平陈统一后，隋朝又推行了若干良好措施。

开皇九年二月，平陈后一个月，苏威奏请建立乡里自治制度。文帝接纳，诏令五百家为乡，百家为里；乡置乡正，里置里长。三月，文帝又下诏，除必要的国防措施与部署外，裁汰武人，禁止私藏武器，推行偃武修文的政策。

翌年五月，下诏军人改隶州县管辖，垦田、籍账一与民同，裁汰了不少军事基地，推行兵农合一政策。翌月又将庸役（劳动役）年限降低，人民年满五十岁即可免役收庸。

十二年（592）八月，文帝认为官员援用法律多所乖错，往往罪同而罚异，人民生命缺乏安全保障，于是下诏各地死罪不能径行议决，必须移送大理寺复审；复判完毕，尚需送呈尚书省及皇帝奏裁。

根据司马光记载，截至此年为止，由于施政得法，国库皆满，很多财物都充积于廊庑之间。文帝得报，问有关官员说："朕减税薄赋，又大经赏赐，怎样还会这样呢？"官员报告由于每年国库收入常多于支出所致。文帝一面下令另建左藏院以做储藏，一面下诏说："宁积于人，无藏府库。河北、河东（今山西省一带）今年田租三分减一，兵减半功，调全免。"于是发使均天下之田，彻底推行租庸调的为民制产及藏富于民政策，终于缔造了历史上政治的奇迹。

不过，司马光也不忽略隋文帝的缺点，总结他的缺点，计有不喜文学词华，喜欢专政而不责成各级官员处理政事；个性猜忌而不悦学，既以智诈夺权而又喜以严刑驭下，经常揭发群臣过失，甚至当廷杖打或杀死他们。

上述的缺失都非常严重，文帝统治下的盛世，是一个法律严肃、社会经济良好的时代，而不是一个文经飞跃、礼法整然的时代，这是后来唐朝"贞观之治"与"开元之治"名气超过他的原因。

文帝不学无术，善于猜忌而好恶任情，于是宗室子弟、名臣元勋，屡遭惩罚甚至舍身族灭之祸。开皇二十年（600）冬十月，竟至猜忌及厌恨太子杨勇，遂废太子而另立虚伪狡猾的晋王杨广为继承人，此即著名的暴君隋炀帝。这年是"开皇"年号最后的一年，也是隋朝亡国祸根种下的一年。四年之后，文帝终亦死于太子杨广的兵变大祸之中，结束了颇富传奇的一生。

司马光没有对开皇之治或文帝一生加以评论，他对隋朝的唯一评论是针对文帝父子之间的猜忌关系而发。隋文帝由于畏惧而又敬爱独孤皇后，所生五子皆由皇后诞育，因而引为自豪，曾向群臣夸言："前世夫子，溺于嬖幸，嫡庶分争，遂有废立，或至亡国。朕旁无姬侍，五子同母，可谓真兄弟，岂有此忧邪！"于是使诸子分据大镇，专制方面，权侔帝室。结果却造成父子互相猜忌迫害，兄弟互相竞争残杀的惨况。司马光评论此事说："从前辛伯告诉周桓公说：'内宠并立为皇后，外宠政出贰门，嬖子势位匹敌于嫡子，诸侯势力抗衡于上国，都是致乱之本。'人主真能慎于此四者，乱从哪里产生呢？隋高祖（文帝庙号）徒知嫡、庶之多争，孤弱之易摇，曾不知势钧位逼，虽同产至亲，不能无相倾夺。考辛伯之言，高祖真是得其一而失其三吧！"司马光之言，可谓一针见血，能掌握重点了。

第七章 唐 纪

一、唐初继承问题

隋恭帝（杨侑，炀帝孙）义宁元年（即炀帝大业十三年，617）夏四月，司马光开始介述李渊家属的事业。他说唐公李渊当初娶窦毅之女，生四男一女，儿子依次为建成、世民、玄霸、元吉。其他三子司马光不再介述，仅专力介述次子李世民，此即后来的唐太宗，这是发生偏差的主因。

世民聪明勇决，识量过人，见隋室方乱，暗中有安天下之志；于是倾身下士，散财结客，大家都很爱戴他。依照中国计算法，世民这年刚好二十岁。

晋阳宫监裴寂，某日与其友晋阳县令（晋阳县即今太原，晋阳宫则在猗氏县）刘文静同宿，见城上烽火，因而感叹万分："贫贱如此，又逢乱世，将有什么好办法可以自存下去！"

文静笑道："时事可知，我俩感情相得，何必忧虑贫贱哩！"他看见李世民后，对他有特别印象，想办法深自结纳，同时也告诉裴寂说："这是非常之人，豁达像汉高祖，神武像魏太祖（曹操），年纪虽少，真是命世之才啊！"刘文静与起兵反隋的李密是姻戚，因而连坐下狱。世民赴狱探视，文静说："天下大乱，非汉高祖、光武帝之才，不能平定。"

世民说："怎么知道没有这种人，只是大家都不认识他罢了。我来探望你，不是为了儿女之情，而是想与君共议大事呀，有什么好办法没有？"

"如今主上（指炀帝）巡幸江淮（指扬州一带），李密围逼东都（洛阳），群盗殆以万数。当此之际，有天命真主能驱驾而用之，取天下简直易如反掌。"刘文静分析道："太原百姓皆入城躲避强盗，我做县令数年，知道那些人是豪杰，一旦动员，可得十万人；尊公（指李渊）又统兵数万，一言出口，谁敢不从！运用这些力量乘虚攻入关中，号令天下，不过半年，帝业就可以成功了。"

"君言正合吾意。"世民笑道，于是秘密部署宾客，连李渊也不知道此事。

司马光做上述记载，显示太原起义的策动，实以李世民为主，刘文静是首谋，李渊则是后而知之的被动者。这是世民兵变即位后，唐朝的官方历史说法，真实性颇堪怀疑。司马光撰述《资治通鉴》，遇到值得怀疑的异说异证，他都加以研讨分析，另外编成《资治通鉴》考异一书。司马光对多条史料记载李世民说服其父起事一事，存有保留的态度，在考异中即指出"恐此亦非太宗之谋也，今皆不取"；唯独对太原起义首议一事，似深信而不质疑。

六月，李渊自称大将军，任命长子建成为陇西公、左领军大都督；次子世民为敦煌公、右领军大都督，全部起义部队分为三军，父子三人各带一军；少子李元吉则充当太原留守，坐镇根据地太原。三军十三万人旋即出发，西攻长安。

九月，在西攻途中，将佐们共推李渊为太尉。十一月即攻克首都长安，劫持京城留守、年才十三岁的代王侑为皇帝，此即恭帝，并遥尊炀帝为太上皇；李渊则假恭帝的诏命，自为假黄钺使持节、大都督内外诸军事、尚书令、大丞相、唐王，建成为唐国世子，世民为京兆尹、秦公。翌年春正月，唐王以建成为左元帅，世民为右元帅，督师救东部。不久，江都兵变消息传至，炀帝被弑，遂在同年五月受恭帝之禅，建立唐朝，改元武德，寻任其子世民为尚书令。翌月，立建成为皇太子，世民为秦王，元吉为齐王。

司马光的记载，最起码含有两种意义：第一，李渊由起义至称帝，颇曾效法其姨父隋文帝的故智，不同的地方主要在公开起义，及劫持天子时恭帝未算孤儿寡妇之局面而已。换句话说，李渊的废隋建唐，手段并未完全的黑暗；但是他运用匡扶帝室做表面的理由，粉饰其篡位夺权的实际行为，对于随侍在身边的李世民，影响不可谓不大。

第二，从太原起义的发展轨迹看，建成、世民、元吉三子（玄霸早死），均是李渊的左、右手，建成的皇位继承权在建国时即已确定。

根据惯例，皇太子不实际处分朝政，而且常在京居守，很少带兵作战的。唐朝建国初年，群雄割裂并争，于是在朝则处理政务，在外则带兵作战，其责任遂落在李世民身上。武德四年（621）冬十月，秦王世民一举平定王世充及窦建德，功勋极大，前代的官职都不足以表彰其功，于是特创"天策上将"一官来酬庸他。"天策上将"是实际的最高统帅，位在王公之上，可以说是超级将军。

这还不重要,更重要的是,世民当时也兼领若干地位崇高或握有实权的官职。照他当时的权力与地位看,他其实仅居一人之下而已,皇太子的声势也比不上他。如果世民日后再立大功,要不就是让帝位给他,要不就是压抑着不晋封,因为世民官位至此,已无可再加的了。

这种情况,世民父兄是了解的,所以同年年底,刘黑闼复兴窦建德的势力,高祖即同时任命秦王世民与齐王元吉两兄弟,前往征伐,后又命太子亲征,使世民没有专功的机会。此后每当突厥入寇,高祖常分命太子与秦王统兵北上防御,一方面为培植太子的声望,另一方面则让太子分担秦王之功。司马光虽然没有阐明此意义,但他透过史实的撰述,就可观察到高祖此政策性的决定。

写到武德五年(622),司马光追述一件秘密。他说,当初高祖起义于太原,都由秦王世民所策动。高祖告诉世民说:"如果事成,则天下都是因为你而得到的,当以你为太子。"世民拜且辞。及至攻入长安为唐王,将佐亦请以世民为世子(诸侯的继承人),李渊将立之,因为世民坚决推辞而止。他又记述说,太子建成个性宽简,喜好酒色及游猎;齐王元吉则多过失,高祖对此两人都不宠爱。由于世民功名日盛,高祖常有意以他取代建成为太子;建成内心不安,乃与元吉协谋,共同对付世民,于是各树朋党相竞争。这种在太宗即位后的官方实录,司马光倒是深信不疑,不再慎思考异了。

不过,司马光虽然不疑李世民首谋起义与高祖欲易太子二说,却也保留了一些对世民不利,让后人能够考证翻案的史实。例如同年同段,他又记载说,李世民平定洛阳后,部属但遵秦王教令,而不接受皇帝的诏敕。唐高祖曾因此发怒,责备世民说:"我的手敕比不上你的教令吗？"他日，又告诉宰相裴寂说："这个儿子长期典兵在外，为书生所教，不再是从前的儿子了！"

这段事实，显示出此时唐高祖与秦王世民父子之间，早已有摩擦存在。加上秦王与高祖的妃嫔相处不好，妃嫔们因而先后投诉于高祖说："皇太子（建成）仁孝，陛下把妾母子托付给他，必能保全我们。"由是高祖打消改换太子的心意，对待建成、元吉日亲，对待世民日疏。既然如此，以后又记载高祖答应立世民为太子之事，显然极为可疑。

李元吉及魏徵等，都了解秦王世民的政治优势及野心，力劝太子建成早日诛之，但屡次为仁厚的建成所否决。这种事实，司马光也加记述，没有偏袒之意。反过来，秦王世民等欲据洛阳反叛，并又策动在京兵变，司马光也条缕分明。不过，在司马光的笔下，是建成与元吉先争取主动，加害世民，而世民则定被逼自卫反抗，而且在部属的教唆下，终于爆发武德九年（626）六月四日的玄武门兵变。

世民在玄武门弑掉太子、齐王两兄弟，连带把两人儿子、家属及左右百余人杀害，断绝亲属关系，抄没其家。兵变发生后，世民命令尉迟敬德擐甲持矛，带兵保卫高祖。

高祖见敬德带兵前来保护，竟然大惊道："今日是谁发动叛乱？卿来这里有何目的？"敬德报告秦王命令前来保卫。高祖无奈地询问随侍的裴寂："想不到今天看见此事，应该怎样办才好？"

宰相萧瑀与陈叔达答道："建成、元吉本来没有参与起义的策划，又无功于天下，妒忌秦王功高望重，共为奸谋。如今秦王已讨而诛之。秦王功盖宇宙，全民归心，陛下如果将他立为太子，委以国事，就没有问题啦！"

萧、陈二相之言，显然都是违心怕事之论。高祖对此弑兄逼父的事，司马光居然写道：高祖说："好！这正是我一向的心愿！"高祖对此事再不追究，即日册立秦王为皇太子，交出统治权，也不挽救他的孙子们（建成与元吉诸子）；到了八月九日，更下诏让位给世民。这些反应实是大违人情的行为，里面黑幕重重，司马光不但泰然不疑，而且还下了对唐朝的第一个评论。

他说，礼的正常规范是立嫡以长，但是唐高祖之所以有天下，皆因太宗之功而成；隐太子（建成后来的封谥）以庸劣的才德居于太宗之上，地位嫌疑，权势逼近，两人必不相容。假使从前高祖能够选贤而立，隐太子能够让位于弟，太宗也能够有让国的风节，则祸乱从何而生？既然不能这样做，太宗当初本想等建成先动手，然后自己才反击他，如此的话，尚属事非得已，不过还是过分了。既而太宗为属下所迫，遂至喋血禁门，推刃于同气，贻笑千古，真可惜呀！身为创业垂统之君的人，必为子孙所模仿效法，后来中宗、玄宗、肃宗、代宗的继承事件，岂不都有所援例以作为口实吗！

现代已经有学者考证此事，认为玄武门兵变的主因，在秦王世民自恃功高，想夺取太子的地位。当他的意图与行动一再被太子建成打消以后，世民最后遂运用兵变之非常手段来达到目的。姑无论太宗如何篡改历史，司马光又如何深信不疑，要之司马光的评论，实有欠当之处。

宗法上的继承制度，规定必以妻之长子为嫡子，是第一继承人，其目的着眼于社会的和平与安全。既然"立嫡以长"是"礼之正也"，则显然表示不论他子如何圣贤，均不得越次而夺嫡。如此，则司马光怎样可以批评唐高祖不选贤而立，李建成不谦让于弟呢？从这种角度看，唐高祖与李建成两人，都是守法的人啊。何况建成从起义至被弑，军事与政治方面都有所表现，实在未至"庸劣"的地步，起码司马光的笔下记述，并未显示出这种情势，反而一再称述建成的"仁厚"。这样看来，司马光抨击唐高祖无"文王之明"，太子建成"庸劣"而无"泰伯之贤"，目的似在表示太宗理应继位，显然有偏袒曲护之意。这种暗示，假如是司马光误信唐史而来，则表示他治学未明辨，是无意之失；假如他确实有意如此陈述及评论的，则表示他态度不中正。这两种错误都是史家的大忌。

弑兄弟、逼父亲与害储君、劫天子两种行为，再怎样说，都为人伦所不容。司马光在儒学昌明之世，当亦不好过分为唐太宗辩护；但他对太宗的行为，仅责以"贻讥"与"惜哉"而已，并未对此大唐著名君主严加贬谪，是则史家所标榜的"贬天子、退诸侯"之春秋精神，至此已隐晦不明。

史家要么就不评论，评论则必须中肯、中正。秦王世民即使功勋再大，断断不能成为可以篡弑的理由。唐朝以后诸君主，多以兵变即位为常，非但是子孙在效法太宗此"创业垂统之君"；其实此动乱的大根源，更是在高祖与建成守法合理、太宗则是乱臣贼子的大道理，已经隐没不明。若说历史有教训功能，可以为后人的借鉴，是则必须先有中正平允的史义与史评才成。

无独有偶，唐太宗自以"周公诛管、蔡"的理由来粉饰其弑兄逼父、夺嫡犯君的勾当后十七年（贞观十七年，643），他的儿子也来一次依样画葫芦，几乎把太宗攀了下来。

长孙皇后为太宗生了李承乾、李泰、李治三个儿子。太宗即位后，就册立了八岁大的承乾为皇太子。承乾长大后，为人活跃奔放，身体颇有缺憾，故太宗并不喜爱他，但也不至于厌恶他。太宗最爱的是长孙氏所生的次子，在所有儿子中排行第四的李泰。李泰由于颇有文学名气，又最为父皇所宠，因此蕴有夺嫡之心。对于此事，不少臣子已曾上章论谏警告，太宗自然更为了解。

贞观十七年春正月条下，司马光记载太宗对群臣说："听说外面士人以为太子有足疾，魏王（李泰）颖悟而多从游幸，遂生异议，有些侥幸之徒，已经开始附会巴结。你们需知道，太子虽有足疾，但并不妨碍他的行动；而且依照礼制规定，嫡子死则立嫡孙。太子的儿子已经有五岁大了，朕终不会以孽子来取代宗子，开启窥觎皇位的渊源啊！"

太宗讲终归讲，既然仍是如此宠异魏王，别人是否了解他维持继承法的决心，显然已是另外一回事。同年二月，皇三子齐州都督、齐王李佑兵变，他对皇位也有野心，但在翌月即被李世绩统兵敉平，逮至京师赐死。然而李佑这位兄弟的兵变，对原已紧张的太子与魏王之关系，刺激诱导甚大，太子遂有兵变的计划。

根据司马光在三月记载，太子密养刺客、壮士百余人，只是畏惧魏王之逼，想刺杀魏王而已。使太子把武力对象移向唐太宗的，厥为侯君集、皇弟元昌、李安俨、驸马杜荷等人，这些人之中，侯君集是太宗发动玄武门兵变的第一功臣；李安俨则是隐太子李建成的死党；杜荷则是玄武门兵变另一第一功臣杜如晦之子。

反过来，帮忙魏王的要人韦挺则是隐太子建成的心腹，杜楚客则是太宗心腹杜如晦之弟。他们以金钱贿赂权贵，声言魏王听明，理应成为太子。

双方干部，都有太宗与建成两人原先主要干部或其子弟，而且当时多已位居冲要。幸好在四月有人告密，兵变才被预先扑灭。从各人的身份、背景及其行事来看，唐太宗以唐皇的理由来粉饰黑暗的勾当，泯灭大是大非，正是造成这次不成功兵变的重要原因；也是魏王想夺嫡的主因。

太子承乾既被幽废为庶人，魏王泰每日入宫侍奉，太宗允许立他为太子。元舅（指天子嫡亲舅舅）长孙无忌则请立晋王李治。司马光对此没有分析，其实依照继承法，应当是要立魏王泰的，太宗所以烦恼到要自杀，可能就是为此。因为太宗曾亲自面责李承乾，承乾道："臣贵为太子，还要希求什么！只因为被李泰所图，时常和朝臣谋求自安之术，遂被那些不逞之人教坏罢了！如今李泰假如当了太子，臣可以说是落到他的陷阱里面去了。"因此太宗一再与大臣商量，决心越次册立李治为太子，遂召集百官宣布，指出承乾悖逆，李泰也凶险，皆不可以立为太子。

议定后，太宗又向侍臣说："我如果立李泰，则是太子之位，可以经营而得。自今太子失道，藩王窥伺者，皆两弃之，传诸子孙，永为后法。而且，李泰得立，承乾与李治都不安全；李治得立，则承乾与李泰都会安全无恙了。"

写到这里，司马光评论说："唐太宗不以天下大器私其所爱，以杜祸乱之原，可谓能远谋矣！"寥寥数字的评论，可以看出司马光对此实是史识不高。

因为根据司马光所述太宗告诉侍臣的话，太宗舍李泰而立李治，是基于下面的考虑：第一，要杜绝太子之位可以经营而得的歪风。第二，册立李治可以保全承乾与李泰，册立李泰则承乾与李治俱危。他要"传诸子孙，永为后法"的久安之道，不是正面确立及肯定嫡长子的继承制度。

所谓"太子失道，藩王窥伺者，皆两弃之"，含有如下的意义：第一，太子必须贤，不贤而失道者则可以废之。第二，藩王不可以经营太子之位，否则也得废之。

唐太宗兵变即位，是诬赖太子建成不肖，高祖早有立他之心。是则他必须保留"太子失道"可得而废之的理由，而把重点放在父皇没有册立之心，而藩王窥伺经营此一行为上。但是，"太子失道"可以废，正是刺激"藩王窥伺"的根本原因啊，魏王泰集团散播太子承乾不肖，想取而代之，不是这样子的吗？唐太宗何曾杜绝了祸乱之源呢？而且他哪里能够否定自己得位的意义，有正本清源的远谋呢？

远的不说，安史之乱前后，废弑兵变乃是常事；就以玄宗以前为例，此七十年之间，唐太宗的嫡长孙、皇太子李弘，死得不明不白；嫡次孙皇太子李贤，被母后武则天所废所弑。另二嫡孙中宗、睿宗分别被废，终使武则天兵变代唐。稍后中宗兵变复位，又死于韦后的事变，太子更早就被废杀。睿宗兵变复位，皇太子则以选贤的原则，交给了李隆基（玄宗）。隆基地位几乎被姑姑太平公主所推翻，靠冒险兵变而稳固下来。不过他晚年失政，也为儿子肃宗的不流血兵变所推翻。是则司马光称赞太宗所谓"能谋远矣"，显然未能把握重心要点，可以断言，他的偏差早在评论玄武门兵变就注定了。从另一方面看，唐太宗对两次夺嫡兵变的态度，实已产生偏差及不良的教训效果，唐朝以后中央政局的动乱，应即造端乎此。

· 217 ·

二、武则天的篡位

贞观十一年（637），此年记事截至十一月止，此后记载武则天入宫事。依照《资治通鉴》编修义例，一年中，最后一个月记事完毕，而另又有事附记，即表示此事不知月、日，只知在此年发生。司马光写道："故荆州都督武士彟女，年十四，上闻其美，召入后宫为才人。"胡三省注引用《资治通鉴》考异，指出关于武则天年寿及入宫时间，有多条不同的记载，考异最后选择说："据武氏入宫年十四，今从吴兢《则天实录》为八十二（岁），故置此年。"本书上编介绍《资治通鉴》考异此书，就是这种分析鉴别，解释选择史料理由之书。

吴兢是盛唐著名史学家，他修选官方的《则天实录》，理应有所根据。据此，推知武则天是大臣之女，生于唐高祖武德七年（624），少年时代即以美丽见称，因而被太宗召入宫为才人。才人是皇帝中级媵妾的一种官称，可见她入宫不是做宫女。

唐高宗永徽五年（654）三月庚申，诏令加赠武德（高祖）功臣十三人的官爵，武士彟亦在名单之内。司马光追记加赠功臣的理由说，当初王皇后（高宗妻）无子，萧淑妃（高宗妃）有宠，王皇后妒忌她。皇上（指高宗）当太子时，入宫伺候太宗，见才人武氏而悦之。太宗崩逝，武氏随众妃妾的惯例，入感业寺为尼。忌日，皇上赴寺行香，看到武氏，武氏泣，皇上亦泣。王皇后闻之，秘密命令武氏重新长头发，劝皇上纳她为后宫，想利用她分散淑妃之宠。武氏为人巧慧、多权术，入宫之初，卑辞屈礼以事奉皇后。皇后对她喜爱，多次在皇上面前称美武氏。不久，武氏大为皇上宠爱，拜为昭仪（仅次于妃的媵妾），皇后与淑妃均失宠，于是两人共同谗毁武昭仪，皇上都不听从。武昭仪想追赠其父，但师出无名，其父是开国功臣之一，于是借口褒赏功臣，追赠其父及另外十二名功臣之官。

从贞观十一年（637）至此，已经中隔十七年，司马光二度记述武则天事迹时，她已经是三十一岁的成熟妇人，高宗则比她小四岁。武则天的家庭背景、生活片段、与高宗及王皇后的关系等问题，历史均乏记载，司马光除了根据官方的实录，似亦乏善可陈。武则天的早期发展既然无可奉告，司马光只能介述此年她成为昭仪得宠后，竟然能够使高宗追赠其父的官职之事。

同年六月，王皇后之舅、宰相柳奭，因王皇后失宠而内心不安，请求辞掉宰相，高宗核准他，罢为吏部尚书。是岁，武昭仪倾心结纳宫人，监视王皇后、萧淑妃等人。武昭仪生女，皇后怜而逗弄，事后离去，昭仪遂秘密扼杀此亲生女儿，诬告皇后下毒手。皇后无以自明，高宗遂有废后之心。武昭仪亦争取长孙无忌（高宗亲舅）等大臣的支持，但遭拒绝。

永徽六年（655）九月，退朝后，多次召请宰相团入内商议废立皇后之事，长孙无忌、褚遂良、韩瑗、来济四相坚决反对，于志宁不表态度，李𪟝则声言："这是陛下家事，何必更问外人！"

武昭仪的心腹礼部尚书许敬宗，也宣言于朝说："乡巴佬收入增加了十斛麦子，尚且想换一个媳妇，何况天子要立皇后，关大家什么事，而妄敢表示异议！"昭仪命令左右将此宣言报告给高宗。同月，反对最力的褚遂良首先被贬。

冬十月十二日己酉，高宗下诏废黜王皇后、萧淑妃为庶人，家属皆褫夺官爵，流放岭南。十八日乙卯，百官上表请立中宫，高宗下诏说："武氏出身高差,门华族,先帝将她赐了给我,可以立为皇后。"于是在十一月一日,由李绩主持典礼,正式册武昭仪为皇后。

根据高宗的"立武氏为皇后诏",显示高宗与武氏均欲掩饰他们的通奸乱伦的勾当,诿称太宗早已把武氏赐予高宗。父亲再糊涂,怎会把自己的媵妾赐给亲生儿子呢?高宗的皇帝诏令,仅是掩耳盗铃的行为而已,《则天实录》根据这些资料来修撰,可靠性也是令人怀疑的。司马光没有对此事加以考异,忠实地录用官方文献,大概是要让读者自己去分析吧?

废后王氏、废妃萧氏同囚于别院,高宗旧情未断,曾秘密行至囚所,见密室深闭,只有墙壁开凿一孔以通食物,内心恻然伤感,呼唤道:"皇后、淑妃在哪里?"

"妾等得罪为宫婢,怎能再有此尊称!"废后哭泣着说,"至尊若念旧情,使妾等重见天日,乞求赐此院为'回心院'吧!"

高宗安慰地答道:"朕即有处置!"

武后接到报告,大怒,遣人各杖王、萧二氏一百,砍去手足,丢到酒瓮中,并声言道:"让她们骨头也醉吧!"数日之后,二人死去,武后又下令斩之。

这件事在武氏册为皇后不久发生,司马光记载下来,目的是让读者了解武后的性格心态,高宗的软弱屈服,及武后情报系统的运用。后来高宗大权旁落,反对派群臣纷遭整肃,太子诸王迭受迫害,无人能够控驭武后,此事件可说是具体而微的例子。

到了显庆四年(659),长孙无忌等反对派大臣陆续夺职、流放、被杀,连依违中立的于志宁也罢官还第,武后心腹许敬宗、李义府等拜相执政,横行朝廷。降至麟德三年(666)十二月,宦官王伏胜密告武后为厌胜之术,想诅咒皇帝。高宗当初因武后能屈身忍辱以奉顺他,故立她为后;但武后立为皇后后,即专威作福,动辄控驭高宗,使高宗不胜愤怨,遂因密告,密令宰相上官仪起草废后诏书。左右奔告于武后,武后径见高宗,高宗畏羞,复和好如初;他还恐怕武后怨怒,因此自我卸罪说:"我最初没有此心,都是上官仪教我!"

上官仪与王伏胜都曾侍奉过陈王李忠(高宗长子、废太子),于是武后指使许敬宗诬告三人谋大逆,均赐死抄家。宰相刘祥道坐与上官仪亲善,亦罢相职;与上官仪结交的朝臣,也连坐贬黜了很多人。

从这事件发生后,自是高宗每上朝听政,武后都垂帘坐于其后,政无大小都加参与,大权悉归中宫;群臣的黜陟、生杀,均由武后一言而定,天子拱手摆样子而已。因此,全国称呼高宗、武后两人为"二圣"。

利用诬告方式迫害情敌,武后未成为皇后以前,已能纯熟运用;运用同一方式整肃百官,她当了皇后以后即已大肆进行。皇后宠妃、元舅首相、顾命元老(先帝遗命辅政的宰相),都抵抗不了武后的势力,先后身死命丧。高宗软弱,受制于武后,坐视他们一一赴死而不能救。实则在上官仪案以前,武后已隐然是幕后天子,自此则正式步上幕前罢了。这年她才四十一岁。直到八十二岁而死,她实际在幕前当真君主,前后总共是四十二年。

上元元年(674)秋八月,全国进一步尊称高宗"天皇",武后为"天后",武后的权威又拓升了一级。翌年三月,高宗生病,准备委托天后单独摄政,幸亏宰相郝处俊反对才止。这时,天后多引用文学之士,为她撰写书文如《列女传》《臣轨》《百僚新戒》等书，这是一种"圣训"，她利用文字来塑造意识形态，巩固个人的权威；同时，这些文士时称"北门学士"，天后密令他们参决朝政，以分削宰相之权。

弘道元年（683）十二月，高宗崩逝，遗命宰相裴炎辅政，尊天后为皇太后，临朝听政。

第二年（中宗嗣圣元年，睿宗文明元年，皇太后光宅元年），即位才一个多月的中宗，想拜他的岳父韦玄贞为宰相，裴炎固争。中宗怒说："我把天下让给韦玄贞有何不可！难道还吝惜这个宰相的官职吗？"

裴炎大惧，禀奏太后。太后本就不想还政给中宗，于是以此为借口，在二月命令裴炎等带兵入宫，宣读太后令，废中宗为庐陵王，强扶下殿。中宗质问太后："我有何罪？"

"你想把天下让与韦玄贞，何得无罪！"太后说完，命令将废帝幽禁于别处。

第二天，另立幼子豫王李旦为帝，但太后不还政，睿宗只能居于别殿，不得干预政事。

同年，李绩之子英国公徐敬业（李绩原姓徐，赐姓李氏）举兵讨武，骆宾王作《讨武氏檄》，公开指责武后"人非温顺""秽乱春宫"（指与高宗通奸）；又揭露她"包藏祸心，窃窥神器"，要求皇唐旧臣起而伐罪。裴炎这时也了解武后野心，利用徐敬业起事来要挟还政。结果不久，徐敬业被平定，裴炎被杀，株连文武甚众。

司马光写到这里，认定有一条数据叙述不妥，而加以删弃。在《资治通鉴》考异此书中，他则全录这条重要数据，加以评鉴。考异说，根据《唐统纪》记载，太后解决徐敬业、裴炎等对抗行为后,仍然极为震怒。遂召集群臣质问:"朕(临朝太后皆自称朕)于天下无负,群臣都知道吗?"

"是!"群臣答。

"朕事奉先帝(高宗)二十几年,最忧虑天下啊!"太后说,"公卿富贵,都是朕赏与的;天下安乐,是朕长期培养出来的。及至先帝舍弃群臣,以天下托顾于朕;朕不爱自己而爱百姓。如今兵变的领袖都出于将相群臣,为什么负朕这样深啊!你们有顾命元老、倔强难制超过裴炎的人吗?有将门贵种、能纠合亡命胜过徐敬业的人吗?有握兵宿将、攻战必胜优于程务挺(支持裴炎的名将)的人吗?这三人都是一时人望,不利于朕,朕能戮之。你们有人能够胜过此三人,则应当趁早反对朕;不然,必须革心事朕,不要为天下所笑!"

群臣闻言,顿首不敢仰视,都说:"听从太后指挥。"

司马光不录用这条极能表现武后专横的资料,唯一的理由是:"恐武后亦不至轻浅如此。"事实上,武后一生,轻浅超过此事的,尚有很多,司马光的理由不能算是理由。这大概是司马光的道德史观作祟,使他的论断有所偏差吧?这种情况,类似的尚不少见。

武后利用《臣轨》《百僚新戒》等书教导群臣,此时又公开严厉警告,声明百官必须"革心事朕",然后她会赏与富贵;否则,"不利于朕,朕能戮之"。那一群轻佻无赖、谄媚附势之徒,于是纷纷献力交心。

两年后(垂拱二年,686)春正月,太后假装还政,下诏复政于睿宗。睿宗知太后不是诚心,坚决推辞。太后核可,复临朝听政。同年三月即建立甄检制度,公开鼓励臣民告密言事,投函于匦（铜箱子）中。

垂拱四年（688）五月，假借神道迷信，自认上承天意，称为"圣母神皇"。载初二年（691）又假借佛教，宣言神皇受命之事，在九月九日壬午，改唐为周，改元"天授"，加号"圣神皇帝"；把睿宗降为皇嗣（皇位继承人），改姓武氏，与其儿子、侄子们，分别被幽禁起来。

司马光对此史无前例的变局，中国唯一的女皇帝，没有加以任何评论。不过，他不承认武则天所建立的周朝，也不承认她是皇帝，只是援用她的正朔（即正月一日。古代朝代交变，有改换正朔之事，故正朔是政权的象征）年号，俾人知道此一变局而已。因此，《资治通鉴·唐纪》之中，没有杂以"周纪"的名称，笔法写成："《唐纪》若干（卷数），则天顺圣皇后若干。"仅称则天为皇后，而不称她为皇帝，显然在此含有春秋的褒贬精神，发挥"贬天子"与"正名分"的意义。这种笔法，是援用王莽之例而来。

三、从开元之治至藩镇之乱

睿宗景云元年（710）冬十月丁酉，《资治通鉴》记载说，以幽州镇守、经略、节度大使薛讷为左武卫大将军兼幽州都督。节度使之名自讷始。

先天二年（713）秋七月，已即帝位的玄宗，发动了一场类似政变的行动，肃清了武则天以来动乱政局的余波，年底改元"开元"，遂得以展开复辟唐太宗时代的政治活动，召回曾两次拜相的姚元之（崇），让他重为宰相，主政中央。

开元初期政局，几由姚崇与卢怀慎两相主持。当时有人视姚崇为"救时之相"，姚崇也以天下为己任。事实上，司马光在开元三年（715）春正月条下曾写到，卢怀慎清谨俭素，不营产业，不善于处理政事，曾因姚崇丧子请假十余日，竟使政事堆积而不能裁决。怀慎惶恐入宫向玄宗谢罪，玄宗说："朕把天下委托给姚崇，以卿坐镇雅俗罢了！"因此，这时的政局，实际上由姚崇一人主持。

怀慎得知玄宗真正的心意，也自以为才干不及姚崇，所以每有政事，都推给姚崇裁决，时人笑他为"伴食宰相"。

司马光对此看法不同，他评论说，以前鲍叔之于管仲，子皮之于子产，都位居其上，能知贤而委屈自己，将权力交给他们，所以得到孔子的赞美。曹参自谓比不上萧何，乃能一遵萧何制定之法，终成汉朝大业。对着用事的不肖之人，同僚若爱身自保而屈服，不顾国家的安危，这才真是罪人啊！贤智之人用事，同僚若愚惑以扰乱其治，专固以分削其权，妒忌以谗毁其功，愎戾以窃取其名，这也是罪人。姚崇是唐的贤相，怀慎与他同心努力，以济玄宗太平之政，那有何罪呢？"泰誓"说："人之有技，若己有之，人之彦圣，其心好之，不啻如自其口出，是能容之，以保我子孙黎民，亦职有利哉。"就是指卢怀慎这种人啊。

是则司马光认为"开元之治"，是因为玄宗能专委姚崇，姚崇以能天下自任，而卢怀慎能虚怀以助人之美，开创出来的。开元四年闰十二月，姚崇罢相，宋璟、苏颋同日拜相。宋璟作风类似姚崇，苏颋作风则略似怀慎，应皆出于玄宗的特意安排。于是尽管姚、宋两人志操不同，但均能协心治国，使赋役宽平，刑罚清省，百姓富庶，缔创出致治之世。以后接任诸相，虽才性各不同，但大体上均是一时人才，与姚崇、宋璟相比，不会过分失色。

开元中期以后，节度使往往入升为宰相，宰相亦往往外调为节度使，甚至在开元九年（721）九月，天兵军（驻太原一带）节度大使张说，再度入拜为兵部尚书、同中书、门下三品；翌年夏四月加兼知朔方军（驻今陕西省北部）节度使。是则出现了节度使入为宰相，再以宰相本职兼节度使的现象。节度使地位的提高，权力随之加强，这是造成安史之乱与藩镇割据的原因之一。

根据开元十年秋八月记载，宰相兼朔方军节度使张说巡视边防回京，把全国六十余万边防驻兵裁减为四十万左右，被裁汰的二十余万人解甲归农。同时，由于府兵制已破坏，张说采用募兵制，招募了十三万人为中央军，兵、农自此分开。募来的中央军素质日下，战力甚差，数量亦少；反过来，边防军数量超过中央军，战力亦强，于是形成内轻外重之局。这种局势的发展，也是促成安史之乱与藩镇割据的原因之一。

天宝元年（742）春正月，安禄山迁为平卢节度使。全国至此一共有十个节度使，镇兵凡四十九万人，平卢节度区（约今河北省东北部分）镇兵有三万七千五百人。翌年三月，禄山兼任范阳节度使，节度区（约今河北省北部）兵力有九万一千四百人。是则安禄山身兼两镇，掌握兵力十二万余，占全国镇兵约三分之一。不单安禄山如此，王忠嗣等也常身兼两三镇，兵力优于中央军。

司马光记述说，自唐兴以来，边帅皆用忠厚名臣，不久任，不遥领，不兼统，功名著者往往入为宰相。及至开元中，天子有吞并四夷之志，十余年不易边将，开始久任的现象；同时由皇子、宰相遥领、镇帅兼统等情况也陆续出现。宰相李林甫想杜绝边帅入相之路，以胡人不知书、骁勇善战、孤立无党为借口，尽用胡人为节度使，精兵多驻在北边，产生偏重之势，终使安禄山倾覆天下。至天宝十年（751）二月，禄山又兼任河东节度使（驻太原一带），控制兵力近二十万，部下将领多是番将，于是在十四年（755）十一月，起兵造反，玄宗仓皇西撤入蜀。

肃宗即位反攻，来降的安禄山、史思明将领，也多授以节度使之职，以做安抚姑息。经八年征战之后，安史之乱虽平，但节度藩镇转多；他们多不奉朝廷命令，等于割地自立状态。

肃宗乾元元年（758）十二月，已归附的平卢节度使王玄志死，肃宗派遣中使前往安抚将士，且视察军士想立何人为帅，然后授以旌节，正式册拜此人为节度使。裨将高句丽人李怀玉，杀玄志之子，推玄志的大将侯希逸为平卢军使，朝廷因而遂拜希逸为节度副使。司马光说，节度使由军士废立，自此开始。

朝廷无力改换藩镇，藩镇常由军内的将士废立，割据之势，随此风气的盛炽，更形根深蒂固，不可动摇，终至造成五代十国之局。司马光对此历史改变的契机极为注意，故在此事之后，加以长篇评论。

司马光认为，民生有欲，无主则乱，所以才有圣人出现，制定礼法以为治理，从天子至诸侯、卿、大夫、士、庶人，尊卑有分，大小有伦，好像纲条般相维，好像臂指之相使，因此人民服事其君上，而臣下无觊觎之心。大凡人君所以能控制其臣民的原因，是因为他掌握了八种权柄（即控制臣民的爵、禄、予、置、生、夺、废、诛八种刑赏）罢了。如果人君舍弃此八柄，则彼此势均，用什么来指挥他的臣下哩！

· 227 ·

肃宗遭逢中衰之局，幸而复国，这时正宜端正上下之礼以整顿四方；怎会反而偷取一时之安，不思永久之患。任命统帅以统兵作藩维，是国家的大事啊，竟轻率到委派一介之使，徇从行伍之情，不问贤或不肖，只要是将士所欲拥立的人，就加以正式的任命。从此以后，积习为常，君臣因循适用，以为得策，其实应称为姑息才对。积习的恶化，乃至于偏将士卒，动辄杀逐主帅，亦不治他们应得的罪，反而正式授以统帅之位。那么，爵、禄、废、置、杀、生、予、夺此八种权柄，皆不出于上而出于下，大乱之生，哪里会有终极啊？

而且，统治国家的人，赏善而诛恶，所以使为善者得到鼓舞，为恶者得到惩罚。在下位的人而杀逐其上官，恶孰大焉！竟然使之正式为帅，统理一方，这是奖赏啊。用奖赏来鼓舞为恶，为恶当然无所不至了。由是在下位者常常针对其上官，若有机会则攻而诛灭他；在上位者常常畏惧他的属下，内心惴惴，一有机会则掩而屠杀他们；上、下皆争取先发制权以逞其志，缺乏相互保养、共谋利益而长久共存的计策，像这样子而想求天下安定，可以求得吗？迹其厉阶，即肇因于此。

古代治军必本于礼。如今唐朝治军而不顾礼，使士卒得以欺凌裨将，裨将得以欺凌主帅，是则将帅之欺凌天子，实为自然之势呀！

由此，祸乱继起，兵革不息，民生涂炭，无所控诉，凡二百余年，然后使大宋受命。太祖（宋太祖）开始制定军法，使以阶级相承，上下有叙，稍有违犯，就加诛杀，于是将士守法，秩序井然，用之以统一中国，以至于今（宋神宗朝）。这都是治军以礼的缘故，岂非诒谋之远哩。

换句话说，司马光认为肃宗推行姑息之政，允许军士推翻将帅，是则将帅欺凌皇帝，实为一定的"自然之势"，非到宋朝建立后大事整顿，局面是无法改善的。

第八章　后周纪

一、冯道——五代十国的一个典型官僚

唐昭宣帝天祐四年（907），汴州（开封）节度使朱全忠弑昭宣帝，建立梁朝，结束唐朝二百九十年国祚，开启五代十国纷争之局。

梁灭唐，唐朝原来呈半独立状态的节度使，多不承认其政权，起而与之争衡。他们或者仍然遵奉唐朝的正朔，或者也称王称帝，自己偏霸一方。可以说，五代十国的局面，仍为唐代藩镇之祸的延续局势罢了。司马光为了《资治通鉴》的系年，遂以（后）梁、（后）唐、（后）晋、（后）汉、（后）周为主宰，史称之为五代；其余均列属偏霸一方之国，待遇则与三国时代的（蜀）汉、吴两国相当。

梁朝龙德三年（923），唐河东节度使（治今太原）李存勖灭梁，结束梁朝政权，并建立唐的国号。这群突厥人所建的政权，政变频仍，四年后，李克用（存勖父）的养子李嗣源乘乱兵变，夺得政权，是为唐明宗，改元天成。

明宗目不知书，四方奏事皆令心腹重臣安重诲读之。安重诲亦不能尽通，于是在天成元年（926）五月，建议说："臣只靠忠实之心为陛下做事，得以掌管枢机。现在对事粗能晓知，但是至于古事，则非臣所能及。希望照前朝侍讲、侍读，近代值崇政（梁枢密院称崇政院）院、枢密院的制度，选文学之臣以备咨议。"于是创设端明殿学士之职，任命翰林学士冯道、赵凤为之。

冯道原是晚唐幽州节度使刘守光的参军，守光失败，乃投奔河东李克用，因有文学，逐渐升为河东节度使掌书记（书记官）。庄宗李存勖即位，用为户部侍郎充翰林学士。此时擢为端明殿学士，进入权力高层为顾问，这是他发迹之始。

翌年春正月，朝廷讨论宰相人选，竞争激烈，安重诲推荐崔协，任圜推荐李琪，争持不下。明宗说："宰相是重任，你们应当另加审议。我在河东时见冯书记，此人博学多才，不会与人冲突，可以做宰相吧？"安、任两相私下协调数天，双方仍各不让步，最后竟以冯道及崔协两人为宰相（中书侍郎、同平章事）；至于任圜，稍后被排挤退休，不久赐死。

冯道颇尽心辅助明宗，司马光在天成四年（929）九月条下，记载君臣一段对话：

明宗与冯道曾从容谈及五谷屡年丰登，四方无事。冯道说："臣常常记得在先皇（指李克用）幕府时，曾奉命出使，途经井陉之险，臣忧虑坐骑会失足，小心地执辔控驭，幸而无失。及至到得平路，放马自逸，刹时就跌倒了。凡是治国的人，都应该了解这个道理啊！"

明宗深表同意，又问："今年虽然丰收，百姓赡足吗？"

"农家遇到凶年则死于流殍，遇到丰年则伤于谷贱，只有农家才会不论凶年、丰年，都会产生弊病。"冯道继续说，"臣记得进士聂夷中的诗句说：'二月卖新丝，五月粜新谷；医得眼前疮，剜却心头肉。'用字虽然鄙俚，却能道出田家的情实，农于士、农、工、商四民之中最为勤苦，人主不可以不知道啊！"

明宗大悦，命令左右录下此诗，常加讽诵。

是则冯道为人，也绝非庸才可比。不过，冯道对朝廷政事，常不表示意见，坐视后唐政乱兵变，导致国亡。后唐亡后，又做晋的宰相大臣。

晋为契丹所灭，耶律德光入汴京开封府称帝，冯道以节度使身份入朝。契丹主素闻其名，拜他为太傅，于枢密院做顾问。晋高祖石敬瑭本向契丹称"儿皇帝"，臣事甚谨。其子重贵继位后，少壮派军人极力反对臣事契丹，两国遂交恶交战。及至契丹主进入汴京，责备晋朝主战的将领刘继勋，当时冯道也在殿上，继勋急指冯道说："冯道是首相，他才是与景延广（主战派领袖）实际主持此策略的人，臣官位低卑，何敢发言！"

"这个老头不是多事之人，你不要诬妄牵累他！"契丹主也熟知冯道不与人争的性格，主动为冯道洗罪。

未几，契丹北还，河东节度使刘知远乘乱称帝，国号为汉，仍称天福十二年（947），入据汴京。当时，耶律德光病死，冯道等人辗转南逃，回到汉朝，汉帝没有委以事权，仅拜他为太师。

四年之后，汉朝兵变，隐帝（知远子）为郭威击败被弑，太师冯道与郭威有旧，率百官谒见郭威。郭威看到冯道，仍然拜见他，冯道亦受拜如常，徐徐说："侍中（指郭威）此行不易啊！"

郭威入京，与汉太后议立河东节度使刘崇（知远弟）之子刘赟，奏请派冯道等至徐州迎驾。同年（乾祐三年，950）年底，边防有契丹入寇警报；十二月一日，太后敕郭威统兵北征。二十日清早，将士突然发难，裂黄旗以披郭威之身，高呼万岁，拥簇南还。刘赟、冯道等一行，已行至宋州，准备赴京即位，突见郭威部属来到，不久又接郭威召还冯道的函信，均大惊。冯道向刘赟辞行，刘赟说："寡人此来所恃的人就是公，因为公是三十年旧相，所以才毫不猜疑地进京。如今我的卫兵正被郭威的部队缴械，事危了，公要怎样办？"

冯道默然。刘赟的客将数瞪冯道，想把他杀了。刘赟又说："你们不要鲁莽，这不关冯公的事！"

二十六日，太后诰令废刘赟为湘阴公；翌日命令郭威监国。百官向郭威劝进，郭威遂在翌年（广顺元年，951）春正月即位，改国号周，改元广顺。同月，郭威杀刘赟于宋州，其父刘崇即日在太原称帝，是为北汉。

后周建国，冯道兼为中书令，成为首相，直至显德元年（954）夏四月去世为止。他自后唐以来，累朝不离将、相、三公、三师之位，为人清俭宽宏，人莫测其喜怒；个性滑稽多智，浮沉取容，曾撰《长乐老叙》，自述历朝荣遇的情况，时人往往推崇他的德量。

写到这里，司马光发表了他在《资治通鉴》里倒数第二篇"臣光曰"，用以发挥"善可为法，恶可为戒"的大义。

他首先引用欧阳修的评论说：礼义廉耻，国之四维；四维不张，国乃灭亡。礼义是治人之大法，廉耻为立人之大节。何况为大臣而无所廉耻，天下哪有不乱，国家哪有不亡之理。欧阳修读《长乐老叙》，直斥冯道无廉耻；认为以这种人做宰相，天下国家可从而知也。因此，欧阳修修撰《新五代史》，特重全节之士及死事之人。结果前者搜得三人，后者搜得十五人，都是武夫战卒，一个读书人也没有，为此无限感叹，痛斥士大夫不自爱而忍耻偷生的风气。

司马光所引用的欧阳修评论，见于《新五代史·冯道传》。不过，司马光除了同意欧阳修的意见，他自己也另有看法。

他说：圣人效法天地而创立礼法，内有夫妇，外有君臣。妇人从夫，终身不改；臣子事君，有死无贰；这是人道之大伦。如果此大伦崩废了，就会发生莫大之乱。

范质（后周及宋初宰相，宋太祖的老长官）称赞冯道厚德稽古，宏才伟量，虽然朝代改换，人家对他也无闲言，地位屹立得如大山一样，转而不可动。臣的意见不敢苟同，认为贞正之女不从二夫，忠心之臣不事二主。如果女不贞正，虽再有华色之美，织纴之巧，都不足以称贤了；人臣不忠，虽有更多的才智，行为纵优，也不足以可贵了。为什么？因为大节已亏了啊！冯道的为相，经历五个朝代、八个不同姓的君主，就像逆旅之视过客，朝为仇敌，暮为君臣，改换面孔、改变辞色，曾不感到惭愧；大节如此，虽有小善，也何足以称呢？

有些人认为那时世局动乱，国家兴灭得很快，虽是忠智之士，将有什么办法！又认为当时失节之士不止冯道一人，怎么可以独罪冯道哩！

臣愚蠢，认为忠臣忧公如私，见危致命；人主有过则强谏力争，国家败亡则竭节效死。才智之士，在国家有道时则出仕，无道时则归隐，或者灭迹于山林，或者优游于下僚。但是冯道宠遇则冠为三师（太师、太傅、太保）之官，权任则高居群相之首，国家存在时则依违拱默，尸位素餐；国家灭亡时则希图苟免于祸，对新主迎谒劝进。人君兴亡接踵，冯道却富贵自如，真是奸臣之尤，怎能与他人比较呢？

或者又有人说，冯道能在乱世中全身远害，这也难得啊！臣则认为，君子有杀身以成仁，无求生以害仁；怎能以全身远害，就认为是贤能，那么，盗跖病死而子路醢菹（砍成肉酱），到底是谁贤了？

但是，这也不单是冯道的罪过，当时的人君也有责任。为什么？不正之女，中等以下的人都羞于娶她；不忠之人，中才的君主也羞于用他为臣。冯道为前朝宰相，说他忠吗？他则反君事仇，说他智吗？他则不能挽救社稷崩颓；后来之君，对他不加诛罚，也不加遗弃，仍用为相。这样一来，他又安肯尽忠于我而能获其效用哩？所以说，不单是冯道之罪，时君也要负责啊！

欧阳修的评论，是单方面严厉批评于人臣。司马光虽也批评人臣之节，却同时又批评人君之失于用人，作为后世君臣的炯戒。欧阳与司马两君子，既然深深了解此治乱之机，故两人立朝事君，都是"强谏力争""有死无贰"的人，大体上都能做到知行合一。

二、陈桥兵变的空白——《资治通鉴》的结束

后汉立国仅四年而亡，是五代为时最短、政局最动荡、统治最恐怖的朝代。郭威引兵北拒契丹入侵，于澶州发生军士裂黄旗加身，遂被拥护为帝。藩镇拥兵自重，将士废立主帅，乃是唐朝自安

史之乱以来，近两个世纪的动乱无法的风气所致。不过，黄袍加身，却是首先出现的记录，这对九年后赵匡胤的黄袍加身，应有示范作用。

周太祖任用范质、李谷等人为相，皆一时才干之士，国政渐上轨道。他缓和了与南唐的敌对意识，专力对付契丹与北汉的军事同盟，采取先北后南的方针。

广顺二年（952）六月，太祖至曲阜谒孔子祠。既奠，将拜，左右劝说："孔子不过是陪臣（诸侯之臣是天子的陪臣）罢了，陛下不当以天子之尊而拜之。"

"孔子是百世帝王之师，敢不尊敬吗？"说完便拜。

此举表示经长期丧乱之后，第一次出现尊孔尊师、提倡文教的趋向，这对结束五代藩镇武力战争之局，实具重大的意义。翌年六月，宰相冯道等努力多年，雕版印行九经，这是中国儒家经典首次雕印发行，虽在乱世，但九经传布甚广，对恢复文治极具贡献。

当苛法废除，财经、国防、文教渐上轨道之际，太祖却在显德元年（954）春正月病逝，由义子柴荣继位，是为世宗。

北汉闻丧，大喜，与契丹联兵大举入寇。世宗年轻有为，由于不是太祖亲子，想亲征建威，恢宏声望。群臣认为即位未久，国逢大丧，人心易摇，不宜轻动为谏。世宗说："刘崇（北汉皇帝）幸我大丧，轻视朕年少新立，有乘机吞并天下之心。这次他必定亲自领军而来，朕不可不亲自迎战。"

冯道力争，世宗说："从前唐太宗定天下，未尝不是亲自征伐，朕何敢偷安！"

冯道说："不知陛下能为唐太宗否？"

世宗又说："以我兵力之强，破刘崇必如泰山压卵！"

"不知陛下能为泰山否？"冯道又说。世宗大为不悦，但仍决意亲征。

三月，双方会战于高平（山西省高平市），周军右翼溃败投降，世宗眼见不利，自引亲军冒险督战。"太祖皇帝"时为禁军将领，告诉同僚说："主上如此危险，我们何不效死！"与张永德各引两千人进战。"太祖皇帝"身先士卒，冲锋陷阵，士卒无不以一当百死战，于是全军振奋，大败汉军。

所谓"太祖皇帝"，就是宋太祖赵匡胤。司马光首次记载赵匡胤的功勋，不敢直称他的姓名，只好称他为"太祖皇帝"。这场战争有几种意义：第一，北汉自此不敢轻易南犯，使世宗得以用武于南方。第二，鼓舞了世宗统一中国的意志，后来为宋太祖所遵行。第三，此战是赵匡胤发迹之始。第四，世宗鉴于右翼将士的溃败投降，事后加以论罪严处，精选将士，一改姑息之政，缔建了统一中国的武力。

战后，殿前都指挥使张永德，盛称太祖皇帝的智勇，世宗特擢太祖皇帝为殿前虞候，赵匡胤才得跻身于大将之林。

写到该年五月，司马光注意到一件有关盛衰的发展：世宗力排众议大破北汉后，自是不听信群臣，政无大小皆亲自裁决，百官只能奉命行事而已。高锡上书谏道："四海之广，万机之众，虽尧、舜不能独自处理，必须选拔人才付以责任。如今陛下一身亲理，天下不会说陛下聪明睿智到足以身兼百官之任，而都会说陛下褊迫疑忌不信任群臣。不如选能知人而公正者为宰相，能爱民听讼者为地方长官，能丰财足食者使掌财经，能原情守法者使掌司法，陛下只要垂拱考核，天下何忧不治？何必降尊而代臣职，屈贵而亲贱事，这无疑是不懂为政之本呀！"世宗不从。

司马光介述此事，可以解释何以世宗死后，赵匡胤能够欺负孤儿寡妇，兵不刃血地推翻北周的原因吧。

另一方面的发展就是同年冬十月，世宗鉴于历朝姑息，使能弱残兵役，不敢淘汰；然而这种军队既然长食俸禄，于是也就骄蹇不用命，每逢大敌，不走即降，前代亡国主因即在于此。世宗下诏大加简汰，改编精锐为上军，羸弱者皆斥去之；又征选各藩镇的骁勇之士，改编为殿前诸班，加以训练，命令太祖皇帝主持其事。自后中央兵力强劲，所向皆捷。

赵匡胤奉诏主持殿前诸班（各部队）整训，正是他建立势力的好机会。中央军力强盛，相对的藩镇自此衰弱，也正是"强干弱枝"，消弭五代割据抗命的契机。

显德二年（955）三月，世宗愤恨唐僖宗以来，国势日蹙；及至高平大捷后，信心大增，遂慨然有削平天下的大志。夏四月，告诉宰相说："朕每思致治的方法，未得其要，寝食不忘。从唐以来，四方割裂，未能统一，理应命令近臣撰写'为君难、为臣不易论'及'开边策'各一篇，让朕览读学习。"

郎中王朴献策，分析割裂的缘由，提出用兵的战略与战术构想。他主张先打其易，再取其难；先骚扰疲敌，然后乘势攻灭。整个大战略的构想是：高平之败后，北汉、契丹都不会再南犯，此间可先南后北，先取盘踞于江北与江南的南唐，然后岭南（南汉）、巴蜀（后蜀）可传檄而定。南方既定，则燕地（今河北省一带）必望风内附；若其不附，再移兵攻之，席卷可平。最后才是统一北汉（今山西省一带）。

这种战略构想，世宗欣然采纳，后来也是宋朝统一全国的基本方针。不过，用兵频繁，终究酿出禁军将领势力日大之祸。赵匡胤的力量日渐在军中兴起，正坐此因。

显德六年（959）六月，世宗病重而逝，是年才三十九岁，由七岁大的柴宗训继位。司马光在此月条下评论说，有人问臣："五代帝王之中，唐庄宗（李存勖）、周世宗皆称英武，二主孰贤？"臣认为庄宗善战，故能以弱晋（克用父子初为晋王）胜强梁（后梁）。既得天下，不数年即内外离叛，至于身死，那是由于不懂治天下之道。世宗以信令驾驭群臣，以正义责备诸国，宏规大度，岂得与庄宗同日而语呢？书经说："无偏无党，王道荡荡。"又说："大邦畏其力，小邦怀其德。"世宗接近这种标准了。

世宗死前，调太祖皇帝兼殿前都点检。恭帝柴宗训继立后翌月，调迁太祖皇帝领归德军节度使，仍兼殿前都点检，截至此年完毕，司马光不再介述北周的政治情况；《资治通鉴》记述也至此完毕，以下不再撰写。

本书上编介述司马光上不续春秋经，下不写大宋开国。前者的原因是避圣（孔子），后者的原因当在避嫌，因为宋太祖欺人孤儿寡妇，效法周太祖郭威黄袍加身，篡夺一个没有罪过的政权，总是不光彩，而且是难以究明之事。因此，不写则无过，多写则触犯时讳，刘恕极力建议撰写宋太祖至宋英宗五朝之事，司马光坚决不接纳，原因在此。

结 语

或许有人会问,《资治通鉴》既是集体完成的结果,为何仅由司马光单独领衔编著头衔?它的体例、笔法等是否前后一致?关于这两个问题,其实只有一个答案。

参与编著《资治通鉴》工作的,事实不只有本书上篇所述的司马光、刘攽、刘恕、范祖禹四人。元丰七年(1084)《上〈资治通鉴〉表》中,司马光以"编集"职衔署名,副署者另有四人,即"同修"刘攽、刘恕、范祖禹和"检阅文字"司马康。五人联名进表,表示均为完成编著《资治通鉴》的主持人,其他尚应有若干实作人员没有资格联署上表。

表起首即以"臣光言"为开端,末句又以"臣光诚惶诚惧,顿首、顿首,谨言"为结束。稍后神宗所颁奖谕诏书,亦径以司马光为敕示对象,是则司马光实为最高实际主持人无异。援引官修历史的惯例,由司马光领衔应属合理。

唐代以来,官修历史惯例由宰相大臣鉴修,书成后即以鉴修者领衔押名,不论鉴修者是否曾实际主持工作。及至欧阳修等人编修新唐书,觉得宋祁所撰列传部分甚佳,乃谦虚为怀,以两人名字分别领衔。司马光等编著《资治通鉴》,与上述情况不同。通鉴若分为搜集史料及研究、编写长篇、完成定稿三阶段的话,则刘恕等

结 语

人仅参与了第一阶段和第二阶段的工作,第三阶段工作诚由司马光独力完成。亦即刘攽等人为司马光铺好了路基即止,最后是由司马光来完成的。

由此看来,不论从主持及实做两方面看,司马光都是最高的主持者及最后的完成者。《资治通鉴》一书由他挂名编著,应为实至名归。刘恕、范祖禹诸人,即使选择史料、叙述史实、评论观点等,与司马光有所不同,但也不能径自抒发己见于《资治通鉴》中。他们表示一己之见的方式,就是私下另行选述一书,如刘恕的修撰《资治通鉴外纪》,范祖禹的自著《唐鉴》,均为其例。因此,若说《资治通鉴》是司马光的著作,显然也不算是太过分之事。

《资治通鉴》的选材、叙述和评论,既然都代表司马光一家之见,是则有一个重大问题,这里不妨略作解释。此即司马光是否在通鉴中发挥了春秋精神?

什么是春秋精神呢?孔子作《春秋》,门生弟子都说《春秋》贯穿了某种精神意思,使乱臣贼子恐惧;这种精神意思就是正名褒贬。汉代大史学家司马迁,在《史记》的自序中即曾申论过这种精神,笔者借用他的说法,于此稍加解释。

有一位名叫壶遂的上大夫问司马迁:"从前孔子为什么而作《春秋》呢?"

司马迁:"我听董先生(仲舒)说:'周道衰废,孔子当鲁国司寇之官,诸侯、大夫对他加以迫害压抑。孔子知道其言不用,其道不行,于是透过《春秋》这部史书,批判二百四十二年的人事,以作为天下的仪表;贬天子,退诸侯,讨伐大夫,目的在达到王事罢了。'孔子说过,我想空泛地议论事理,不及透过史实叙述那样来得深切着明。所以《春秋》是上明三王之道,下辨人事之纪，分别嫌疑，明辨是非，判定犹豫，表扬善者，贬黜恶者，赞美贤人，鄙视不肖之人，保存亡国，延续绝世，拯救弊坏，复兴废颓，弘大王道之书。《春秋》作用在辩论是非，所以特点是长于处理人事；《春秋》又以阐扬义理为主，拨乱世，反之正，其他经典的功能没有更像《春秋》一经的功能了。因此，《春秋》一经，实为维系礼义的大宗啊。"

司马光的这位同宗前辈史学家，对春秋精神的解释，可以说代表了中国后代史学家的一般认识。与司马光同时代而辈分较老的著名史学家欧阳修，撰史时所力倡的春秋精神，也就是这种精神。中国史学既有春秋精神此命脉，欧阳修又振臂倡导于当时，所以身为纯儒的司马光具有春秋精神的意识，也是很自然的事情。

中国史学往往有两种极端，一是过分强调某些主义精神，一是过分偏重客观历史的寻求。前者往往流于主观，排他的意识甚浓；后者则接近客观，但几如呆板的流水账，读来了无生趣。司马光的《资治通鉴》，大体能调和于两端，正文则倾向于后者，评论与构思则倾向于前者。

司马光在进呈通鉴之表中，提到他的构想只欲编集"历代君臣事迹"之书，撰作的原则为"专取关国家盛衰，系生民休戚，善可为法，恶可为戒"。"关国家盛衰，系生民休戚"乃是他述事的原则，"善可为法，恶可为戒"则是他议论的基础。前者在求内容的客观可信，后者则为发挥春秋精神的训诲作用，以便有助于治道。但是最初他与刘恕提到他的构想时，即表示这部史书要遵从《左传》的编年体裁，模仿荀悦《汉纪》的简要笔法，网罗众说，以成一家之言。换句话说，司马光最初的构想，不是想学欧阳修的《新五代史》般，极力强调春秋精神的。刘恕就曾为此提出相

结 语

反的意见,鼓励他贬奸黜恶,上继孔子的《春秋》。

刘恕的意见不为司马光所认可,这是司马光避开读经僭圣之嫌,从三家分晋写起的原因;也是《通鉴》不论正文和评论均倾向客观,与欧阳修的《新五代史》突出精神意识,主观意味浓烈的情况不同。大体上说,司马光是重视客观的史学家,在《通鉴》中,若非必要,他不加以稍带主观的评论;而他以"臣光曰"作为开始的评议,往往也力求客观,特别强调春秋精神的意识之处,不多也不浓。当然,这种意识不是没有,仔细阅读与思考,还是可以发现的,笔者在下篇某些章节,亦对此特别剔出,让读者知悉。不过需知道,司马光撰述的原则之一既为"善可为法,恶可为戒",《春秋》的这种正名褒贬意识,可以在《通鉴》中找到,应是意料中之事。所以宋神宗在所颁的奖谕诏书中,亦特赞《资治通鉴》"褒贬去取,有所据依"。

世称"文章两司马",均指西汉的两位大文豪而言,其一即是大史学家司马迁,另一位则是大文学家司马相如。事实上,司马光也擅长文章。他与司马迁可以称得上是"史学两司马"。司马光是编年体的大家,司马迁则是纪传体的祖师,两人均欲"通古今之变",致力于"通史"的撰述。然而,《资治通鉴》与《史记》这两部"通史"有若干差异之处,其中即为决定断限的差异,由此亦可比较出"史学两司马"的精神和识见有所不同。

司马迁的史记,溯源起自五帝,终结止于"今上"(当今皇上,指汉武帝),从中国文化可知的开始,一直写到自己生活的当代,约计共有两千六百年历史。他不因孔子曾作《春秋》,就拘束地避免读经僭圣之嫌,反而有继承孔子《春秋》之志,声言要"厥协六经异传,整齐百家杂语"(即整理古代一切著作

· 243 ·

之意）。

　　《资治通鉴》与《史记》比较，实是一部不完整的通史。司马光因为东周以来的历史，孔子的春秋已经撰写了，孔子之经又不可以增删，所以他把五帝以来至春秋结束的史事，一笔勾销而不述了。甚至恐怕有读经之嫌，他也不敢从春秋结束那年的第二年写起，而决定以三家分晋那年作为开端。由此看来，《通鉴》有"缺头"之憾，是由于司马光的拘迂而造成。"两司马"于此即可较出高下。

　　写当代史而不流于谄谀政府当局，这是大识见与大勇气的表现。《资治通鉴》于五代结束，司马光连宋太祖陈桥兵变也不写，更遑论写到他的当代（宋神宗时代）了。刘恕建议司马光把宋太祖至英宗等五朝也列入计划之内，真是白费气力，不了解司马光的心意。连本朝怎样开国也不敢写，司马光避免触犯时讳的心理可知。《资治通鉴》有"缺尾"之憾，自应不必惊诧。"两司马"的高下，于此亦可观察出来。

　　总括而言，《资治通鉴》在当时不能成为一部完整的通史，有缺头缺尾之憾，不应是参与修史者的过错，而应由司马光来独负其责；这也是良深可惜的地方。

　　《通鉴》共有二百九十四卷。若以卷数计算，《秦纪》仅三卷，占比例最少；《唐纪》有八十一卷，占比例最多。但是我介述本书，挑选内容并不依此比例，原因是：第一，有些朝代不一定曾经发生过极具历史意义的事情，或者很少发生过这类事情。第二，为了迁就阅读对象，我必须选择富有故事性的事情来介述。第三，后代的事情与前代类似，不必再度介述强调，如唐代宦官之祸，因在汉代已特立题目，读者对宦官问题已略有认识，故不必再

结 语

介述。第四，本丛书限定了篇幅，笔者不便有所超逾，故某些问题不得不割爱。本书以《晋纪》涵盖南北朝各代，以后《周纪》涵盖五代各朝，原因亦在此。基于这些原因，笔者在本书下篇仅介述了二十八个事件及其发展，但相信已足以让读者略窥《资治通鉴》于一斑。

介述一本书，理应首先注意其开始。《资治通鉴》既是极有意义之书，其开始与结束都不能随便忽略了。前面所提到的缺头缺尾之憾，即已代表了司马光的人格学识，于此昭然无隐。笔者特为三家分晋的唯一一句话，别立为一节，实因这句话的意义及其随后的长篇评论，均极为重要。三家分晋只此一句话，即已看出司马光对历史与世变的认识。周室名义上的承认韩、赵、魏，无异承认了礼教名分的破产，旧时代、旧秩序已告结束，新时代、新秩序正将来临。尤须注意的是，这句话的随后评论，显然表示司马光在告诉读者，他要强调的"关国家盛衰，系生民休戚，善可为法，恶可为戒"的原则，其根本即植于礼教名分，这也是全书最重要的中心问题。

才德论是司马光知人论人的理论基础，与上述的名分论，构成司马光知人论世的两大根基，读者应加注意。司马光的评论你尽管可以反对，但不能不知道他的知人论世的理论基础，否则你也会陷于主观的泥泞之中，而不明白司马光的心意。

知道这两种道理，你会对《资治通鉴》的选材、笔法、评论等许多问题，豁然而解。例如《通鉴》为何没有"新纪"（王莽所建王朝）与"周纪"（武则天王朝）？司马光对此似乎不是纯粹本着正统的原则来加以处理的。他主要的处理根据，实与上述两种基础理论有莫大关系。换句话说，司马光不承认新、周两朝，不让两者在《通鉴》中占一席位，是发挥了贬天子的精神，认为王莽与武则天乃是冒名犯分的有才无德者，理应予以贬退。《资治通鉴》全书中，类此例子尚不少见，本书下篇二十八个章节，大都可以发现类此例证。

　　总而言之，《资治通鉴》确是一部上乘好书，它帮助你了解中国文化各问题，认识中国历史的发展，提供了统治中国的学识，也协助你明白做人处世之道，从而可以使你发现自我，与及完成自我。司马光在《上〈资治通鉴〉表》中，自诩地要求神宗皇帝说："希望陛下你时赐省阅，鉴前世之兴衰，考当今之得失，嘉善矜恶，取是舍非，足以懋稽古之盛德，跻无前之致治，俾四海群生，咸蒙其福！"

　　《资治通鉴》是一部很好的参考书，可惜篇幅庞大，常令人有难以卒读的感慨！笔者承乏介述此书，目的只是帮助读者了解此书的大概及其精要的地方。这只是入门的途径，概略的描述，有志者何不因此而进读原典，获取更多的收益？当你有朝一日读完原典后，恐怕我这本介述性的小书，已经不足以入你法眼了。届时，你所蒙受《资治通鉴》的福赐，大概也会比我强多了。

附录

原典精选

《资治通鉴》卷第一

朝散大夫权御史中丞充理检使上护军赐紫金鱼袋
臣司马光　奉敕编集
后学天台　胡三省　音注

《周纪》一

起著雍摄提格（戊寅），尽玄黓困敦（壬子），凡三十五年。

威烈王

二十三年。初命晋大夫魏斯、赵籍、韩虔为诸侯。

臣光曰：臣闻天子之职莫大于礼，礼莫大于分，分莫大于名。何谓礼？纪纲是也。何谓分？君、臣是也。何谓名？公、侯、卿、大夫是也。

夫以四海之广，兆民之众，受制于一人，虽有绝伦之力，高世之智，莫不奔走而服役者，岂非以礼为之纪纲哉！是故天子统三公，三公率诸侯，诸侯制卿大夫，卿大夫治士庶人。贵以临贱，贱以承贵。上之使下，犹心腹之运手足，根本之制枝叶；下之事上犹手足之卫心腹，枝叶之庇本根，然后能上下相保而国家治安。故曰天子之职莫大于礼也。

文王序《易》，以乾、坤为首。孔子系之曰："天尊地卑，乾坤定矣。卑高以陈，贵贱位矣。"言君臣之位，犹天地之不可易也。《春秋》抑诸侯，尊王室，王人虽微，序于诸侯之上，以是见圣人于君臣之际，未尝不惓惓也。非有桀、纣之暴，汤、武之仁，人归之，天命之，君臣之份当守节伏死而已矣。是故以微子而代纣则成汤配天矣，以季札而君吴，则太伯血食矣，然二子宁亡国而不为者，诚以礼之大节不可乱也。故曰：礼莫大于分也。

夫礼，辨贵贱，序亲疏，裁群物，制庶事，非名不著，非器不形；名以命之，器以别之，然后上下粲然有伦，此礼之大经也。名器既亡，则礼安得独在哉！昔仲叔于奚有功于卫，辞邑而请繁缨，孔子以为不如多与之邑，惟名与器，不可以假人，君之所司也；政亡，则国家从之。卫君待孔子而为政，孔子欲先正名，以为名不正则民无所措手足。夫繁缨，小物也，而孔子惜之；正名，细务也，而孔子先之；诚以名器既乱则上下无以相有故也。夫事未有不生于微而成于著，圣人之虑远，故能谨其微而治之，众人之识近，故必待其著而后救之；治其微，则用力寡而功多，救其著，则竭力而不能及也。《易》曰："履霜，坚冰至。"《书》曰："一日二日万几。"谓此类也。故曰，分莫大于名也。

呜呼！幽、厉失德，周道日衰，纲纪散坏，下陵上替，诸侯专征，大夫擅政，礼之大体什丧七八矣，然文、武之祀犹绵绵相属者，盖以周之子孙尚能守其名分故也。何以言之？昔晋文公有大功于王室，请隧于襄王，襄王不许，曰："王章也。未有代德而有二王，亦叔父之所恶也。不然，叔父有地而隧，又何请焉！"文公于是惧而不敢违。是故以周之地则不大于曹、滕，以周之民则不众于邾、莒，然历数百年，宗主天下，虽以晋、楚、齐、秦之强不敢加

附录　原典精选

者，何哉？徒以名分尚存故也。至于季氏之于鲁，田常之于齐，白公之于楚，智伯之于晋，其势皆足以逐君而自为，然而卒不敢者，岂其力不足而心不忍哉，乃畏奸名犯分而天下共诛之也。今晋大夫暴蔑其君，剖分晋国，天子既不能讨，又宠秩之，使列于诸侯，是区区之名分复不能守而并弃之也。先王之礼于斯尽矣！

或者以为当是之时，周室微弱，三晋强盛，虽欲勿许，其可得乎！是大不然。夫三晋虽强，苟不顾天下之诛而犯义侵礼，则不请于天子而自立矣。不请于天子而自立，则为悖逆之臣，天下苟有桓、文之君，必奉礼义而征之。今请于天子而天子许之，是受天子之命而为诸侯也，谁得而讨之！故三晋之列于诸侯，非三晋之坏礼，乃天子自坏之也。

呜呼！君臣之礼既坏矣，则天下以智力相雄长，遂使圣贤之后为诸侯者，社稷无不泯绝，生民之类糜灭几尽，岂不哀哉！

初，智宣子将以瑶为后，智果曰："不如宵也。瑶之贤于人者五，其不逮者一也。美鬓长大则贤，射御足力则贤，伎艺毕给则贤，巧文辩慧则贤，强毅果敢则贤；如是而甚不仁。夫以其五贤陵人而以不仁行之，其谁能待之？若果立瑶也，智宗必灭。"弗听。智果别族于太史为辅氏。

赵简子之子，长曰伯鲁，幼曰无恤。将置后，不知所立，乃书训诫之辞于二简，以授二子曰："谨识之！"三年而问之，伯鲁不能举其辞，求其简，已失之矣。问无恤，诵其辞甚习，求其简，出诸袖中而奏之。于是简子以无恤为贤，立以为后。

简子使尹铎为晋阳，请曰："以为茧丝乎？抑为保障乎？"简子曰："保障哉！"尹铎损其户数。简子谓无恤曰："晋国有

· 251 ·

难,而无以尹铎为少,无以晋阳为远,必以为归。"

及智宣子卒,智襄子为政,与韩康子、魏桓子宴于蓝台。智伯戏康子而侮段规。智国闻之,谏曰:"主不备,难必至矣!"智伯曰:"难将由我。我不为难,谁敢兴之!"对曰:"不然。《夏书》有之:'一人三失,怨岂在明,不见是图。'夫君子能勤小物,故无大患。今主一宴而耻人之君相,又弗备,曰'不敢兴难',无乃不可乎!蜹、蚁、蜂、虿,皆能害人,况君相乎!"弗听。

智伯请地于韩康子,康子欲弗与。段规曰:"智伯好利而愎,不与,将伐我,不如与之。彼狃于得地,必请于他人;他人不与,必向之以兵,然则我得免于患而待事之变矣。"康子曰:"善。"使使者致万家之邑于智伯。伯悦。又求地于魏桓子,桓子欲弗与。任章曰:"何故弗与?"桓子曰:"无故索地,故弗与。"任章曰:"无故索地,诸大夫必惧;吾与之地,智伯必骄。彼骄而轻敌,此惧而相亲;以相亲之兵待轻敌之人,智氏之命必不长矣。《周书》曰:'将欲败之,必姑辅之。将欲取之,必姑与之。'主不如与之以骄智伯,然后可以择交而图智氏矣,奈何独以吾为智氏质乎!"桓子曰:"善。"复与之万家之邑一。

智伯又求蔡、皋狼之地于赵襄子,襄子弗与。智伯怒,率韩、魏之甲以攻赵氏。襄子将出,曰:"吾何走乎?"从者曰:"长子近,且城厚完。"襄子曰:"民罢力以完之,又毙死以守之,其谁与我!"从者曰:"邯郸之仓库实。"襄子曰:"浚民之膏泽以实之,又因而杀之,其谁与我!其晋阳乎,先主之所属也,尹铎之所宽也,民必和矣。"乃走晋阳。

三家以国人围而灌之,城不浸者三版。沈灶产蛙,民无叛意。智伯行水。魏桓子御，韩康子骖乘，智伯曰："吾乃今知水可以亡人国也。"桓子肘康子，康子履桓子之跗，以汾水可以灌安邑，绛水可以灌平阳也。絺疵谓智伯曰："韩、魏必反矣。"智伯曰："子何以知之？"絺疵曰："以人事知之。夫从韩、魏之兵以攻赵，赵亡，难必及韩、魏矣。今约胜赵而三分其地，城不没者三版，人马相食，城降有日，而二子无喜志，有忧色，是非反而何？"明日，智伯以絺疵之言告二子，二子曰："此夫谗人欲为赵氏游说，使主疑于二家而懈于攻赵氏也，不然，夫二家岂不利朝夕分赵氏之田，而欲为危难不可成之事乎！"二子出，絺疵入曰："主何以臣之言告二子也？"智伯曰："子何以知之？"对曰："臣见其视臣端而趋疾，知臣得其情故也。"智伯不悛。絺疵请使于齐。

赵襄子使张孟谈潜出见二子曰："臣闻唇亡则齿寒。今智伯率韩、魏以攻赵，赵亡则韩、魏为次矣。"二子曰："我心知其然也；恐事未遂而谋泄，则祸立至矣。"张孟谈曰："谋出二主之口，入臣之耳，何伤也！"二子乃潜与张孟谈约，为之期日而遣之。襄子夜使人杀守堤之吏，而决水灌智伯军。智伯军救水而乱，韩、魏翼而击之，襄子将卒犯其前，大败智伯之众。遂杀智伯，尽灭智氏之族。唯辅果在。

臣光曰：智伯之亡也，才胜德也。夫才与德异，而世俗莫之能辨，通谓之贤，此其所以失人也。夫聪察强毅之谓才，正直中和之谓德。才者，德之资也；德者，才之帅也。云梦之竹，天下之劲也；然而不矫揉，不羽括，则不能以入坚。棠溪之金，天下之利也；然而不镕范，不砥砺，则不能以击强。是故才德全尽谓之"圣人"，才德兼亡谓之"愚人"；德胜才谓之"君子"，才胜德谓之"小人"。凡取人之术，苟不得圣人、君子而与之，与其得小人，不若得愚人。何则？君子挟才以为善，小人挟才以为恶。挟才以为善者，善无不至矣；挟才以为恶者，恶亦无不至矣。愚者虽欲为不善，智不能周，力不能胜，譬如乳狗搏人，人得而制之。小人智足以遂其奸，勇足以决其暴，是虎而翼者也，其为害岂不多哉！夫德者人之所严，而才者人之所爱；爱者易亲，严者易疏，是以察者多蔽于才而遗于德。自古昔以来，国之乱臣，家之败子，才有余而德不足，以至于颠覆者多矣，岂特智伯哉！故为国为家者苟能审于才德之分而知所先后，又何失人之足患哉！

三家分智氏之田。赵襄子漆智伯之头，以为饮器。智伯之臣豫让欲为之报仇，乃诈为刑人，挟匕首，入襄子宫中涂厕。襄子如厕心动，索之，获豫让。左右欲杀之，襄子曰："智伯死无后，而此人欲为报仇，真义士也，吾谨避之耳。"乃舍之。豫让又漆身为癞，吞炭为哑。行乞于市，其妻不识也。行见其友，其友识之，为之泣曰："以子之才，臣事赵孟，必得近幸。子乃为所欲为，顾不易邪？何乃自苦如此？求以报仇，不亦难乎！"豫让曰："既已委质为臣，而又求杀之，是二心也。凡吾所为者，极难耳。然所以为此者，将以愧天下后世之为人臣怀二心者也。"襄子出，豫让伏于桥下。襄子至桥，马惊，索之，得豫让，遂杀之。

襄子为伯鲁之不立也，有子五人，不肯置后。封伯鲁之子于代，曰代成君，早卒；立其子浣为赵氏后。襄子卒，弟桓子逐浣而自立，一年卒。赵氏之人曰："桓子立非襄主意。"乃共杀其子，复迎浣而立之，是为献子。献子生籍，是为烈侯，魏斯者，魏桓子之孙也，是为文侯。韩康子生武子；武子生虔，是为景侯。

魏文侯以卜子夏、田子方为师。每过段干木之庐必式。四方贤士多归之。

文侯与群臣饮酒，乐，而天雨。命驾将适野。左右曰："今日饮酒乐，天又雨，君将安之？"文侯曰："吾与虞人期猎，虽乐，岂可无一会期哉！"乃往，身自罢之。

韩借师于魏以伐赵，文侯曰："寡人与赵，兄弟也，不敢闻命。"赵借师于魏以伐韩，文侯应之亦然。二国皆怒而去。已而知文侯以讲于己也，皆朝于魏。魏由是始大于三晋，诸侯莫能与之争。

使乐羊伐中山，克之；以封其子击。文侯问于群臣曰："我何如主？"皆曰："仁君。"任座曰："君得中山，不以封君之弟而以封君之子，何谓仁君！"文侯怒，任座趋出。次问翟璜，对曰："仁君。"文侯曰："何以知之？"对曰："臣闻君仁则臣直。向者任座之言直，臣是以知之。"文侯悦，使翟璜召任座而反之，亲下堂迎之，以为上客。

文侯与田子方饮，文侯曰："钟声不比乎？左高。"田子方笑。文侯曰："何笑？"子方曰："臣闻之，君明乐官，不明乐音。今君审于音，臣恐其聋于官也。"文侯曰："善。"

子击出，遭田子方于道，下车伏谒。子方不为礼。子击怒，谓子方曰："富贵者骄人乎？贫贱者骄人乎？"子方曰："亦贫贱者骄人耳，富贵者安敢骄人！国君而骄人则失其国，大夫而骄人则失其家。失其国者未闻有以国待之者也，失其家者未闻有以家待之者也。夫士贫贱者，言不用，行不合，则纳履而去耳，安往而不得贫贱哉！"子击乃谢之。

文侯谓李克曰："先生尝有言曰：'家贫思良妻，国乱思良相。'今所置非成则璜,二子何如?"对曰:"卑不谋尊,疏不谋戚。臣在阙门之外,不敢当命。"文侯曰:"先生临事勿让!"克曰:"君弗察故也。居视其所亲,富视其所与,达视其所举,穷视其所不为,贫视其所不取,五者足以定之矣,何待克哉!"文侯曰:"先生就舍,吾之相定矣。"李克出,见翟璜。翟璜曰:"今者闻君召先生而卜相,果谁为之?"克曰:"魏成。"翟璜愤然作色曰:"西河守吴起,臣所进也。君内以邺为忧,臣进西门豹。君欲伐中山,臣进乐羊。中山已拔,无使守之,臣进先生。君子之无傅,臣进屈侯鲋。以耳目之所睹记,臣何负于魏成!"李克曰:"子言克于子之君者,岂将比周以求大官哉?"君问相于克,克之对如是。所以知君之必相魏成者,魏成食禄千钟,什九在外,什一在内;是以东得卜子夏、田子方、段干木。此三人者,君皆师之;子所进五人者,君皆臣之。子恶得与魏成比也!"翟璜逡巡再拜曰:"璜,鄙人也,失对,愿卒为弟子!"

吴起者,卫人,仕于鲁。齐人伐鲁,鲁人欲以为将,起取齐女为妻,鲁人疑之,起杀妻以求将,大破齐师。或谮之鲁侯曰:"起始事曾参,母死不奔丧,曾参绝之;今又杀妻以求为君将。起,残忍薄行人也,且以鲁国区区而有胜敌之名,则诸侯图鲁矣。"起恐得罪,闻魏文侯贤,乃往归之。文侯问诸李克,李克曰:"起贪而好色;然用兵,司马穰苴弗能过也。"于是文侯以为将,击秦,拔五城。

起之为将,与士卒最下者同衣食,卧不设席,行不骑乘,亲裹赢粮,与士卒分劳苦。卒有病疽者,起为吮之。卒母闻而哭之。人曰:"子,卒也,而将军自吮其疽,何哭为?"母曰:"非然也。往年吴公吮其父疽,其父战不旋踵,遂死于敌。吴公今又吮其子,妾不知其死所矣,是以哭之。"

燕滑公薨,子僖公立。

二十四年王崩,子安王骄立。盗杀楚声王,国人立其子悼王。

安王

元年秦伐魏,至阳孤。

二年,魏、韩、赵伐楚,至桑丘。郑围韩阳翟。韩景侯薨,子烈侯取立。赵烈侯薨,国人立其弟武侯。秦简公薨,子惠公立。

三年王子定奔晋。虢山崩,壅河。

四年楚围郑。郑人杀其相驷子阳。

五年日有食之。三月,盗杀韩相侠累。侠累与濮阳严仲子有恶。仲子闻轵人聂政之勇,以黄金百镒为政母寿,欲因以报仇。政不受,曰:"老母在,政身未敢以许人也!"及母卒,仲子乃使政刺侠累。侠累方坐府上,兵卫甚众,聂政直入上阶,刺杀侠累,因自皮面决眼,自屠出肠。韩人暴其尸于市,购问,莫能识。其姊嫈闻而往,哭之曰:"是轵深井里聂政也!以妾尚在之故,重自刑以绝从。妾奈何畏殁身之诛,终灭贤弟之名!"遂死于政尸之旁。

六年郑驷子阳之党弑繻公。宋悼公薨,子休公田立。

齐伐鲁,取最。韩救鲁。郑负黍叛,复归韩。九年魏伐郑。

晋烈公薨,子孝公倾立。

十一年秦伐韩宜阳,取六邑。初,田常生襄子盘,盘生庄子白,白生太公和。是岁,田和迁齐康公于海上,使食一城,以奉其先祀。

十二年秦、晋战于武城。齐伐魏,取襄阳。鲁败齐师于平陆。

十三年秦侵晋。齐田和会魏文侯、楚人、卫人于浊泽，求为诸侯。魏文侯为之请于王及诸侯，王许之。

十五年秦伐蜀，取南郑。魏文侯薨，太子击立，是为武侯。

武侯浮西河而下，中流顾谓吴起曰："美哉山河之固，此魏国之宝也！"对曰："在德不在险。昔三苗氏，左洞庭，右彭蠡，德义不修，禹灭之。夏桀之居，左河济，右泰华，阙在其南，羊肠在其北；修政不仁，汤放之。商纣之国，左孟门，右太行，常山在其北，大河经其南；修政不德，武王杀之。由此观之，在德不在险。若君不修德，舟中之人皆敌国也！"武侯曰："善。"

魏置相，相田文。吴起不悦，谓田文曰："请与子论功可乎？"田文曰："可。"起曰："将三军，使士卒乐死，敌国不敢谋，子孰与起？"文曰："不如子。"起曰："治百官，亲万民，实府库，子孰与起？"文曰："不如子。"起曰："守西河，秦兵不敢东乡，韩、赵宾从，子孰与起？"文曰："不如子。"起曰："此三者子皆出吾下，而位居吾上，何也？"文曰："主少国疑，大臣未附，百姓不信，方是之时，属之子乎，属之我乎？"起默然良久曰："属之子矣！"

久之，魏相公叔尚公主而害吴起。公叔之仆曰："起易去也。起为人刚劲自喜，子先言于君曰：'吴起，贤人也，而君之国小，臣恐起之无留心也。君盍试延以女，起无留心，则必辞矣。'子因与起归而使公主辱子，起见公主之贱子也，必辞，则子之计中矣。"公叔从之，吴起果辞公主。魏武侯疑之而未信，起惧诛，遂奔楚。

楚悼王素闻其贤，至则任之为相。起明法审令，捐不急之

附录　原典精选

官，废公族疏远者，以抚养战斗之士，要在强兵，破游说之言从横者。于是南平百越，北却三晋，西伐秦，诸侯皆患楚之强；而楚之贵戚大臣多怨吴起者。

秦惠公薨，子出公立。赵武侯薨，国人复立烈侯之太子章，是为敬侯。韩烈侯薨，子文侯立。

十六年初命齐大夫田和为诸侯。赵公子朝作乱，奔魏；与魏袭邯郸，不克。

十七年秦庶长改逆献公于河西而立之；杀出子及其母，沉之渊旁。齐伐鲁。韩伐郑，取阳城；伐宋，执宋公。齐太公薨，子桓公午立。

十九年魏败赵师于兔台。

二十年日有食之，既。

二十一年楚悼王薨。贵戚大臣作乱，攻吴起；起走之王尸而伏之。击起之徒因射刺起，并中王尸。既葬，肃王即位，使令尹尽诛为乱者；坐起夷宗者七十余家。

二十二年齐伐燕，取桑丘。魏、韩、赵伐齐，至桑丘。

二十三年赵袭卫，不克。齐康公薨，无子，田氏遂并齐而有之。是岁，齐桓公亦薨，子威王因齐立。

二十四年狄败魏师于浍。魏、韩、赵伐齐，至灵丘。晋孝公薨，子靖公俱酒立。

二十五年蜀伐楚，取兹方。子思言苟变于卫侯曰："其才可将五百乘。"公曰："吾知其可将，然变也尝为吏，赋于民而食人二鸡子，故弗用也。"子思曰："夫圣人之官人，犹匠之用木也，取其所长，弃其所短；故杞梓连抱而有数尺之朽，良工不弃。今君处战国之世，选爪牙之士，而以二卵弃干城之将。此不可

· 259 ·

使闻于邻国也。"公再拜曰:"谨受教矣!"

卫侯言计非是,而群臣和者如出一口。子思曰:"以吾观卫,所谓'君不君,臣不臣'者也!公丘懿子曰:"何乃若是?"子思曰:"人主自臧,则众谋不进。事是而臧之,犹却众谋,况和非以长恶乎!夫不察事之是非而悦人赞己,暗莫甚焉;不度理之所在而阿谀求容,谄莫甚焉。君暗臣谄,以居百姓之上,民不与也。若此不已,国无类矣!"

子思言于卫侯曰:"君之国事将日非矣!"公曰:"何故?"对曰:"有由然焉。君出言自以为是,而卿大夫莫敢矫其非;卿大夫出言亦自以为是,而士庶人莫敢矫其非。君臣既自贤矣,而群下同声贤之,贤之则顺而有福,矫之则逆而有祸,如此则善安从生!诗曰:'具曰予圣,谁知乌之雌雄?'抑亦似君之君臣乎!"

鲁穆公薨,子共公奋立。韩文侯薨,子哀侯立。

二十六年王崩,子烈王喜立。魏、韩、赵共废晋靖公为家人而分其地。

烈王

元年日有食之。韩灭郑,因徙都之。赵敬侯薨,子成侯种立。

三年燕败齐师于林狐。鲁伐齐,入阳关。魏伐齐,至博陵。燕僖公薨,子桓公立。宋休公薨,子辟公立。卫慎公薨,子声公训立。

四年赵伐卫,取都鄙七十三。魏败赵师于北蔺。

五年魏伐楚,取鲁阳。韩严遂弑哀侯,国人立其子懿侯。

附录 原典精选

初，哀侯以韩廆为相而爱严遂，二人甚相害也。严遂令人刺韩廆于朝，廆走哀侯，哀侯抱之；人刺韩廆，兼及哀侯。魏武侯薨，不立太子，子䓨与公中缓争立，国内乱。

六年齐威王来朝。是时周室微弱，诸侯莫朝，而齐独朝之，天下以此益贤威王。赵伐齐，至鄄。魏败赵师于怀。齐威王召即墨大夫，语之曰："自子之居即墨也，毁言日至。然吾使人视即墨，田野辟，人民给，官无事，东方以宁；是子不事吾左右以求助也！"封之万家。召阿大夫，语之曰："自子守阿，誉言日至。吾使人视阿，田野不辟，人民贫馁。昔日赵攻鄄，子不救；卫取薛陵，子不知；是子厚币事吾左右以求誉也！"是日，烹阿大夫及左右尝誉者。于是群臣耸惧，莫敢饰诈，务尽其情，齐国大治，强于天下。楚肃王薨，无子，立其弟良夫，是为宣王。宋辟公薨，子剔成立。

七年日有食之。王崩，弟扁立，是为显王。魏大夫王错出奔韩。公孙颀谓韩懿侯曰："魏乱，可取也。"懿侯乃与赵成侯合兵伐魏，战于浊泽，大破之，遂围魏。成侯曰："杀䓨，立公中缓，割地而退，我二国之利也。"懿侯曰："不可，杀魏君，暴也；割地而退，贪也。不如两分之。魏分为两，不强于宋、卫，则我终无魏患矣。"赵人不听，懿侯不悦，以其兵夜去。赵成侯亦去。䓨遂杀公中缓而立，是为惠王。

太史公曰：魏惠王所以身不死、国不分者，二国之谋不和也。若从一家之谋，魏必分矣。故曰："君终，无嫡子，其国可破也。"

《资治通鉴》卷第二百九十四

端明殿学士兼翰林学士太中大夫提举西京嵩山崇福宫
上柱国河内郡开国公食邑二千六百户食实封一千户
臣司马光　奉敕编集
后学天台　胡三省　音注

《后周纪》五

起著雍敦牂（戊午），尽屠维协洽（己未），凡二年。

世宗睿武孝文皇帝下

显德五年，春，正月，乙酉，废匡国军。唐改元中兴。

丁亥，右龙武将军王汉璋奏克海州。

己丑，以侍卫马军都指挥使韩令坤权扬州军府事。

上欲引战舰自淮入江，阻北神堰，不得渡；欲凿楚州西北鹳水以通其道，遣使行视，还言地形不便，计功甚多。上自往视之，授以规画，当楚州民夫浚之，旬日而成，用功甚省，巨舰数百艘皆达于江，唐人大惊，以为神。

壬辰拔静海军，始通吴越之路。先是帝遣左谏议大夫长安尹日就等使吴越，语之曰："卿今去虽泛海，比还，淮南已平，当陆归耳。"已而果然。

甲辰，蜀右补阙章九龄见蜀主，言政事不治，由奸佞在朝，蜀主问奸佞为谁，指李昊、王昭远以对，蜀主怒，以九龄为毁斥大臣，贬维州录事参军。

周兵攻楚州，踰四旬，唐楚州防御使张彦卿固守不下。乙巳，帝自督诸将攻之，宿于城下，丁未，克之，彦卿与都监郑昭业犹帅众拒战，矢刃皆尽，彦卿举绳床以斗而死，所部千余人，至死无一人降者。

高保融遣指挥使魏璘，将战船百艘东下会伐唐，至于鄂州。

庚戌，蜀置永宁军于果州，以通州隶之。

唐以天长为雄州，以建武军使易文赟为刺史。二月，甲寅，文赟举城降。

戊午，帝发楚州；丁卯，至扬州，命韩令坤发丁夫万余，筑故城之东南隅为小城以治之。

乙亥，黄州刺史司超奏与控鹤右厢都指挥使王审琦攻唐舒州，擒其刺史施仁望。

丙子，建雄节度使真定杨廷璋奏败北汉兵于隰州城下。时隰州刺史孙议暴卒，廷璋谓都监、闲厩使李谦溥曰："今大驾南征，泽州无守将，河东必生心；若奏请待报，则孤城危矣。"即牒谦溥权隰州事，谦溥至则修守备，未几，北汉兵果至；诸将请速救之，廷璋曰："隰州城坚将良，未易克也。"北汉攻城久不下，廷璋度其疲困无备，潜与谦溥约，各募死士百余夜袭其营，北汉兵惊溃，斩首千余级；北汉兵遂解去。

三月，壬午朔，帝如泰州。

丁亥，唐大赦，改元交泰。

唐太弟景遂前后凡十表辞位，且言："今国危不能扶，请出就藩镇。燕王弘冀嫡长有军功，宜为嗣，谨奏上太弟宝册。"齐王景达亦以败军辞元帅。唐主乃立景遂为晋王，加天策上将军、江南西道兵马元帅、洪州大都督、太尉、尚书令，以景达为浙西道元帅、润州大都督。景达以浙西方用兵，固辞，改抚州大都督。立弘冀为太子，参决庶政。弘冀为人猜忌严刻，景遂左右有未出东宫者，立斥逐之。其弟安定公从嘉畏之，不敢预事，专以经籍自娱。

辛卯，上如迎銮镇，屡至江口，遣水军击唐兵，破之。上闻唐战舰数百艘泊东㳂州，将趣海口扼苏、杭路，遣殿前都虞侯慕容延钊将步骑，右神武统军宋延渥将水军，循江而下。甲午，延钊奏大破唐兵于东㳂州；上遣李重进将兵趣庐州。

唐主闻上在江上，恐遂南渡，又耻降号称藩，乃遣兵部侍郎陈觉奉表，请传位于太子弘翼，使听命于中国。时淮南惟庐、舒、蕲、黄未下，丙申，觉至迎銮，见周兵之盛，白上，请遣人渡江取表，献四州之地，画江为境，以求息兵，辞指甚哀。上曰："朕本兴师止取江北，尔主能举国内附，朕复何求！"觉拜谢而退。丁酉，觉请遣其属合门承旨刘承遇如金陵，上赐唐主书，称"皇帝恭问江南国主"，慰纳之。

戊戌，吴越奏遣上直指挥使、处州刺史邵可迁、秀州刺史路彦铢以战舰四百艘、士卒万七千人屯通州南岸。

唐主复遣刘承遇奉表称唐国主，请献江北四州，岁输贡物十万。于是江北悉平，得州十四，县六十。

庚子，上赐唐主书，谕以："缘江诸军及两浙、湖南、荆南兵并当罢归,其庐、蕲、黄三道,亦令敛兵近外。俟彼将士及家属就道,可遣人召将校以城邑付之。江中舟舰有须往来者,并令就北岸引之。"辛丑,陈觉辞行,又赐唐主书,谕以不必传位于子。

壬寅,上自迎銮复如扬州。

癸卯,诏吴越,荆南军各归本道;赐钱弘俶犒军帛三万匹,高保融一万匹。

甲辰,置保信军于庐州,以右龙武统军赵匡赞为节度使。

丙午,唐主遣冯延巳献银、绢、钱、茶、谷共百万以犒军。

己酉,命宋延渥将水军三千泝江巡警。

庚戌,敕故淮南节度杨行密、故升府节度使徐温等墓并量给守户;其江南群臣墓在江北者,亦委长吏以时检校。

辛亥,唐主遣其临汝公徐辽代己来上寿。

是月,浚汴口,导河流达于淮,于是江、淮舟楫始通。

夏,四月,乙卯,帝自扬州北还。

新作太庙成。庚申,神主入庙。

辛酉夜,钱唐城南火,延及内城,官府庐舍几尽。壬戌旦,火将及镇国仓,吴越王弘俶久疾,自强出救火;火止,谓左右曰:"吾疾因灾而愈。"众心稍安。

帝之南征也,契丹乘虚入寇。壬申,帝至大梁,命张永德将兵备御北边。

五月,辛巳朔,日有食之。

诏赏劳南征士卒及淮南新附之民。

辛卯,以太祖皇帝领忠武节度使,徙安审琦为平卢节度使。

成德节度使郭崇攻契丹束城,拔之,以报其入寇也。

唐主避周讳,更名景,下令去帝号,称国主,凡天子仪制皆有降损，去年号；用周正朔，仍告于太庙。左仆射、同平章事冯延巳罢为太子太傅，门下侍郎、同平章事严续罢为少傅，枢密使、兵部侍郎陈觉罢守本官。

初，冯延巳以取中原之策说唐主，由是有宠。延巳尝笑烈祖戢兵为龌龊，曰："安陆所丧才数千兵，为之辍食咨嗟者旬日，此田舍翁识量耳，安足与成大事！岂如今上暴师数万于外，而击球宴乐无异平日，真英主也！"延巳与其党谈论，常以天下为己任，更相唱和。翰林学士常梦锡屡言延巳等浮诞，不可信；唐主不听，梦锡曰："奸言似忠，陛下不悟，国必亡矣！"及臣服于周，延巳之党相与言，有谓周为大朝者，梦锡大笑曰："诸公常欲致君尧、舜，何意今日自为小朝邪！"众默然。

自唐主内附，帝止因其使者赐书，未尝遣使至其国。己酉，始命太仆卿冯延鲁、卫尉少卿钟谟使于唐，赐以御衣、玉带等及犒军帛十万，并今年钦天历。

刘承遇之还自金陵也，唐主使陈觉白帝，以江南无卤田，愿得海陵监南属以赡军。帝曰："海陵在江北，难以交居，当别有处分。"至是，诏岁支盐三十万斛以给江南，所俘获江南士卒，稍稍归之。

六月，壬子，昭义节度使李筠奏击北汉石会关，拔其六寨。乙卯，晋州奏都监李谦溥击北汉，破孝义。

高保融遣使劝蜀王称藩于周，蜀王报以前岁遣胡立致书于周而不答。

秋，七月，丙戌，初行大周刑统。

帝欲均田租，丁亥，以元稹均田图遍赐诸道。

闰月，唐清源节度使兼中书令留从效遣牙将蔡仲赟衣商人服，以绢表置革带中，间道来称藩。

唐江西元帅晋王景遂之赴洪州也。以时方用兵，启求大臣以自副，唐主以枢密副使、工部侍郎李征古为镇南节度副使。征古傲狠专恣，景遂虽宽厚，久而不能堪，常欲斩征古，自拘于有司，左右谏而止，景遂忽忽不乐。

太子弘冀在东宫多不法，唐主怒，尝以球杖举之曰："吾当复召景遂。"昭庆宫使袁从范从景遂为洪州都押牙，或谮从范之子于景遂，景遂欲杀之，从范由是怨望。弘冀闻之，密遣从范毒之；八月，庚辰，景遂击球渴甚，从范进浆，景遂饮之而卒，未殡，体已溃；唐主不之知，赠皇太弟，谥曰文成。

辛巳，南汉中宗殂，长子继兴即帝位，更名𬬮，改元大宝。𬬮年十六，国事皆决于宦官玉清宫使龚澄枢及女侍中卢琼仙等，台省官备位而已。

甲申，唐始置进奏院于大梁。

壬辰，命西上合门使灵寿曹彬使于吴越，赐吴越王弘俶骑军钢甲二百，步军甲五千及他兵器。彬事毕亟返，不受馈遗，吴越人以轻舟追与之，至于数四，彬曰："吾终不受，是窃名也。"尽籍其数，归而献之。帝曰："向之奉使，乞匄无厌，使四方轻朝命。卿能如是，甚善；然彼以遗卿，卿自取之。"彬始拜受，悉以散于亲识，家无留者。

辛丑，冯延鲁、锺谟来自唐，唐主手表谢恩，其略曰："天地之恩厚矣，父母之恩深矣，子不谢父，人何报天，唯有赤心，可酬大造。"又乞比藩方，赐诏书，又称："有情事令锺谟上奏，乞令早还。"唐主复令谟白帝，欲传位太子。九月，丁巳，以延鲁为刑部侍郎、谟为给事中。唐主复遣吏部尚书、知枢密院殷崇义来贺天清节。

帝谋伐蜀，冬，十月，己卯户部侍郎高防为西南面水陆制置使，右赞善大夫李玉为判官。

甲午，帝归冯延鲁及左监门卫上将军许文稹、右千牛卫上将军边镐、卫尉卿周廷构于唐。唐主以文稹等皆败军之俘，弃不复用。

高保融再遗蜀主书，劝称臣于周，蜀主集将相议之，李昊曰："从之则君父之辱，违之则周师必至，诸将能拒周乎？"诸将皆曰："以陛下圣明，江山险固，岂可望风屈服！秣马厉兵，正为今日。臣等请以死卫社稷！"丁酉，蜀主命昊草书，极言拒绝之。

诏左散骑常侍须城艾颖等三十四人分行诸州，均定田租。庚子，诏诸州并乡村，率以百户为团，团置耆长三人。帝留心农事，刻木为耕夫、蚕妇，置之殿庭。

命武胜节度使宋延渥以水军巡江。

高保融奏，闻王师将伐蜀，请以水军趣三峡，诏褒之。

十一月，庚戌，敕窦俨编大周通礼、大周正乐。

辛亥，南汉葬文武光明孝皇帝于昭陵，庙号中宗。

乙丑，唐主复遣礼部侍郎锺谟入见。

李玉至长安，或言："蜀归安镇在长安南三百余里，可袭取也。"玉信之，牒永兴节度使王彦超，索兵二百，彦超以为归安道阻隘难取，玉曰："吾自奉密旨。"彦超不得已与之。玉将以往，十二月，蜀归安镇遏使李承勋据险邀之，斩玉，其众皆没。

乙酉，蜀主以右卫圣步军都指挥使赵崇韬为北面招讨使，丙戌，以奉銮肃卫都指挥使、武信节度使兼中书令孟贻业为昭武、文州都招讨使，左卫圣马军都指挥使赵思进为东面招讨使，山南西道

附录　原典精选

节度使韩保贞为北面都招讨使，将兵六万，分屯要害以备周。

丙戌，诏凡诸色课户及俸户并勒归州县，其幕职、州县官自今并支俸钱及米麦。

初，唐太傅兼中书令楚公宋齐丘多树朋党，欲以专固朝权，躁进之士争附之，推奖以为国之元老。枢密使陈觉、副使李征古恃齐丘之势，尤骄慢。及许文稹等败于紫金山，觉与齐丘、景达自濠州遁隐，国人恼惧。唐主尝叹曰："吾国家一朝至此！"因泣下。征古曰："陛下当治兵以抨敌，涕泣何为！岂饮酒过量邪，将乳母不至邪？"唐主色变，而征古举止自若。会司天奏："天文有变，人主宜避位禳灾。"唐主乃曰："祸难方殷，吾欲释去万机，栖心冲寂，谁可以托国者？"征古曰："宋公，造国手也，陛下如厌万机，何不举国授之！"觉曰："陛下深居禁中，国事皆委宋公，先行后闻，臣等时入侍，谈释、老而已。"唐主心悒，即命中书舍人豫章陈乔草诏行之。乔惶恐请见，曰："陛下一署此诏，臣不复得见矣！"因极言其不可。唐主笑曰："尔亦知其非邪？"乃止。由是因晋王出镇，以征古为之副，觉自周还，亦罢近职。

锺谟素与李德明善，以德明之死怨齐丘，及奉使归唐，言于唐主曰："齐丘乘国之危，遽谋篡窃，陈觉、李征古为之羽翼，理不可容。"陈觉之自周还，矫以帝命谓唐主曰："闻江南连岁拒命，皆宰相严续之谋，当为我斩之。"唐主知觉素与续有隙，固未之信。锺谟请覆之于周，唐主乃因谟复命，上言："久拒王师，皆臣愚迷，非续之罪。"帝闻之，大惊曰："审如此，则续乃忠臣，朕为天下主，岂教人杀忠臣乎！"谟还，以白唐主。

唐主欲诛齐丘等，复遣谟入禀于帝。帝以异国之臣，无所可否。己亥，唐主命知枢密院殷崇义草诏暴齐丘、觉、征古罪恶，听齐丘归九华山旧隐，官爵悉如故；觉责授国子博士，宣州安置；征古削夺官爵，赐自尽，党与皆不问。遣使告于周。

丙午，蜀以峡路巡检制置使高彦俦为招讨使。

平卢节度使、太师、中书令陈王安审琦仆夫安友进与其嬖妾通，妾恐事泄，与友进谋杀审琦，友进不可，妾曰："不然，我当反告汝。"友进惧而从之。

六年

春，正月，癸丑，审琦醉熟寝，妾取审琦所枕剑授友进而杀之，仍尽杀侍婢在帐下者以灭口。后数日，其子守忠始知之，执友进等畀之。

初，有司将立正仗，宿设乐县于殿庭，帝观之，见钟磬有设而不击者，问乐工，皆不能对。乃命窦俨讨论古今，考正雅乐。王朴素晓音律，帝以乐事询之，朴上疏，以为：

"礼以检形，乐以治心；形顺于外，心和于内，然而天下不治者未之有也。是以礼乐修于上，万国化于下，圣人之教不肃而成，其政不严而治，用此道也。夫乐生于人心而声成于物，物声既成，复能感人之心。

"昔黄帝吹九寸之管，得黄钟正声，半之为清声，倍之为缓声，三分损益之以生十二律。十二律旋相为宫以生七调，为一均。凡十二均、八十四调而大备。遭秦灭学，历代治乐者罕能用之。唐太宗之世，祖孝孙、张文收考正大乐，备八十四调；安史之乱，器与工什亡八九，至于黄巢，荡尽无遗。时有太常博士殷盈孙，按考工记，铸镈钟十二，编钟二百四十。处士萧承训校定石磬,今之在县者是也。虽有钟磬之状,殊无相应之和,其镈钟不问音律,但循环而击,编钟、编磬徒悬而已。丝、竹、匏、土仅有七声,名为黄钟之宫,其存者九曲。考之三曲协律,六曲参涉诸调;盖乐之废缺,无甚于今。

"陛下武功既著,垂意礼乐,以臣尝学律吕,宣示古今乐录,命臣讨论。臣谨如古法,以秬黍定尺,长九寸径三分为黄钟之管,与今黄钟之声相应,因而推之,得十二律。以为众管互吹,用声不便,乃作律准,十有三弦,其长九尺,皆应黄钟之声,以次设柱,为十一律,及黄钟清声,旋用七律以为一均。为均之主者,宫也,徵、商、羽、角、变宫、变徵次焉。发其均主之声,归于本音之律,迭应不乱,乃成其调,凡八十一调。此法久绝,出臣独见,乞集百官校其得失。"

诏从之。百官皆以为然,乃行之。

唐宋齐丘至九华山,唐主命锁其第,穴墙给饮食。齐丘叹曰:"吾昔献谋幽让皇帝族于泰州,宜其及此!"乃缢而死。谥曰丑缪。

初,翰林学士常梦锡知宣政院,参与机政,深疾齐丘之党,数言于唐主曰:"不去此属,国必危亡。"与冯延巳、魏岑之徒日有争论。久之,罢宣政院,梦锡郁郁不得志,不复预事,纵酒成疾而卒。及齐丘死,唐主曰:"常梦锡平生欲杀齐丘,恨不使见之!"赠梦锡左仆射。

二月,丙子朔,命王朴如河阴按行河堤,立斗门于汴口。壬午,命侍卫都指挥使韩通、宣徽南院使吴廷祚,发徐、宿、宋、单等州丁夫数万浚汴水。甲申,命马军都指挥使韩令坤自大梁城东导汴水入于蔡水,以通陈、颍之漕,命步军都指挥使袁彦浚五丈渠东过曹、齐、梁山泊，以通青、郓之漕，发畿内及滑、亳丁夫数千以供其役。

丁亥，开封府奏田税旧一十万二千顷，今按行得羡苗四万二千余顷；敕减三万八千顷。诸州行苗使还，所奏羡苗减之仿此。

淮南饥，上命以米贷之。或曰："民贫，恐不能偿。"上曰："民吾子也，安有子倒悬而父不为之解哉！安在责其必偿也！"

庚申，枢密使王朴卒。上临其丧，以玉钺卓地，恸哭数四，不能自止。朴性刚而锐敏，智略过人，上以是惜之。

甲子，诏以北鄙未复，将幸沧州，命义武节度使孙行友扞西山路，以宣徽南使吴廷祚权东京留守、判开封府事，三司使张美权大内都部署。丁卯，命侍卫亲军都虞候韩通等将水陆军先发。甲戌，上发大梁。

夏，四月，庚寅，韩通奏自沧州治水道入契丹境，栅于干宁军南，补坏防，开游口三十六，遂通瀛、莫。

辛卯，上至沧州，即日帅步骑数万发沧州，直趋契丹之境。河北州县非车驾所过，民间皆不之知。壬辰，上至乾宁军，契丹宁州刺史王洪举城降。

乙未，大治水军，分命诸将水陆俱下，以韩通为陆路都部署，太祖皇帝为水路都部署。丁酉，上御龙舟沿流而北，舳舻相连数十里；己亥，至独流口，泝流而西。辛丑，至益津关，契丹守将终廷晖以城降。

自是以西，水路渐隘，不能胜巨舰，乃舍之。壬寅，上登陆而西，宿于野次，侍卫之士不及一旅，从官皆恐惧。胡骑连群出其左右，不敢逼。

癸卯，太祖皇帝至瓦桥关，契丹守将姚内斌举城降，上入瓦桥关。内斌，平州人也。甲辰，契丹莫州刺史刘楚信举城降。五月，乙巳朔，侍卫亲军都指挥使、天平节度使李重进等始引兵继至，契丹瀛州刺史高彦晖举城降。彦晖，蓟州人也。于是关南悉平。

丙午，宴诸将于行宫，议取幽州，诸将以为："陛下离京四十二日，兵不血刃，取燕南之地，此不世之功也。今虏骑皆聚幽州之北，未宜深入。"上不悦。是日，趣先锋都指挥使刘重进先发，据固安；上自至安阳水，命做桥，会日暮，还宿瓦桥，是日，上不豫而止。契丹主遣使者日驰七百里诣晋阳，命北汉主发兵挠周边，闻上南归，乃罢兵。

戊申，孙行友奏拔易州，擒契丹刺史李在钦，献之，斩于军市。

己酉，以瓦桥关为雄州，割容城、归义二县隶之；益津关为霸州，割文安、大城二县隶之。发滨、棣丁夫数千城霸州，命韩通董其役。

庚戌，命李重进兵出土门，击北汉。

辛亥，以侍卫马步都指挥使韩令坤为霸州都部署，义成节度留后陈思让为雄州都部署，各将部兵以戍之。

壬子，上自雄州南还。

己巳，李重进奏败北汉兵于百井，斩首二千余级。

甲戌，上至大梁。

六月，乙亥朔，昭义节度使李筠奏击北汉，拔辽州，获其刺史张丕。

丙子，郑州奏河决原武，命宣徽南院使吴廷祚发近县二万余夫塞之。

唐清源节度使留从效遣使入贡，请置进奏院于京师，直隶中朝，诏报以"江南近服，方务绥怀，卿久奉金陵，未可改图。若置邸上都，与彼抗衡，受而有之，罪在于朕。卿远修职责，足表忠勤，勉事旧君，且宜如故。如此，则于卿笃始终之义，于朕尽柔远之宜，惟乃通方，谅达予意"。

唐主遣其子纪公从善与锺谟俱入贡，上问谟曰："江南亦治兵，修守备乎？"对曰："既臣事大国，不敢复尔。"上曰："不然。向时则为仇敌，今日则为一家，吾与汝国大义已定，保无他虞；然人生难期，至于后世，则事不可知。归语汝主：可及吾时完城郭，缮甲兵，据守要害，为子孙计。"谟归，以告唐主。唐主乃城金陵，凡诸州城之不完者葺之，戍兵少者益之。

臣光曰：

或问臣："五代帝王，唐庄宗、周世宗皆称英武，二主孰贤？"臣应之曰："夫天子所以统治万国，讨其不服，抚其微弱，行其号令，壹其法度，敦明信义，以兼爱兆民者也。庄宗既灭梁，海内震动，湖南马氏遣子希范入贡。庄宗曰：'比闻马氏之业，终为高郁所夺。今有儿如此，郁岂能得之哉？'郁，马氏之良佐也。希范兄声闻庄宗言，卒矫其父命而杀之。此乃市道商贾之所为，岂帝王之体哉！盖庄宗善战者也，故能以弱晋胜强梁，既得之，曾不数年，外内离叛，置身无所。诚由知用兵之术，不知为天下之道故也。世宗以信令御群臣，以正义责诸国，王环以不降受赏，刘仁赡以坚守蒙褒，严续以尽忠获存，蜀兵以反复就诛，冯道以失节被弃，张美以私恩见疏；江南未服，则亲犯矢石，期于必

附录 原典精选

克，既服，则爱之如子，推诚尽言，为之远虑。其宏规大度，岂得与庄宗同日语哉！书曰：'无偏无党，王道荡荡。'又曰：'大邦畏其力，小邦怀其德。'世宗近之矣。"

辛巳，建雄节度使杨廷璋奏击北汉，降堡寨一十三。

癸未，立皇后符氏，宣懿皇后之女弟也。

立皇子宗训为梁王，领左卫上将军，宗让为燕王，领左骁卫上将军。

上欲相枢密使魏仁浦，议者以仁浦不由科第，不可为相。上曰："自古用文武才略者为辅佐，岂尽由科第邪！"己丑，加王溥门下侍郎，与范质皆参知枢密院事。以仁浦为中书侍郎、同平章事，枢密使如故。仁浦虽处权要而能谦谨，上性严急，近浦多引罪归己以救之，所全活什七八，故虽起刀笔吏，至位宰相，时人不以为忝。又以宣徽南院使吴延祚为左骁卫上将军，充枢密使；加归德节度使、侍卫亲军都虞候韩通、镇宁节度使兼殿前都点检张永德并同平章事，仍以通充侍卫亲军副都指挥使；以太祖皇帝兼殿前都点检。

上尝问大臣可为相者于兵部尚书张昭，昭荐李涛。上愕然曰："涛轻薄无大臣体，朕问相而卿首荐之，何也？"对曰："陛下所责者细行也，臣所举者大节也。昔晋高祖之世，张彦泽虐杀不辜，涛累疏请诛之，以为不杀必为国患；汉隐帝之世，涛亦上疏请解先帝兵权。夫国家安危未形而能见之，此真宰相器也，臣是以荐之。"上曰："卿言甚善且至公，然如涛者，终不可置之中书。"涛喜诙谐，不修边幅，与弟浣俱以文学著名，虽甚友爱，而多谑浪，无长幼体，上以是薄之。

· 275 ·

上以翰林学士单父王著，幕府旧僚，屡欲相之，以其嗜酒无检而罢。

癸巳大渐，召范质等入受顾命。上曰："王著藩邸故人，朕若不起，当相之。"质等出，相谓曰："著终日游醉乡，岂堪为相！慎勿泄此言。"是日，上殂。

上在藩，多务韬晦，及即位，破高平之寇，人始服其英武。其御军，号令严明，人莫敢犯，攻城对敌，矢石落其左右，人皆失色而上略不动容；应机决策，出人意表。又勤于为治，百司簿籍，过目无所忘，发奸擿伏，聪察如神。闲暇则召儒者读前史，商榷大义。性不好丝竹珍玩之物，常言太祖养成王峻、王殷之恶，致君臣之分不终，故群臣有过则面质责之，服则赦之，有功则厚赏之。文武参用，各尽其能，人无不畏其明而怀其惠，故能破敌广地，所向无前。然用法太严，群臣职事小有不举，往往置之极刑，虽素有才干声名，无所开宥，寻亦悔之，末年寖宽。登遐之日，远迩哀哀慕焉。

甲午，宣遗诏，命梁王宗训即皇帝位，生七年矣。

秋，七月，壬戌，以侍卫亲军都指挥使李重进领淮南节度使，副都指挥使韩通领天平节度使，太祖皇帝领归德节度使。以山南东道节度使、同平章事向拱为西京留守；庚申，加拱兼侍中。拱，即向训也，避恭帝名改焉。

丙寅，大赦。

唐主以金陵去周境才隔一水，洪州险固居上游，集群臣议徙都之。群臣多不欲徙，唯枢密副使、给事中唐镐劝之，乃命经营豫章为都城之制。

唐自淮上用兵及割江北，臣事于周，岁时贡献，府藏空竭，钱益少，物价腾贵。礼部侍郎锺谟请铸大钱，一当五十，中书舍人韩熙载请铸铁钱；唐主始皆不从，谟陈请不已，乃从之。是月，始铸当十大钱，文曰"永通泉货"，又铸当二钱，文曰"唐国通宝"，与开元钱并行。

八月，戊子，蜀主以李昊领武信节度使，右补阙李起上言："故事，宰相无领方镇者。"蜀主曰："昊家冗费，以厚禄优之耳。"起，邛州人，姓婼直，李昊尝语之曰："以子之才，苟能慎默，当为翰林学士。"起曰："俟无舌，乃不言耳！"

庚寅，立皇弟宗让为曹王，更名熙让；熙谨为纪王，熙诲为蕲王。

九月，丙午，唐太子弘冀卒，有司引浙西之功，谥曰武宣，句容尉全椒张洎上言："太子之德，主于孝敬，今谥以武功，非所以防微而慎德也。"乃更谥曰文献；擢洎为上元尉。

唐礼部侍郎、知尚书省事锺谟数奉使入周，传世宗命于唐主，世宗及唐主皆厚待之，恃此骄横于其国，三省之事皆预焉。

文献太子总朝政，谟求兼东宫官不得，乃荐其所善阎式为议郎，掌百司关启。李德明之死也，唐镐预其谋，谟闻镐受赇，尝面诘之，镐甚惧。谟与天威都虞候张峦善，数于私第屏人语至夜分，镐谮诸唐主曰："谟与峦气类不同，而过相亲狎，谟屡使上国，峦北人，恐其有异谋。"又言："永通大钱民多盗铸，犯法者众。"及文献太子卒，唐主欲立其母弟郑王从嘉，谟尝与纪公从善同奉使于周，相厚善，言于唐主曰："从嘉德轻志懦，又酷信释氏，非人主才。从善果敢凝重，宜为嗣。"唐主由是怒。寻徙从嘉为吴王、尚书令、知政事，居东宫。冬，十月，谟请令张峦以所部兵巡徽都城。唐主乃下诏暴谟侵官之罪，贬国子司业，流饶州，贬

· 277 ·

张峦为宣州副使,未几,皆杀之,废永通钱。

十一月,壬寅朔,葬睿武孝文皇帝于庆陵,庙号世宗。

南汉王以中书舍人锺允章,藩府旧僚,擢为尚书右丞、参政事,甚委任之。允章请诛乱法者数人以正纲纪,南汉主不能从,宦官闻而恶之。南汉主将祀圜丘,前三日,允章帅礼官登坛,四顾指挥设神位,内侍监许彦真望之曰:"此谋反也!"即带剑登坛,允章叱之。彦真驰入宫,告允章欲于郊祀日作乱。南汉主曰:"朕待允章厚,岂有此邪!"玉清宫使龚澄枢、内侍监李托等共证之,以彦真言为然,乃收允章,系含章楼下,命宦者与礼部尚书薛用丕杂治之。用丕素与允章善,告以必不免,允章执用丕手泣曰:"老夫今日犹机上肉耳,分为仇人所烹。但恨邕、昌幼,不知吾冤,及其长也,公为我语之。"彦真闻之,骂曰:"反贼欲使其子报仇邪!"复白南汉主曰:"允章与二子共登坛,潜有所祷。"俱斩之。自是宦官益横。李托,封州人也。

辛亥,南汉主祀圜丘,大赦,未几,以龚澄枢为左龙虎观军容使、内太师,军国之事皆取决焉。凡群臣有才能及进士状头或僧道可与谈者,皆先下蚕室,然后得进,亦有自宫以求进者,亦有免死而宫者,由是宦者近二万人。贵显用事之人,大抵皆宦者也,谓士人为门外人,不得预事,卒以此亡国。

唐更命洪州曰南昌府,建南都,以武清节度使何敬洙为南都留守,以兵部尚书陈继善为南昌尹。

周人之攻秦、凤也,蜀中恼惧;都官郎中徐及甫自负才略,仕不得志,阴结党与,谋奉前蜀高祖之孙少府监王令仪为主以作乱,会周兵退而止。至于,其党有告者,收捕之,及甫自杀。十二月,甲午,赐令仪死。

附录 原典精选

端明殿学士、兵部侍郎窦仪使于唐,天雨雪,唐主欲受诏于庑下。仪曰:"使者奉诏而来,不敢失旧礼。若雪沾服,请俟他日。"唐主乃拜诏于庭。

契丹主遣其舅使于唐,泰州团练使荆罕儒募客使杀之。唐人夜宴契丹于清风驿酒酣,起更衣,久不返,视之,失其首矣,自是契丹与唐绝。罕儒,冀州人也。